Für Wolfgang

in Erinnerung an
unsere gemeinsame

Aida-Reise
durch Südostasien.

Herzlichst,
Ihre
Katharina [signature]

März 2014

Katharina Bachman

Nix wie weg ...

Die Story beginnt in Berlin, in der Wohnung der Autorin, kurz bevor hunderte von Kartons, in denen sich ihr ganzes Leben befindet, in einen Schiffscontainer verstaut werden und eine lange Reise antreten: nach Kuala Lumpur, in die Hauptstadt von Malaysia.

In vielen kleinen Episoden zelebriert und verflucht sie zugleich die kuriose Art und gewöhnungsbedürftige Mentalität der Chinesen und Malaien, und gewährt tiefe Einblicke in die asiatische Kultur. Sie erzählt von Pleiten, Pech und Pannen, wie sie nur in Südostasien vorkommen können. Aber auch von einem außergewöhnlichen Leben, fesselnden Begegnungen und atemberaubenden Erlebnissen, die die Journalistin am eigenen Leib erfahren hat. Wie z.B. die Begegnung mit einem alten Rikschafahrer, der die gebürtige Rheinländerin ohne Vorwarnung zu einem berühmten Feng-Shui-Meister brachte. Von ihm erfuhr sie, dass sie schon einmal gelebt hat – und zwar als Chinese.

Wie Ex-Bundeskanzler Gerhard Schröder bei seinem Staatsempfang in ein asiatisches Fettnäpfchen trat. Warum Wolfgang Clement Nüsse vom Boden aß. Und nicht zuletzt Details über die bewegenden Ereignisse, die sich am 26. Dezember 2004 um 7.59 Uhr Ortszeit zugetragen haben, als der verheerende Tsunami über die Region hereinbrach. Nach fünf Jahren, die im Zeitraffer erzählt werden, heißt es eines Tages: »Bye-bye, geliebtes Malaysia«.

Die Story endet so, wie sie begann: mit dem Packen von Kisten und dem Verladen in einen Schiffscontainer, der mal wieder eine lange Reise antritt. Aber nicht zurück in die Heimat. Mit drei malaysischen Straßenkatzen im Schlepptau geht es in die brüllend heiße Wüste Arabiens – der Glitzerwelt der Scheichs und Prinzen, dem Mekka von Tausendundeiner Nacht: Dubai.

Katharina Bachman

Nix wie weg
Von Fernweh und Wehen in der Ferne
Ausgewandert nach Asien

Auch als eBook erhältlich!

Titelbild: Katharina Bachman
nach einer Bleistiftzeichnung von Nathalie Weilbächer, Berlin
Lektorat: Gabriele Harb, Abu Dhabi

Bibliografische Information der Deutschen Nationalbibliothek
Die Deutsche Nationalbibliothek verzeichnet diese Publikation in der Deutschen Nationalbibliografie; detaillierte bibliografische Daten sind im Internet über http://dnb.d-nb.de abrufbar.

Copyright Katharina Bachman 2009
Alle Rechte, auch das des auszugsweisen Nachdruckes, der auszugsweisen oder vollständigen Wiedergabe, der Speicherung in Datenverarbeitungsanlagen und der Übersetzung, vorbehalten.

ISBN 978-3-86858-182-9

Vorwort

Das vorliegende Buch wird viele Leser zum Staunen, Nachdenken, Schmunzeln, Kopfschütteln, Bejahen oder vielleicht auch zur Empörung bringen. Im Zuge der Globalisierung werden wir aber alle über unseren Tellerrand hinausblicken (müssen) und schauen, was der nahe oder ferne *Nachbar* eigentlich in sein Süppchen tut, das er kocht, um sich durchs tägliche Leben zu schlagen.

Viele werden nicht nur schauen, sondern aus verschiedenen Gründen auch gehen und *ihn* besuchen (müssen). Und da ist eine Beschreibung von Umständen und Begebenheiten, die sie eventuell dort so oder so ähnlich erwarten dürfen, sehr aufschlussreich. Sich in Geduld und zurückhaltender Höflichkeit zu üben und auch im simplen Alltagsgeschehen auf höhere Mächte zu vertrauen, liegt im Allgemeinen nicht gerade in der energiereichen, ziemlich direkten und praktisch veranlagten Natur der meisten Deutschen. Aber diese Art tragen wir nun mal irgendwo in uns, ob wir wollen oder nicht.

Und das ist auch nach Jahren fern der Heimat nicht abzustellen. Umso erstaunlicher ist es doch, dass wir in ziemlich hohem Grad fähig sind, uns zu akklimatisieren und zu arrangieren, wenn es die Umgebung oder die Situation verlangt.

Dass andere Länder andere Sitten haben, zeigt die Autorin Katharina Bachman in ihrem Werk meisterhaft an vielen Beispielen und auf präzise, aber dennoch liebenswert beschriebene Art auf. Und so gelingt es ihr, die Leser neugierig zu machen: Auf das, was hinter dem Tellerrand liegt und vielleicht auch darauf, über andere Optionen nachzudenken als den Rest ihres Lebens auf dem gemütlichen Sofa daheim zu verbringen und nur die Blumen im eigenen Garten zu gießen.

Als Lektorin habe ich das Manuskript in erster Linie als passionierte und wissbegierige Leserin gelesen. Aus dieser Perspektive habe ich auch meine Arbeit verrichtet. Dabei bin ich in sprachliche Tiefen vorgedrungen, die ich für so lange und intensiv eigentlich schon seit Zeiten nicht mehr aufgesucht habe. Für dieses Erlebnis möchte ich der Autorin ehrlich danken. Es ist doch wirklich verwunderlich, warum wir Deutschen uns unsere Sprache in vielen Fällen selbst zu einem Graus machen – mit so einem Wust von Ausnahmeregeln. Gott sei Dank kann sie aber auch sehr schön sein, wie Sie als gestandene Leser sicherlich schon oft erfahren haben.

Der Autorin gelingt es in dem nun vor Ihnen liegenden Buch auf bemerkenswerte Weise, uns im plaudernden Erzählton und wie aus nächster Nähe an ihren scheinbar alltäglichen und doch so unglaublichen Erlebnissen teilhaben zu lassen.

Ich wünsche Ihnen von Herzen viel Freude beim Lesen.

Gabriele Harb

Deutschdozentin am Petroleum-Institut Abu Dhabi
Vereinigte Arabische Emirate, Januar 2009

Einleitung

Wer vielleicht davon ausgeht, das vorliegende Buch sei ein Ratgeber für Menschen, die auswandern wollen, dem sei an dieser Stelle schon mal verraten: nein, leider nicht. Ob ein Ratgeber für Auswanderer auch tatsächlich geschrieben werden sollte, ist meines Erachtens eher fraglich. Denn die Beweggründe auszuwandern sind komplex und jeder Mensch ist individuell.

Wir *modernen* Auswanderer haben gegenüber den Emigranten der Vergangenheit einen großen Vorteil, der die Verbindung zur Heimat nie abbrechen lässt: die brillante Errungenschaft des Internets. Dadurch ist es für uns auch wesentlich einfacher, jederzeit wieder in die Heimat zurückzukehren. Auswandern ist nichts für jedermann bzw. -frau. Den *geborenen* Auswanderer gibt es daher nicht.

Vielleicht werde auch ich eines Tages zurückkehren, in meine Heimat. Wer weiß. Noch gefällt es mir ausgesprochen gut in der Fremde. Das Leben im Ausland ist spannend und täglich voller Überraschungen: guter und weniger guter, lustiger und trauriger. Und genau davon erzählt, manchmal mit einem kleinen Augenzwinkern, dieses Buch. Los geht's. Ach nein. Halt. Noch etwas: Auf ausführliche Reiseberichte und Landschaftsbeschreibungen habe ich bewusst verzichtet, da diese ohnehin in jedem guten Reiseführer nachzulesen sind.

Herzliche Grüße,

Katharina Bachman

April 2007, Dubai
(Vereinigte Arabische Emirate)

Ende Dezember 2001

Draußen war es bitterkalt und der nächtliche Frost hatte die Straßen in gefährliche Rutschbahnen verwandelt. Obwohl ich die Heizung in jedem Zimmer auf Höchststufe gestellt hatte, wollte partout keine Gemütlichkeit aufkommen. Kein Wunder: In unserer 130 Quadratmeter großen Mietwohnung stapelten sich Umzugskisten bis unter die Decke. In allen Räumen. Gardinen hingen auch nicht mehr an den Fenstern. Sie waren schon in Kartons verstaut worden. Kurzum, dem Betrachterauge bot sich also eine unterkühlte Gemütlichkeit.

Es war der 29. Dezember 2001, gegen sechs Uhr morgens. Etwas zermürbt schälte ich mich aus dem Bett und jonglierte meinen Körper gekonnt, wie durch einen Irrgarten, zwischen den rechts und links aufgetürmten Kartonreihen entlang, bis in die Küche.
Sechs Tage lang hatten Packer einer Berliner Umzugsfirma nun schon kräftig Hand angelegt. Bis auf einige wenige Gebrauchsgegenstände, die ich noch für die letzten drei Tage benötigte, war unser ganzes Leben in Kisten verpackt. Seetauglich, wie der Verpackungsfachmann dazu sagt. Alles wird drei Mal eingemummt. Zuerst kommt ein cremefarbenes Seidenpapier zum Einsatz, danach eine Noppenfolie oder auch Luftpolsterfolie genannt, und erst danach wird alles fein säuberlich in einen Karton gelegt, der jedoch vorher nochmals mit besagter Noppenfolie ausgekleidet wird. Nachdem der Karton verschlossen ist, klebt man sämtliche Löcher und Verschlussstellen mit einem Klebeband zu, luftdicht verschlossen also.

Diese besondere Art der Verpackung dient dazu, dass, während der Überfahrt auf hoher See durch die ohnehin salzhaltige Luft, kein Tröpfchen Meerwasser an das geliebte und über Jahre angesammelte Hab und Gut gelangen kann. Ansonsten könnte man nach der Ankunft des Containers gleich alles auf den Müll schmeißen. Sechs Wochen Salzwasserkontakt hält auch eine noch so widerstandsfähige, von deutschen Ingenieuren hoch entwickelte, präzise zusammengebaute, in der ganzen Welt beliebte Waschmaschine einfach nicht aus.

Ich stand also am frühen Morgen irgendwo in der Küche zwischen 287 Kartons und spätestens in dem Moment bemerkte ich auffallend scharf, was sich im Laufe der Zeit für Plunder angesammelt hatte.
Musste ich das wirklich alles zum Leben haben?
Ehrlich gesagt: NEIN!

Ich brühte mir Kaffee auf und schaltete das Radio ein. Sechs Uhr, Nachrichten. Draußen war es noch stockfinster. In einer Stunde würden sechs Packer zum letzten Mal in meine Wohnung stürmen und den kläglichen Rest der Spuren meines Lebens in Deutschland zuerst in cremefarbenes Seidenpapier einwickeln, danach mit Noppenfolie umwickeln und dann fein säuberlich in einen Karton legen, um ihn letztendlich luftdicht verschlossen zu verkleben.

Zwischen den hohen Türmen aus Umzugskartons, die im Wohnzimmer standen, lugte unser alter Fernseher hervor. Den hatten die netten Herren von der Umzugsfirma freundlicherweise noch nicht verpackt. Sie hatten mir einen *Sehweg* auf den Fernseher freigelassen, damit ich mir bis zum Schluss, bevor man alles auf einen Schiffscontainer verladen würde, mein spärliches Dasein wenigstens noch mit etwas Abwechslung aus der Flimmerkiste verschönen konnte. Aber zum Fernsehen hatte ich eigentlich gar keine Nerven mehr. Ich wollte jetzt nur noch weg. Ständig überprüfte ich meine Dokumente: Ticket, Impfbuch und Ausfuhrgenehmigung für unseren Hund Lissy, Abmeldebescheinigung des Einwohnermeldeamtes, Reisepass und so weiter.

Die letzten drei Tage, die ich in *Cold* Germany verbrachte, vergingen wie im sprichwörtlichen Fluge. Hier eine Einladung, dort ein letztes Treffen mit Freunden; das musste noch besorgt werden, dies musste noch erledigt werden. Und dann ein allerletztes Treffen mit der engsten Freundin, das, wie könnte es auch anders sein, theatralisch endete. Aber das Schlimmste stand mir noch bevor: die Verabschiedung von Marina, unserer Tochter.

Abschied

Es war Silvester 2001. Die Nacht hatte ich mit Lissy in einem Hotel verbracht. Das Schiff, auf dem sich mittlerweile mein gesamter Hausstand befand, ordentlich in Kartons verpackt, war schon auf dem Weg nach Malaysia. Genauer gesagt, nach Kuala Lumpur mit Zielhafen Port Klang. Ein netter Herr von der Umzugsfirma hatte zu mir gesagt: »Es dauert etwa sechs Wochen, bis der Container sein Ziel erreicht hat. Vorausgesetzt, es geht nichts schief.«
Wie, schief?
Manchmal fallen Container einfach vom Schiff oder das Schiff geht unter. Und dann liegt alles auf dem Meeresboden.
Für immer!
Na toll! – Alles?
»Ja!«

Mein Flug ging am 1. Januar 2002 morgens um halb sieben. Den Jahreswechsel wollte ich am Brandenburger Tor verbringen. Danach zurück ins Hotel, mich umziehen für den Flug in wärmere Gefilde und dann ab zum Flughafen. Um vier Uhr früh würden folglich die letzten meiner Stunden, die ich bis dahin als disziplinierte deutsche Steuerzahlerin auf deutschem Boden verbracht hatte, enden.
Der Gedanke keine Steuern mehr zahlen zu müssen entlockte mir in diesen letzten eher schwermütigen Stunden hin und wieder ein kurzes, flüchtiges Lächeln. Ansonsten überwog ein mulmiges Gefühl in meiner Magengegend. Die Heimat verlassen!
Obwohl mich eigentlich nichts mehr hielt. Zumal meine Probleme immer größer zu werden schienen, weil der pedantische Nachbar gegen mich klagte, die Polizei meinen Führerschein einkassiert hatte, ich meinen Job los geworden war; Toaster, Eierkocher, Spülmaschine und Trockner gleichzeitig ihren elektrischen Geist aufgegeben hatten. Das Wetter meistens schlecht war, die Mieten ständig stiegen und die Lebenshaltungskosten auch. Überdies meine Garderobe zwei Nummern zu klein geworden war und der Billigfriseur um die Ecke aus meiner Frisur auch noch ein Desaster fabriziert hatte.
Ganz zu schweigen von den politischen und wirtschaftlichen Kapriolen, die einem das Gefühl gaben, man befände sich auf einer Achterbahn. Der Preis

dafür war die schlechte Stimmung im Land, die hinter jeder Ecke lauerte und sekündlich zuschlagen konnte.

Den allerletzten Rest hatte mir vor zwei Monaten mein Vermieter gegeben. Er hatte mir nämlich gekündigt. Kurzum, mein Leben war gerade dabei sich in einen Müllhaufen zu verwandeln. Also, weshalb sollte ich traurig sein? Ich freute mich diebisch auf das Auswandern, auf den Neuanfang in einem fernen Land, auf eine fremde exotische Kultur, in die ich eintauchen beziehungsweise abtauchen konnte.

Die wirklich emotional nagende Frage war: Wann werde ich die Familie wiedersehen? Die Eltern? Die Freunde? Das einzige Kind? – Sie kam am späten Nachmittag in mein Hotel, unsere Tochter, um sich zu verabschieden. Am Abend war sie mit Freunden zu einer Silvesterparty eingeladen.

Wir saßen uns im Hotelzimmer gegenüber und bemühten uns, so normal wie möglich zu sein. Tief in unseren Herzen hatte sich eine zyklopische Traurigkeit breit gemacht. Aber keiner wollte darüber sprechen. Mit aller Kraft versuchten wir unsere Tränen zu unterdrücken. Mein Brustkorb fühlte sich an, als wäre er mit Stacheldraht zugeschnürt und in meiner Kehle hatte sich ein gigantischer Kloß breit gemacht.

Nachdem wir uns endgültig Lebewohl gesagt hatten und die Hoteltür hinter ihr ins Schloss gefallen war, habe ich mich auf den kuschelweichen Hotelteppich geworfen und lauthals geweint.

Das Silvesterfeuerwerk am Brandenburger Tor war ein Kracher. Ich stellte mich inmitten von tausend und abertausend Menschen und betrachtete entrückt das bunt glitzernde Treiben am nachtschwarzen Himmel. Es kam mir so vor, als wollte sich meine Heimat noch einmal auf ganz besondere Weise von mir verabschieden. So a la: Behalte mich trotz allem in guter Erinnerung. Als die letzten funkelnden Fontänen erloschen waren, sagte ich leise: »Bye-bye, Berlin. Bye-bye, good old Germany.«

Bye-bye, good old Germany

Gegen sechs Uhr früh am 1.1.2002, Berlin lag noch in tiefem Schlummer und irgendwo da draußen feierten sicher noch immer ein paar Hartgesottene den Jahreswechsel, bestieg ich nervös und aufgewühlt, aber voller Erwartungen, mit einem One-Way-Ticket in der Hand, einen Düsenjet der »Austrian Airlines«, der mich über Wien Richtung Kuala Lumpur International Airport bringen sollte. Dort wurde ich sehnsüchtig von meinem Mann erwartet, der schon seit eineinhalb Jahren in Malaysia lebte. Seitdem führten wir eine Ferien-Ehe. Entweder war er in seinem Urlaub für zwei Wochen nach Deutschland geflogen oder ich für vier Wochen nach Malaysia gereist.
Zuerst war sein Auslandsaufenthalt nur für drei Monate geplant gewesen. Er war als Projektleiter für die Digitalisierung der Malaysischen TV- und Radiostationen engagiert worden. Aus den drei Monaten wurden sechs, dann acht und danach machte man ihm ein Angebot, das er einfach nicht ablehnen konnte: Ein unbefristeter Arbeitsvertrag, inklusive Übernahme aller Kosten für eine Umsiedlung von Deutschland nach Malaysia, samt Hund und Ehefrau.

Punkt 6.43 Uhr setzte sich das Flugzeug in Bewegung und rollte Richtung Startbahn. Zappelig saß ich in meinem Sitz. Kurz darauf heulten die Motoren furienhaft auf. Nie zuvor war mir das Geräusch so laut und intensiv vorgekommen wie an diesem Morgen. Mit voller Schubkraft hob die Maschine vom Boden ab und verschwand Minuten später in den Wolken.
Als wir schon fast eine Stunde in der Luft waren, legte sich meine Nervosität. Ich spürte sogar etwas Stolz in mir aufsteigen. Langsam erhob ich mich von meinem Sitz und ging durch die Reihen.
Ob die Leute hier drinnen alle wissen, dass ich soeben ausgewandert bin? Pah! Das steht doch bestimmt auf meiner Stirn geschrieben?! Hallo?! Ich bin eine Auswanderin!
Hündin Lissy war mit an Bord. Sie schlummerte friedlich in einer speziellen Transporttasche, die unter dem Sitz meines Vordermanns stand. Hunde mit einem Gewicht unter fünf Kilo dürfen das. Der Tierarzt hatte mir ein Schlafmittel mit dazugehörigen Instruktionen gegeben. Kurz vor dem Start sollte ich ihr das Medikament verabreichen und auf der Hälfte der Strecke, also nach etwa sieben Stunden, eine zweite Dosis verpassen.

Unser *Lottchen*, so nannten wir sie manchmal, war der Inbegriff eines echten Familienmitgliedes und eine richtige Persönlichkeit. Wenn uns Freunde eine Postkarte aus dem Urlaub schickten, war auch immer ein Gruß für Lissy mit dabei. Gaben wir ein Abendessen, kam niemand ohne ein Leckerli für Lissy. Dieser kleine Hund war schon mit uns über den halben Globus gereist, sogar bis nach Las Vegas, zum Hoover-Damm.

Auf der Mauer zum Eingang des Dammes steht ein großes Schild mit der Aufschrift: NO PET ON DAM ALLOWED! (Keine Tiere auf dem Damm erlaubt!) Genau vor dieses Schild, direkt auf die Mauer, stellten wir Lissy. In null Komma nix bauten sich drei Asiaten hinter uns auf und fragten: »Foto? Foto? Foto?« Seither ist sie höchstwahrscheinlich auch in Japan oder China berühmt. Nun sollte unser Lottchen in ihrem hohen Alter, sie war jetzt 13 Jahre alt, noch einmal eine neue Heimat bekommen.

Das Einreisen von Tieren ist in Malaysia zwar erlaubt, aber es bedarf einer Flut von Dokumenten und Papieren, sowie Impfungen und Bestimmungen. Die Quarantänezeit beträgt ein bis drei Wochen, je nach Stimmung des gerade diensthabenden Veterinärs.

Auf alle Fälle war ich unter gar keinen Umständen bereit, mein Lottchen in eine 80 Kilometer entfernt liegende Quarantänestation in Kuala Lumpur, nahe F1-Circuit, zu verfrachten. Auch nicht für ein paar Tage. Nicht mal für einen einzigen Tag.

Ich war mir ziemlich sicher, den diensthabenden Veterinär mit einem anständigen Trinkgeld von Folgendem überzeugen zu können: Lissy kommt direkt und stehenden Fußes beziehungsweise stehender Pfoten mit mir in unser neues Zuhause. Punkt. Aus. Basta.

Allerdings gab es auch noch eine andere Möglichkeit. Ich würde damit zwar einen kriminellen Weg einschlagen, aber sollte ich auffliegen, würde ich selbstverständlich die Naive spielen. Mir würde schon irgendetwas einfallen. Die andere Möglichkeit sah nämlich so aus: Lissy ganz einfach ins Land schmuggeln. Ich hatte mich für die andere Möglichkeit entschieden und so verspürte ich schon eine Stunde vor Ankunft am International Airport in Kuala Lumpur eine gewisse, um nicht zu sagen gewaltige, Nervosität in mir empor klettern. Ich betete zu all' meinen Schutzengeln, Lissy zu einem Stofftier werden zu lassen. Natürlich nur für die Zeit, bis ich endlich wieder das Flughafengebäude würde verlassen können.

Selamat Datang – Ankunft in Kuala Lumpur

Die Maschine setzte zur Landung an. Aus dem Fenster sah ich schon das Terminal. Lissys Körperchen hatte inzwischen die zweite Dosis Schlafmittel vollständig verwertet. Dementsprechend zappelte sie ungeduldig in der Hundetasche. Es war nur noch eine Frage von Minuten, bis sie anfangen würde zu winseln.
Oh, mein Gott! Bitte, steh mir bei!
Der Pilot setzte die Maschine sanft auf die Landebahn auf. Das quietschende Geräusch der Reifen war zu hören. Die Motoren heulten auf und ich war einem Nervenzusammenbruch nahe. Mein Herzklopfen erschien mir so laut, als würde man über riesige Lautsprecher mit den Pochgeräuschen das Innere der Maschine beschallen. Der Pilot schaltete den Umkehrschub ein und trat kräftig auf die Bremsen. Langsam rollte das Flugzeug zum Haltepunkt. Wenige Minuten später kamen wir zum Stehen.

Wie aus Minuten *Stunden* werden können, das empfindet jemand, der einen kleinen Hund in ein fremdes Land einschmuggeln will, äußerst ausgeprägt. Ich würde jedenfalls in etwa 20 Minuten wissen, ob ich ins Gefängnis wandern und für eine gewisse Zeit gesiebte Luft einatmen würde oder als neues Mitglied der Malaysischen Gesellschaft tropische Luft schnuppern könnte und als freier Mensch den Boden meiner neuen Heimat betreten dürfte.
Meine Anspannung war so groß, dass mir das mittlerweile völlig egal war. Hauptsache, Lissy durfte mit in den Knast.
Halb benommen vor Nervosität steuerte ich auf die Immigration zu. Mein Mund war so trocken wie ein versiegtes Flussbett.
Hoffentlich bekomme ich keinen Ohnmachtsanfall.
Passkontrolle! Ich trug die Hundetasche mit dem Schmuggelobjekt in der linken Hand, wie ein ganz gewöhnliches Bordgepäck. Damit Lottchen auch ja nicht auf die Idee kommen könnte, ein einziges Tönchen von sich zu geben, wippte ich die Tasche immer auf und ab, während ich brav die Fragen des Beamten beantwortete. Keine einfache Sache, wenn die Zunge am Gaumen fest klebt.
Das *the* entfaltete sich folglich auch mehr zu einer Art Schnappatmung. Ich gebe zu, dass dies auf den Beamten einen eigenartigen Eindruck gemacht haben musste.

Eine wippende Blondine mit Schnappatmung kommt schließlich nicht jeden Tag in Kuala Lumpur an.

Vermutlich hat er gedacht: »Die Lady muss dringend aufs Klo.« Anders kann ich mir nicht erklären, weshalb alles so schnell ging. In Malaysia geht nämlich nichts schnell. Gar nichts. Ruckzuck bekam ich einen Stempel in meinen Pass und konnte gehen. Jetzt schnell die Koffer holen und dann stand mir noch die Zollkontrolle bevor.

Eindringlich schickte ich ein flehendes Gebet zu meinem Schutzengel.

Kann sich die Zollkontrolle nicht einfach in Luft auflösen?

Es war früh, 4.45 Uhr Ortszeit. Da ist in der Regel auf dem Flughafen in Kuala Lumpur nicht viel los. Und genau DAS machte mir besonders viel Angst. Von weitem sah ich sie schon – die Zollkontrolle! Ein kleiner, dicker Mann in Uniform stand bereit und erwartete die Ankömmlinge.

Er wird sicher jeden Einzelnen checken, und das mit besonderer Akribie, um sich die Langeweile zu vertreiben.

Meine Gedanken schlugen Kapriolen.

Wahrscheinlich reibt er sich schon die Hände und hofft auf einen ganz dicken Fisch. Zum Beispiel auf eine Deutsche, die einen Hund ins Land schmuggeln will. Da könnte er sich Lorbeeren verdienen. Bravo. Gut gemacht. Die Regierung würde ihm einen Orden verleihen. Er käme in die Zeitung und würde als Held gefeiert.

Alles ging so schnell, dass ich kaum zum Luftholen kam, geschweige denn zum In-Ohnmacht-Fallen. Ratz-fatz war ich durch die Zollkontrolle. Der überaus nette Beamte rief mir ein »Selamat Datang« zu, was Herzlich Willkommen bedeutet, winkte mich durch und ich zischte mit meinem Doggy-Bag an ihm vorbei.

Hatte ich es tatsächlich geschafft?

Ja! Ich hatte! Es war vorbei. Ich war durch, ohne Kontrolle. So ganz traute ich dem Frieden jedoch nicht. Es war zu einfach gewesen.

Vielleicht warten sie ja draußen, in der Wartehalle, die Beamten von der Veterinärabteilung. Sozusagen als Empfangskomitee.

Zwischen den Unterlagen zur Einfuhr des Hundes hatte nämlich ein rotes Bändchen gelegen, das ich ihr umbinden sollte, vor Antritt des Fluges. »Ach wie niedlich«, dachte ich damals noch. »Eine sehr nette Geste«. Aber nun wurde mir klar, es war ein Erkennungszeichen!

Genau. In Rot.
Knallrot, damit man sie auf gar keinen Fall übersehen könnte.
Zu früh gefreut! Was nun?
Ich erreichte die große Wartehalle. Mein Blick hetzte umher. Schnellen Schrittes schob ich den Kofferwagen vor mir her. Ich wurde immer schneller. Dann erblickte ich meinen Mann. Er hielt einen wunderschönen Strauß Blumen in der Hand. Sein suchender Blick erhaschte mich in Bruchteilen von Sekunden.
Wir hatten uns seit vier Monaten nicht mehr gesehen. Glücklich und fröhlich winkte er mir zu und ich ... raste, ohne ihn eines Blickes zu würdigen, blitzschnell an ihm vorbei. Leider konnte ich nicht mehr sehen, wie komisch er wohl dreingeschaut haben mag. Aber es muss ziemlich bizarr gewesen sein.
Als ich draußen endlich zum Stehen kam, schlotterten meine Beine so heftig, als stünde ich auf einer Rüttelmaschine, die auf Höchststufe eingestellt war.
»Was ist denn mit dir los?«, hörte ich eine Hechelattacke später die Stimme meines Mannes hinter mir. Überglücklich drehte ich mich um, schlang meine Arme um ihn und sagte japsend: »Ich – habe – fertig.«

Verkehrte Welt

In meiner neuen Heimat musste ich mich an vieles erst noch gewöhnen. So auch an den Linksverkehr. Es bedarf, gelinde gesagt, einiger sinnvoller Geschicklichkeitsübungen, an einer großen Kreuzung tangential abzubiegen oder von der linken Straßenseite aus rechts in einen Weg einzubiegen. Aber nach zwei Wochen war mir das verkehrte Autofahren in Fleisch und Blut übergegangen. Immer seltener stieg ich von der falschen Seite ins Auto ein, um dann festzustellen, *uuups, wo ist denn das Lenkrad?*
Auch griff ich nur noch ab und zu mit der rechten Hand nach dem Schalthebel. Mit dem Setzen des Blinkers hatte ich allerdings noch lange Probleme. Ständig schaltete sich der Scheibenwischer ein, wenn ich rechts oder links abbiegen wollte. Aber das macht in Malaysia fast gar nichts. Dort fährt ohnehin jeder wie er will und der Blinker scheint nur als überflüssige Attrappe seinen Dienst zu erfüllen. Umso mehr wundert man sich, dass es kaum größere Unfälle gibt. In der Regel sind es die tausend und abertausend Mopedfahrer, die rechts oder links im Straßengraben liegen und ihre leichten Verletzungen kühlen.
Diese kleinen, motorisierten Slalomkünstler stehen als riesiger Pulk an einer rot geschalteten Ampel. Natürlich als Erste, weil sie sich zuvor ohne Rücksicht auf Verluste an den wartenden Autos vorbeigedrängelt haben, dabei zehn bis zwölf Außenspiegel ins Jenseits beförderten und an mindestens der Hälfte der Autos wunderschöne, fette Kratzer hinterließen, da sie den auch noch so geringsten Abstand zwischen zwei wartenden Autos zum Durchschlängeln ihrer fahrbaren Untersätze benutzen. Dabei spreche ich von vielleicht 15 Zentimetern, vor- oder nebeneinander.
Wenn sie es dann endlich geschafft haben, in vorderster Front zu stehen, lassen sie ihre Minimotoren intervallmäßig aufheulen, um dann, noch bevor es grün geworden ist, mit einem Affenzahn loszupreschen.
Überhaupt scheinen malaysische Mopedfahrer keine Angst vor dem Unfalltod zu haben. Bewundernswert. Mit ausgelatschten Flip-Flops, ohne Helm und nur mit einem Fetzen Stoff um den Leib, rasen sie auf ihren getunten Mopeds selbst auf einem Highway entlang.

Vieles ist verkehrt herum in Malaysia. Selbst Rolltreppenanlagen in den Shopping Malls und Einkaufszentren. Die betritt der geneigte Shopper ebenfalls von links. Also links befindet sich die Rolltreppe für rauf und rechts die für runter. Anfänglich verursachte ich oft Stauungen oder Karambolagen. Aber auch diese Zeit ging schnell vorüber. Selbst für Fußgänger ist auf den Gehwegen oder Zebrastreifen strikter Linksverkehr angesagt. Geldscheine und Münzen gibt man jedoch mit der rechten Hand, weil die linke die *unsaubere* Hand ist.

Zeigen Sie in Südostasien auch niemals mit dem Zeigefinger auf etwas, so wie wir das kennen: Schau mal da! Dazu benutzen die Chinesen ausschließlich den Daumen, weil der Zeigefinger der *böse* Finger ist. Das mache ich übrigens heute noch so, aus Respekt.

Während ich in Deutschland eine Heizung gegen die Kälte einschalten musste, benutzte ich in Malaysia eine Klimaanlage gegen die Hitze. Auch das Einschalten eines Lichtschalters ist etwas gewöhnungsbedürftig. Erstens befindet er sich ganz sicher nicht dort, wo er logischerweise angebracht sein sollte und zweitens erstrahlt garantiert nicht DIE Lichtquelle, die man glaubt, mit einem Klick auf den Schalter einschalten zu können. Die neue Art meines Lebens war durchaus als spannend und reizvoll zu bezeichnen. Aber manchmal auch zum Verzweifeln.

Nur nicht verzweifeln

Die malaysische Bevölkerung setzt sich zu etwa 40 Prozent aus Chinesen zusammen. Sie ist gewissermaßen die heimliche Wirtschaftsmacht. Daher ist auch vieles sehr chinesisch. Ich erlernte jedenfalls alles sehr schnell, so auch das Essen mit Stäbchen, die ich schon bald sogar zum Verzehren einer Nudelsuppe benutzen konnte. Gewusst wie.
Chinesen verbinden mit Zahlen allerlei Mystik und Rituale. Da ich einen gewissen Hang zum Aberglauben nicht leugnen kann, ließ ich mich schleunigst in diese Geheimlehre einweisen. Mit anstrengendem Erfolg. Immer und ständig darauf zu achten die richtige Zahl anzuwenden, kann mehr als mühsam sein.
Genau wie in Deutschland auch genießt die Zahl 13 einen schlechten Ruf, besonders aber trifft das auf die Zahlen Vier und Sieben zu. Sie gelten in der chinesischen Kultur als DIE Unglückszahlen schlechthin. Die Aussprache von Vier hört sich in der chinesischen Sprache ähnlich wie die Aussprache des Wortes Tod an. Und das Wort Sieben etwa wie fortgegangen oder auch VERSCHWUNDEN. So eine böse, böse Zahl hatte sich offensichtlich irgendwo in unsere Umzugspapiere geschlichen. Denn ...

Was war das nur für ein niederträchtiger Tag, der mir da an diesem Morgen mit voller Wucht entgegenschlug. So etwas gibt es doch nur in einem Film oder in einem Alptraum?!
Bitte, lieber Gott, lass mich erwachen! Rüttle mich, schüttle mich, gib mir einen Kinnhacken, aber bitte lass mich nicht in diesem Alptraum zurück!
Es war aber weder das eine noch das andere. Es war die nackte Tatsache, dass unser Container mit all unserem Hab und Gut in der Nacht vor der Auslieferung gemeingefährlichen, boshaften, abscheulichen, brutalen und skrupellosen Dieben in die Hände gefallen war.
Zunächst überstieg es bei weitem meine Vorstellungskraft und Phantasie. Am Tag zuvor hatte die Umzugsfirma angerufen und mitgeteilt, dass der Container anstandslos durch den Zoll gegangen war und unsere Möbel morgen früh ausgeliefert würden. Wir freuten uns mächtig. Endlich. Endlich kommt unser Leben an.
Die Tatsache, dass ich nun unsere neue Wohnung einrichten konnte, beglückte mich wahrhaftig. Schon Wochen zuvor hatte ich genaueste Pläne

gezeichnet, wo was seinen Platz finden sollte. Bald könnte ich endlich wieder an meinem geliebten Computer sitzen und schreiben. Meine Storys, all meine Fotos, die vielen Grafiken, alles wieder da.

In ein paar Tagen würde ich auch wieder online sein und meiner Familie, meinen Freunden, Bekannten und den anderen Zurückgelassenen E-Mails schreiben können und wieder Kontakt zur Außenwelt haben. Und ich würde auch wieder meine zwar viel zu eng gewordene Garderobe in Besitz nehmen können. Aber ich hatte mir ja vorgenommen, in Malaysia abzuspecken. Zehn Kilo.

Die Wintergarderobe hatte ich daheim bei meinen Eltern deponiert. So etwas braucht man bei einer jährlichen Durchschnittstemperatur von 30 Grad nun wirklich nicht.

Für meinen Mann, der ein ausgezeichneter Weinkenner ist, war die Nachricht vom Eintreffen unseres Hausrates eher Nebensache. Er freute sich diebisch darüber, dass der Container anstandslos durch den Zoll gegangen war. Denn unter den letzten Endes 303 gepackten Umzugskartons befanden sich sieben ganz spezielle. Sie waren mit dem Wort *Household* deklariert. Darin waren allerdings keine Kochtöpfe, Bratpfannen oder Siebe. Nein! Diese augenscheinlich simplen Pappkartons waren mit seiner geliebten Weinsammlung bestückt, die so manch seltenes Tröpfchen enthielt.

Es ist offiziell nicht erlaubt, solche Mengen Alkohol in ein moslemisches Land einzuführen. Auch nicht aufgrund eines Umzuges. Deshalb hatte ich den Wein sturzsicher in unauffällige Umzugskisten verpackt und als Tarnung mit einem schwarzen Filzstift Household auf die Kisten geschrieben.

Wein kostet in Kuala Lumpur übrigens ungefähr das Dreifache von dem, was er in Deutschland kostet. Kein Wunder also, dass mein Mann der wertvollen Fracht besondere Aufmerksamkeit geschenkt hatte. Und nun DAS! Alles weg. Ein ganzer Container geklaut. Das ging uns nicht in den Kopf. Drei Wochen lang habe ich ununterbrochen geweint, getobt, geschrien, Kanonaden von Beschimpfungen an die Umzugsfirma abgelassen und aufgehört zu essen. Aber es nutzte alles nichts. Der Container blieb verschollen und wir standen sprichwörtlich vor dem Nichts.

Nach fünf Wochen hatte ich zwölf Kilo abgenommen und mein Mann die Nase gestrichen voll. »Hör' endlich auf«, raunzte er mich an. »Wir gehen jetzt los und kaufen alles neu.«

Ein letzter Vulkanausbruch brodelte noch einmal aus mir heraus, als ein Schreiben des Anwalts der gegnerischen Seite bei uns eintrudelte. In verständlichem Deutsch stand da geschrieben, dass wir »keinerlei Anspruch auf Schadenersatz« hätten.

Der Container sei zwar gegen Beschädigung, Verschwinden, Brand und Naturkatastrophen versichert gewesen, aber eben nicht gegen Diebstahl. Er sei ordnungsgemäß an seinem Zielort angekommen, ohne Beschädigung oder dergleichen und damit sei der Vertrag zwischen uns und der Umzugsfirma erfüllt worden. Zudem hätten wir ja auch nur das Versicherungsstandard-Paket abgeschlossen. Dass er dann in der Nacht vor der Auslieferung einem Diebstahl zum Opfer gefallen war, sei eben Pech. Dagegen wäre von unserer Seite aus keine Versicherung abgeschlossen worden. Punkt. Hochachtungsvoll. Unterschrift.

Mit anderen Worten: Wir hätten zusätzlich noch eine Versicherung mit der Auslieferfirma gegen Diebstahl abschließen müssen. Darauf muss man erst mal kommen. Wäre das Containerschiff untergegangen und das Verschwinden dadurch entstanden, wäre der Versicherungsfall eingetreten. Aber so – aus die Maus.

Unser Anwalt aus Deutschland bestätigte noch einmal detailliert den Sachverhalt und warnte uns eindringlich vor einem teuren Prozess. »Sie haben keine Chance«, sagte er, nicht ohne die Spur seines ehrlichen und tiefen Mitgefühls.

DOCH! Wir hatten eine Chance. Wir fingen ganz von vorne an und nahmen uns vor, bei einem erneuten Umzug auf diese vertraglichen Details genauestens zu achten. Das einzige Gute an dieser Misere war: Ich hatte ohne große Anstrengung meine gewünschten zehn plus(!) zwei Kilo zusätzlich abgenommen und konnte nun nach Herzenslust essen, was ich wollte. Das tat ich auch, denn das Essen in Malaysia ist mehr als phantastisch. Die Vielfalt der exotischen Küche lässt im wahrsten Sinne des Wortes keine Wünsche offen. Indisch, Thailändisch, Chinesisch, Indonesisch, Japanisch, Mexikanisch, Spanisch, Portugiesisch, Griechisch, um nur einiges zu nennen: Ein wahres Gaumenparadies also und noch dazu mehr als preiswert.

In den ersten Wochen nach meiner *Genesung* habe ich mich mit Sushis nur so vollgestopft.
Kostet hier ja auch fast nix. Zehn Sushis für umgerechnet drei Euro. Pah.
Auch unsere Wohnung begann sich allmählich wieder zu füllen. Wir hatten neue Möbel, Geschirr, Kochtöpfe, Bettwäsche, Handtücher und diverse Dekorationsgegenstände gekauft. Und einen Computer mit allem drum und dran. Den hatten wir uns übrigens als Erstes gekauft. Der neue war natürlich viel moderner und schneller als der alte. Aber ... er war jungfräulich. Keine Storys, keine Fotos, keine E-Mail-Adressen, nichts.
Entgegen den üblichen Stresssituationen auf der Waage stellte ich eines Morgens fest: Hurra, ich habe wieder ein Kilo zugenommen. Zwölf Kilo waren gemessen an meiner Größe doch etwas zu viel, beziehungsweise in diesem Fall zu wenig. Außerdem entschied ich: mein Outfit könnte ebenfalls eine Aufpeppung vertragen, im Speziellen meine Frisur. Der letzte Friseurbesuch in Deutschland war mehr als in die sprichwörtliche Hose gegangen und hatte einen total verschnittenen Mopp auf meinem Kopf zurück gelassen. Inzwischen hatten meine Haare wieder eine Länge, die geradezu nach einem Friseurbesuch schrie.

Ein exotischer Friseurbesuch

Gleich um die Ecke unserer Wohnung befand sich ein winziger, alter, chinesischer Friseursalon. Salon ist vielleicht etwas übertrieben ausgedrückt: Der Putz fiel von den Wänden, die Einrichtung war eher spärlich und offensichtlich noch aus dem letzten Jahrhundert. Aber immerhin standen Schwarzkopf Produkte in einem völlig überfüllten Regal, dem man schon von weitem ansehen konnte, dass es bald zusammenbrechen würde.
Dekoriert war der Laden mit allerhand chinesischen Glücksbringern in den Farben Rot und Gold, DIE Glücksfarbenkombination der Chinesen schlechthin.
Gutgelaunt kam ich in den Salon und wurde zu einem Stuhl gebeten. Vertrauenserweckend sah er nicht gerade aus. Aber egal. Ich setzte mich hin.
Etwas später bekam ich einen Tee gebracht, in dem irgendetwas Undefinierbares schwamm, ganz unten auf dem Boden. Ich schnupperte kurz an dem Tee, um herauszufinden, was wohl darin sein könnte.
Ja okay, er duftet prima. Aber trinken ... ? Ach nee, lieber nicht.
Während ich noch über den Tee sinnierte, steckte mir eine junge Chinesin einen Papierfetzen hinten in den Kragen meiner Bluse.
Uuups.
Der war nicht größer als ein Stück aus einer Küchenrolle und genau so kratzig. Aber die Leute sind alle so freundlich hier, was spielt da ein kratziges Stück Papier von irgendeiner Küchenrolle schon für eine Rolle.
Während ich völlig verdutzt in den Spiegel schaute, lächelte mich die junge, kleine Chinesin liebevoll und ehrlich an. Ich lächelte zurück und an den Papierfetzen hinten in meiner Bluse dachte ich schon bald nicht mehr.
Kurz darauf kam eine zweite Chinesin. Sie hielt zwei Plastikflaschen in den Händen und lächelte mich ebenfalls freundlich und bewundernd an.
Mein Gott, die Leute sind hier alle so freundlich. Es ist kaum auszuhalten.
Aber ich hielt es aus. Es macht nämlich so ungeheuer glücklich und ist extrem ansteckend. Mein Blick blieb an der zweiten Chinesin hängen, die direkt hinter mir stand, mit den beiden Plastikflaschen in den Händen.
Wahrscheinlich ist sie hier als Putzfrau angestellt und beginnt gleich die Spiegel zu wienern. Aber wieso steht sie dann hinter mir? Und wo sind eigentlich hier die Waschbecken?

Mein Blick wanderte im Laden umher. Während ich weiter nach den Waschbecken suchte, wurde es plötzlich kühl und nass auf meiner Kopfhaut.
Hat das chinesische Glückskind meinen Kopf etwa mit dem Spiegel verwechselt? Dacht' ich's mir doch. Der Friseurbesuch war längst überfällig. Aber so dreckig waren meine Haare ja nun auch wieder nicht.
Ich blickte wieder in den Spiegel, direkt Aug' in Aug' mit meinem Hintermann beziehungsweise meiner Hinterfrau. Die doppelten Fragezeichen in meinen Augäpfeln lösten bei der jungen, netten Chinesin ein Kichern aus. Sie konnte sich gar nicht mehr beruhigen.
Die Leute hier sind aber auch wirklich zu freundlich.
Es ist tatsächlich ansteckend. Ich begann ebenfalls zu lachen und sie schüttete weiter irgendeine Flüssigkeit auf meine Haare. Danach begann sie alles durchzumischen. In einer affenartigen Geschwindigkeit bildete sich Schaum. Viel Schaum. Nicht zuletzt auch deshalb, da sie eine ganz besondere Einschäumtechnik, man könnte auch sagen Kratz-Klopf-Technik, anwandte. Der Schaum auf meinem Kopf nahm an Volumen zu; bedenklich zu – immer mehr und mehr. Mir wurde es langsam mulmig. Ich hatte schließlich nur diesen Papierfetzen hinten im Kragen meiner Bluse stecken.
Weiß sie das? He. He.
Allmählich genoss ich ihre Massagetechnik. Wow. Es war der Hit.
Nach einer ganzen Weile war der Schaumwuchs zum Stillstand gekommen. Sie hatte mit dem Shampooschaum sogar meinen Nacken massiert.
Würde jetzt noch die eisige Klimaanlage ausgeschaltet werden, die mich an die kalte Heimat erinnerte, ich wäre glatt eingeschlafen.
Die Menschen hier sind überaus freundlich und der Tee vor mir war längst kalt geworden. Ich wusste genau, dass ich ihn nicht trinken würde. Unter Vortäuschung falscher Tatsachen behauptete ich einfach, ich hätte überhaupt keinen Durst. Nie gehabt.
Gut 30 Minuten lang krabbelte die freundliche Chinesin auf meinem Kopf herum. Zwischendurch schüttete sie immer wieder irgendeine Flüssigkeit auf meinen Kopf. Einmal aus der einen Plastikflasche, einmal aus der anderen Plastikflasche.
Vermutlich handelt es sich um eine geheimnisvolle Mischung.

Diese Kombination bewirkte ein Wunder: Mich wunderte nämlich, wo sie blieb, all die Flüssigkeit.
Ich hab doch wohl kein Loch in meinem Kopf?
Nichts lief mir am Nacken herunter oder übers Gesicht, auch nicht in die Ohren. Ach übrigens, die werden gleich mit gewaschen, und zwar äußerst gründlich. Sie massierte, klopfte und kratzte den Schaum so lange auf meinem Kopf hin und her, rauf und runter, bis nichts mehr da war.
Wo isser eigentlich? Ach ja, überall auf meiner Hose, den Armen und der Bluse.
Macht aber nichts. Die Leute sind hier alle so freundlich, was bedeutet da schon so ein bisschen Schaum, verteilt auf meinem ganzen Outfit?!
Sie hatte aufgehört! Die wundervolle Massage war zu Ende. Nun sollte ich mit ihr gehen. In einer Art Kammer befanden sich zwei Waschbecken. Davor stand jeweils ein Gartenliegestuhl, die beide sicher einmal sehr schön gewesen waren. Vorsichtig manövrierte ich mich in den Liegestuhl und lehnte meinen Kopf nach hinten. Nun hing er in einem Becken. Ehrlich gesagt, sah das Becken eher wie ein Schweinetrog aus. Ich meine, die Form und die Farbe betreffend.
Über mir hing ein Ventilator, der wiederum für angenehme Kühle sorgen sollte. Aber mich erinnerte er wieder einmal an meine kalte Heimat.
Ach nee, dann doch lieber hier im schönen warmen Malaysia: den Kopf im Schweinetrog hängend, glücklich und nur von lauter freundlich lächelnden Menschen umgeben.
Während des Waschvorgangs bekam ich schon wieder eine Massage.
Meine Güte, das ist Luxus pur.
Ich war vollkommen hin und weg. Auch die Technik des Waschens war mir völlig unbekannt. Genial. Einfach genial.
Nachdem die süße Chinesin mindestens einen Hektoliter Wasser über meinen Kopf hatte rauschen lassen, wurde ich zurück zu meinem Platz gebeten. Am ganzen Körper nass triefend, setzte ich mich hin und nahm mir vor, beim nächsten Besuch einen Taucheranzug anzuziehen.
Dann kam eine dritte, kleine pummelige Chinesin. Auch sie ... genau, lächelte sehr freundlich. Bewaffnet mit Kamm, Schere und Föhn, begann sie mit ihrem Styling-Werk.
Angenehm erschöpft vor lauter Massagen, schloss ich meine Augen und begann zu dösen. Die Magazine, die vor mir lagen, konnte ich sowieso

nicht lesen. Alles auf Chinesisch. Als ich meine Augen wieder öffnete, waren meine Haare geschnitten, geföhnt und gestylt. Neugierig blickte ich in den Spiegel. Ich konnte es nicht glauben. Es war unfassbar. Die nette, süße, kleine, pummelige Chinesin hatte mir eine Frisur gezaubert, die hätte Udo Walz nicht besser machen können. Ach, was sag' ich? Der hätte sie so garantiert nicht hinbekommen.

Niemals hätte ich zu glauben gewagt, dass man aus meinem verschnittenen Schopf noch etwas so Wunderbares hätte kreieren können. An der Kasse fragte ich freundlich nach dem Preis. »18 Ringgit«, sagte die Chinesin, wie könnte es anders sein, lächelnd. Das sind umgerechnet 3,80 Euro. Kaum zu glauben. Diesen Luxus leistete ich mir von nun an fast jede Woche.

Der alte Chinese

Ich befand mich weiterhin auf dem Wege eines emotionalen Aufschwungs und war noch immer mit dem Kauf verschiedener Möbelstücke, Gebrauchsgegenstände und Dekorationsmaterialien beschäftigt. Von anderen Deutschen hatte ich gehört, dass es auf der Insel Penang, die an der Nordwestküste der malaysischen Halbinsel liegt, antike, chinesische Vasen zu kleinem Preis geben solle. Da ich außer der Stadt Kuala Lumpur und diversen Shopping-Malls noch nicht viel gesehen hatte, beschloss ich, für ein paar Tage nach Penang zu reisen. Zum Shoppen.

Von Kuala Lumpur aus hat man sozusagen ununterbrochen die Möglichkeit, in weniger als einer Stunde auf den traumhaftesten Inseln dieser Welt ein verlängertes Wochenende zu verbringen. Diese überaus angenehme und äußerst preisgünstige Art der Freizeitbeschäftigung leisten sich viele in Malaysia lebende Europäer: Am Wochenende mal schnell zu einem Traumstrand jetten. Knapp 30 Flugminuten von Kuala Lumpur entfernt, das wir später, wie alle anderen auch, nur noch »KL« nannten, liegt die besagte Insel Penang. DAS Einkaufsparadies für Altes und Neues.

In einigen Ecken von Penang sieht es noch so aus wie auf einem Bild aus einer längst vergessenen Epoche. Rund 80 Prozent der auf Penang lebenden Bevölkerung sind Chinesen. Daher ist auch dort alles sehr chinesisch.

Sobald ich angekommen war, bat ich den Hotelconcierge, mir zu verraten, wo ich echte, alte, chinesische Bodenvasen kaufen könnte.

Aber bitteschön nicht dort, wo die Touris kaufen, ja?

Der nette Herr an der Rezeption organisierte mir einen Rikschafahrer mit dazugehörigem Gefährt. Eigentlich heißen die Fahrradrikschas Trishaw. Aber das konnte ich mir einfach nicht merken. Es kam ein alter Chinese an, der, soweit ich das einschätzen konnte, weit über 90 Jahre alt gewesen sein mochte. Obwohl ich nicht schwer bin und auch nicht einen Meter achtzig groß, machte ich mir Gedanken darüber, ob es der alte Mann wirklich noch schaffen würde, mich kreuz und quer durch Penang zu kutschieren. Er war nämlich nicht nur superalt, sondern auch noch rappeldürr.

Mit seinem zahnlosen Mund lächelte er mich liebevoll an. Ich lächelte natürlich zurück und versuchte, ein freundliches Gespräch mit ihm anzu-

fangen. Doch der Concierge winkte ab und versicherte mir, dass er kein Wort Englisch sprechen würde.
Ich mochte den alten Rikschafahrer sofort. Sein Name war Dong. Den konnte ich mir gut merken.
Ding Dong, wie das Geräusch einer Türglocke.
20 Minuten später stand ich in einem altertümlichen Porzellanladen, der mit den herrlichsten Kostbarkeiten antiker, chinesischer Manufakturkunst gefüllt war und mein Herz in die sprichwörtliche Höhe hüpfen ließ. Obwohl er völlig überfüllt war, erblickten meine Augen ein wahres Porzellan-Paradies. In diesem Laden war außer mir, dem Inhaber und seiner Enkelin sonst niemand. Sie begrüßten mich überaus freundlich mit *Ni hao ma*, was soviel wie Hallo, wie geht's, bedeutet. Mutig antwortete ich mit den wenigen bisher gelernten chinesischen Worten *Wo hen hao*. Die beiden freuten sich mächtig darüber und quittierten es mit einem chinesischen Redeschwall, von dem ich allerdings nichts mehr verstanden habe.
Die Enkelin erzählte mir in gebrochenem Englisch, dass der Großvater das Geschäft bald aufgeben werde. Es käme kaum noch Kundschaft. Ich sei die Erste in dieser Woche. Es war Freitag. Dong stand draußen vor der Tür und rauchte eine Zigarette.
Drinnen im Laden, fiel ich von einer Euphorie in die nächste. Es war einfach fantastisch. In einer Ecke fand ich genau so eine Bodenvase, wie ich sie mir vorgestellt hatte. Dazu kaufte ich noch die passende Teekanne mit Teeschälchen, eine neutrale Teekanne (kann man ja immer gebrauchen), Essstäbchen aus Porzellan, Stäbchenständer, Tassenhalter, Sojasoßenschälchen und, und, und. Während ich mich in einem elenden Kaufrausch befand, hatte sich der Laden urplötzlich mit weiteren Kunden gefüllt. Immer mehr Leute waren hereingekommen. Zuletzt zählte ich sieben.

Das passiert mir ständig. Ich stehe in Berlin an einer Currywurstbude. Kein Mensch weit und breit. Nur die Verkäuferin und ich. Drei Minuten später ist eine Schlange hinter mir. Sechs Leute wollen Currywurst mit Pommes, rot-weiß. Oder auf dem Trödelmarkt. Ich interessiere mich für eine alte Kaminuhr. Der Standinhaber jammert mir zwei Minuten lang vor, dass er heute noch keinen Cent verdient habe. Die Leute würden seinen Stand gar nicht bemerken, wie durchsichtig fühle er sich. Alle liefen vorbei, ohne ihn eines Blickes zu würdigen. Noch bevor er weiterjammern kann, stehen schon zwei Kunden an seinem Stand und interessieren sich für *meine* Kaminuhr. Dann drei, vier und so weiter. Für mich ist das normal. Ich habe sogar darüber nachgedacht, mit diesem Talent ein Business zu eröffnen, so a la: Sie wollen ein Geschäft eröffnen? Mieten Sie mich! Ich sorge für die Kunden. Nun aber zurück zur Perle des Orients, wie Penang auch genannt wird.

Ich stand also in diesem Laden und bemerkte eher beiläufig, dass es mittlerweile vor Kunden nur so wimmelte. Meine reizende *Türglocke* drückte sich draußen an der Fensterscheibe mit verwunderten Blicken die Nase platt und beobachtete das Treiben drinnen im Laden. In hastiger Eile hatte sich urplötzlich der Himmel zugezogen. Dicke, schwarze Wolken hingen bedrohlich über Georgetown, der Hauptstadt von Penang, einem Platz, der kontrastreicher nicht sein könnte: Hier scheint sich die Tradition standhaft gegen die moderne Entwicklung zu wehren.
Die ersten Blitze zuckten durch die Luft. »Schnell, schnell, schnell«, schrie ich quer durch den Laden. »Alles einpacken und ... Zahlen! Bitte schnell.«
Nun geht das mit dem Schnell in China-Town nicht so schnell. Alles dauert seine Zeit. Mit allergrößter Liebe und Sorgfalt, also im Zeitlupentempo, verpackte die Enkelin mein Porzellan in ein paar Seiten der schon mehrfach gelesenen »Butterworth-News« (alles nur auf Chinesisch) ein. Zigmal. Danach legte sie jedes einzelne Stück überaus vorsichtig, so als handele es sich um die Kronjuwelen der englischen Königin, in Kartons. Zu guter Letzt verschnürte und verknotete sie die Kisten noch mehrfach mit einem dicken Strick.
Als ich mit meinen segensreich verpackt und verschnürten Einkäufen wieder nach draußen kam, hatte sich das ursprünglich drohende Unwetter verzogen. Einfach so. Von einer Sekunde zur anderen. Für einen Moment dachte ich, vielleicht sind die Leute nur deshalb in den Laden gestürmt, weil sie vorsorglich Unterschlupf suchten.
Denn wenn es in Malaysia regnet, sollte man sich schleunigst irgendwo unterstellen. Besonders während der Monsunzeit sind die Regenfälle extrem heftig und es bleiben garantiert kein Tangaslip und keine Boxershorts trocken.
Der Rikschafahrer nahm mir die Pakete ab und verstaute sie irgendwo am oder hinter der Trishaw. Ich wusste nicht, wo und ich wusste auch nicht,

wie er das gemacht hatte. Diese Trishaws sind nämlich superklein und äußerst eng. Zwei normal gewachsene, schlanke Europäer können darin eigentlich nicht wirklich sitzen.
Übereinander schon.
Ich hatte jedenfalls vier Pakete, davon war eines 80 Zentimeter hoch und ziemlich schwer: meine chinesische Bodenvase. Mit Händen und Füßen gab ich Dong zu verstehen: bitte zurück ins Hotel. Der alte Chinese konnte kein einziges Wörtchen Englisch sprechen. Aber von so etwas lasse ich mich nicht beeindrucken. Wie gesagt, schließlich habe ich ja Hände und Füße. Er hatte mich wohl verstanden, denn die Rikscha setzte sich in Bewegung. Allerdings nicht in Richtung meines Hotels. Das Hotel-Logo konnte ich nämlich von weitem erkennen. Dong steuerte die Rikscha genau in die entgegengesetzte Richtung. »Keine Panik«, sagte ich gelassen zu mir. »Er nimmt wohl eine Abkürzung.«
Kurz darauf waren wir in einer engen, kleinen Straße, in die nicht mal ein Auto hätte hineinfahren können. Dong stoppte die Rikscha vor einer Art Tempel, aber in Miniaturausgabe. Davor standen Schuhe, viele Schuhe. Das ist in Malaysia normal. Überall werden die Schuhe ausgezogen, bevor man eine Wohnung oder ein Haus betritt.
Ich habe das übrigens auch bei uns Zuhause eingeführt. Man hat weniger Arbeit und es ist viel hygienischer.
Dong nahm mich bei der Hand und führte mich in den Minitempel. Hunderte qualmender Räucherstäbchen hatten die Luft mit einem süßlich-strengen Duft gefüllt. Durch ein kleines Fenster fiel ein breiter, gleißender Sonnenstrahl herein, der die Qualmwolken, wie bei einer Lasershow, optisch brillieren ließ. Auf einem aus schwarzem Holz zusammen gezimmerten Altar stand ein goldfarbener, dickbäuchiger Buddha, der ein breites Grinsen auf dem Gesicht hatte. Um ihn herum waren fein säuberlich Orangen, Ananas und Bananen drapiert. Davor lagen, auf einem weißen Teller, grell leuchtendes, pinkfarbenes Gebäck, eine Art Petit fours.
Diese aus Milch, Reis und Zucker hergestellten kleinen Kuchen, gibt es in Malaysia an jeder Straßenecke. Sie zählen zu den traditionellen Nachspeisen des Landes.
Aus einem anderen Zimmer hörte ich eine furchterregende, laute und tiefe Stimme. Sie klang so, als sei der Mensch, der da spricht, extrem heiser.

Auf mich wirkte sie eher dämonisch. Jedoch verspürte ich zu keiner Zeit ein Unwohlsein oder gar Angst.
Was sollte mir der Alte schon tun? Okay, ZWEI Alte vielleicht schon.
Aber nein! An so etwas hatte ich überhaupt nicht gedacht. Vorsichtig öffnete Dong eine Schiebetür, durch die man in das andere Zimmer gelangen konnte. Er redete mit dem Mann, zu dem die heisere Stimme gehörte. Natürlich habe ich nicht verstanden, was die beiden miteinander sprachen. Auf alle Fälle stand ich wenige Minuten später in diesem Zimmer, das winzig klein war. Sanft hatte mich Dong dort hineingeschoben. An den Wänden hingen Bilder, auf denen chinesische Zeichen gemalt waren, Glückssymbole in rot-gold und Masken, die mich angrinten.
Auf einem niedrigen und quadratischen kleinen Tisch stand eine runde, flache Schale, in der ebenfalls Räucherstäbchen brannten. Rund um die Schale lagen purpurne Orchideenblüten verteilt.
Trotz dieser duftigen Accessoires witterte ich einen modrigen Geruch in meiner Nase. Hinter einem simplen Schreibtisch, der für dieses Zimmerchen viel zu groß war, saß ein Chinese. Sein Alter konnte ich schwer einschätzen. Er war vielleicht Ende fünfzig. Er konnte aber auch wesentlich älter sein.
Das Einschätzen des Alters eines Chinesen ist für uns Europäer fast unmöglich. Sie sind im Besitz des verblüffenden Genetik-Geschenks, wesentlich jünger auszusehen als sie tatsächlich sind. Alle.
Während ich mich noch interessiert umschaute, erahnte ich jedoch, wo ich gelandet war: bei einem Fortuneteller, einem Wahrsager.
Durch seine dicke, schwarz umrandete Brille sah er mich an, der Meister Chong Tung Zai. Seine extrem weiße Haut wirkte wie aus Papier. Die auffallende Blässe seiner Haut wurde durch das tiefe Schwarz der kurz geschnittenen, akkurat sitzenden Haare noch verstärkt. Da seine dunklen Augen durch die enorme Stärke der Brillengläser überdimensional groß erschienen, wirkte er äußerst unheimlich auf mich. Ich sollte mein Geburtsdatum auf einen Zettel schreiben und die Uhrzeit meiner Geburt. Den Rest kennen Sie sicher, das ganze Programm halt.
Meister Chong Tung Zai begann zu rechnen, murmelte dabei vor sich hin und bekritzelte mehrere, kleine Papierfetzen in den verschiedensten Farben. Nach einer ganze Weilte sagte er zu mir: »Du lebst jetzt in einer Kultur,

die dir bisher fremd war. Aber ich kann dir sagen, du bist nach Hause zurückgekehrt.«
WOW.
Für einen Moment blieb mir der Atem weg. Er hatte mich mächtig beeindruckt. Woher in aller Welt konnte dieser Mann wissen, dass ich in Malaysia lebte? Ich hätte ein Tourist sein können. Schließlich sah ich an diesem Tag auch so aus, mit meinem Käppi auf dem Kopf und Shorts um die Beine. Aber es kam noch besser. Er sagte mir, dass ich vor meinem jetzigen Leben ein Chinese war. Ein Mann. »Sehr, sehr alt und sehr, sehr weise«, betonte er ständig. Die Menschen seien in Scharen zu mir gekommen, um von mir Ratschläge zu erhalten. Ich sei sehr, sehr arm gewesen aber sehr, sehr weise. Man hätte mich mit Naturalien bezahlt und ich sei mit meinem Leben sehr, sehr glücklich gewesen. Meine Kinder seien auch sehr, sehr alt geworden.
Mir lief ein eiskalter Schauer den Rücken hinunter, obwohl es draußen fast 35 Grad waren. Als ich nach K.L. kam, fühlte ich mich tatsächlich von der ersten Minute an heimelig, fast wie zu Hause.
Meister Chong Tung Zai konnte sogar meinen Beruf *sehen* und sagte: »Weiß. Holz. Papier. Du spielst mit Worten. Du schreibst. Viele Menschen werden deine Geschichten lesen. Du gibst den Menschen etwas, so wie in deinem früheren Leben.«
Dong hatte meine kuriosen Aktivitäten im Porzellanladen vermutlich so gedeutet: Mit dieser Langnäsin stimmt was nicht. Die bring ich mal lieber zum Master. In Asien werden Europäer hinter vorgehaltener Hand Langnase oder Weiße genannt.
Die eigenmächtige Aktion des Rikschafahrers, mich ohne mein Wissen zu einem Wahrsager zu bringen, war auch kein Touristen-Trick im Sinne von: bring mir Langnasen und ich gebe dir Geld dafür.
Als ich Master Chong Tung Zai nach dem Preis seiner Session fragte, nahm er seine Brille ab und blickte mir tief in die Augen. In diesem Moment hatte er nichts Unheimliches mehr an sich. Als er zu mir sprach, klang seine Stimme mit einem Mal sanft und gutmütig: »Ich danke dir für deinen Besuch. Es war mir eine große Ehre. Du bist mir nichts schuldig.«
Später habe ich erfahren, dass er ein berühmter und angesehener Wahrsager auf Penang ist und die Menschen von überall her zu ihm strömen, um

sich von ihm weissagen zu lassen. Er hat sogar so etwas wie einen Heiligenstatus: Bitte, nicht berühren!

Die ganze Nacht habe ich an *Ding Dong* denken müssen. Ob er vielleicht ... ? Es ließ mir keine Ruhe. Am nächsten Morgen bat ich den Hotelconcierge, ihn erneut zu rufen. Dong kam natürlich gerne und war sofort zur Stelle. Ich habe ihn zum Lunch in sein Lieblingsrestaurant eingeladen. Restaurant ist mit Verlaub gesagt, nicht die treffende Bezeichnung. Es handelt sich dabei um sogenannte out-door-kitchen, Straßenküchen, die in Malaysia an jeder auch noch so winzigen Ecke zu finden sind. Ganze Straßenzüge sind damit bestückt. Es ist ein Hochgenuss im doppelten Sinne, am Abend an den vielen Essständen vorbeizuflanieren und sich den wunderbaren, exotischen Köstlichkeiten, die dieses Land zu bieten hat, hinzugeben. Alle drei, vier Schritte zieht ein neuer Duft in die Nase, der die Vielfältigkeit schon erahnen lässt. Ein Paradies für den Gaumen und dazu noch mehr als preiswert. Man sitzt draußen auf der Straße, auf Plastikstühlen, an Plastiktischen und schaut den Köchen beim Zubereiten ihrer Speisen zu. Da geht es natürlich nicht so hygienisch zu, wie wir das kennen. Gegessen wird von Plastikgeschirr, mit Plastikstäbchen. Das schmutzige Geschirr wandert in eine Plastikwanne, in der es leidlich gespült wird, mitten auf der Straße. Einmal Spülwasser für den ganzen Tag muss reichen.

Was wohl das deutsche Gesundheitsamt dazu sagen würde?

Die große Ausnahme ist der Tee. Er wird in Porzellanschälchen serviert, die vorher in einer Plastikschüssel, in der sich kochend heißes Wasser befindet, umherschwenkt. Damit sich keiner die Finger verbrennt, wird dieser Sterilisierungsvorgang mit den uns allen bekannten chinesischen Stäbchen durchgeführt, natürlich sind diese auch aus Plastik. Ich liebe diese Straßenküchen sehr. Sie versinnbildlichen für mich eine Art echtes Eintauchen in eine fremde Kultur.

Obwohl Dong nicht ein einziges Wörtchen Englisch sprach, haben wir uns die ganze Zeit angeregt unterhalten, sage und schreibe vier Stunden lang. Ich habe alles verstanden. Ob er vielleicht ein Verwandter aus meinem früheren Leben war, konnte ich nicht in Erfahrung bringen. Aber dafür entdeckte ich in Penang eindeutige Spuren deutscher Gründlichkeit. Hier hat sich nämlich der führende Hersteller für Kondome angesiedelt. Ein deutsches Familienunternehmen in dritter Generation.

Angefangen hatte alles in England. Der Arzt Dr. Contom kam vor 350 Jahren auf die Idee, aus Hammeldärmen Kondome herzustellen. Das brachte ihm den Ritterschlag durch König Karl dem II. ein, der von dieser Idee so sehr begeistert war, dass er sich angeblich eine Luxusausführung anfertigen ließ und zwar aus Samt und Seide.

In den 20er Jahren eröffnete Emil Richter in Erfurt eine kleine Kondom-Manufaktur. Später ermöglichte der Sohn des Gründers, Hermann Richter, durch die Automatisierung der Kondomherstellung, eine industrielle Fertigung. Das war sozusagen die Geburtsstunde des Kondoms vom Fließband.

Die Fabrik in Deutschland wurde 1990 geschlossen und man verlagerte die Produktion ins Ausland. Klaus Richter, der Jüngste des Familienclans, machte sich selbstständig. Drei Jahre später gründete er, zusammen mit einem malaysischen Geschäftspartner, das heutige Unternehmen Richter Rubber mit Sitz in Malaysia, genauer gesagt, Penang.

Ein gut florierendes Unternehmen, das jährlich bis zu 270 Millionen Kondome produziert (Stand 2005).

Im Norden von Malaysia werden Gummibäume angebaut. Der Latex, der aus dem milchigen Saft der Rinde dieser Bäume gewonnen wird, wird zu Kautschuk verarbeitet. Daraus entstehen die Gummis.

Die einzige Schwierigkeit, mit der Richter Rubber zu kämpfen hat, ist die Personalsuche. In einem moslemischen Land wie Malaysia ist das in gewisser Weise keine leichte Aufgabe. Viele der Bewerber lehnen es ab, in der Fabrik zu arbeiten, sobald Klaus Richter ihnen verrät, was er produziert.

Die Hausmaid Amalie

Wenn man im Ausland lebt, ist es völlig normal, eine Maid zu haben. Diese Maids sind sozusagen der Hausengel. Sie kochen, waschen, bügeln, putzen. Kurzum: Sie führen den kompletten Haushalt.

Hat man keine Maid, gilt man als besonders geizig. Die oftmals noch sehr jungen Frauen verlassen ihre Heimat, ihre Familie, ihre Kinder, um im Ausland Geld zu verdienen. Davon wird die gesamte Familie ernährt, inklusive Eltern und Großeltern. Das meiste Geld investieren sie jedoch in die Schulausbildung ihrer Kinder. In Deutschland finden es viele fast schon anrüchig, eine Putzfrau zu haben. Obwohl mit dieser bezahlten Dienstleistung ärmeren Menschen finanziell geholfen wird.

Aber zurück nach Malaysia: In Familien mit Kindern ist die Maid auch gleichzeitig die Nanny, das Kindermädchen. Entweder hat man eine sogenannte Live-In-Maid, die gemeinsam mit der Familie im Haus oder in einem Apartment lebt oder man stellt eine Part-Time-Maid ein. Sie kommt, wie die Haushaltshilfe (Putzfrau) in Deutschland, mehrmals wöchentlich.

Fast alle Häuser und Wohnungen in Kuala Lumpur haben daher standardmäßig einen Maidsroom, einen Wohnraum für die Maid.

Unser erstes Apartment in K.L. hatte dementsprechend auch einen Maidsroom. Er war sehr klein, ohne Fenster und Klimaanlage. Wir benutzten ihn als Besenkammer und suchten eine Part-Time-Maid.

Für uns Europäer ist es fast unvorstellbar, einen Menschen in so einer kleinen Minibehausung leben zu lassen. Natürlich gibt es Ausnahmen. Solche Leute wohnten direkt unter uns. Ein junges deutsches Ehepaar, das eine Live-In-Maid eingestellt und das Mädchen in dieser Besenkammer untergebracht hatte. Für ihre Maid war es allerdings der Himmel auf Erden. Besonders, da sie für eine deutsche Familie arbeiten konnte.

Wir hatten uns jedenfalls für die Part-Time-Maid Amalie entschieden. Eine kleine, pummelige Philippinin. Amalie war eher etwas grobschlächtig in ihrer Art und konnte gut anpacken. Sie hielt unseren Haushalt in Schuss und lachte viel. Amalies Englisch war jedoch etwas überholungsbedürftig, und so gab es häufig Verständigungsschwierigkeiten, die meistens in filmreifen Episoden endeten.

Ich hatte aus Deutschland eine ganze Batterie Reinigungsmaterialien mitgeschleppt, von denen ich überzeugt war, dass sie von der Qualität her wesentlich besser wären als das, was man in Malaysia kaufen konnte.
Da diese Chemikalien aus Sicherheitsgründen nicht mit in das Umzugsgut, also nicht in unseren Container, durften, hatte ich damals einen separaten Koffer bestückt und ihn als unbegleitetes Fluggepäck aufgegeben. Was für ein Glück! Somit war ich also zumindest im Besitz dieser wertvollen Haushaltshilfen.
Ich erklärte Amalie die einzelnen Produkte und was sie bewirken würden. Meister Propper für den Fußboden, Glasklar für die Fenster, Vaseline für unsere Ledersofas, das Silberputzmittel für das Silber und die Schuhcreme für die Schuhe. Nicht ohne Stolz hatte ich Amalie eingeschärft, dass deutsche Produkte die besten der Welt seien und dass das Reinigen damit fast wie von Zauberhand gehen würde.
Eines Tages kam ich vom Einkaufen nach Hause und fand Amalie heulend auf dem Boden. »I'm so sorry. I'm so sorry, Ma'm.«, schluchzte sie, noch bevor ich die Haustüre hinter mir zugezogen hatte. »Amalie! Was ist los? Um Gottes Willen!« Während sie noch immer auf dem Boden lag und ihr Gesicht vor mir versteckte, deutete sie mit der rechten Hand auf die Stelle, an der unsere neuen, weißen Ledersofas standen.
Sie waren aber nicht mehr weiß. Sie waren matschbraun! Amalie hatte anstelle der Vaseline braune Schuhcreme benutzt, um die Sofas zu reinigen. Ich fragte sie, weshalb sie denn nach dem ersten Aufstrich der Schuhcreme nicht bemerkt habe, dass dies nicht das passende Reinigungsmittel sei. Amalie war der Meinung, dass es sich bei unserem deutschen Ledersofa-Reinigungsprodukt um eben ein solches Zaubermittel handeln würde. Nämlich: Der Glanz und die richtige Farbe würden sich nach dem Polieren wie von Zauberhand einstellen. Sie hatte die Ledersofas auch tatsächlich gut poliert. Sogar sehr gut. Sie glänzten wie gewichste Schuhe. Nur eben nicht mehr weiß.

Nach ein paar Wochen konnten wir die matschbraunen Sofas einfach nicht mehr sehen und kauften uns mal wieder neue. Diesmal in Schwarz!
Um weiteren sprachlichen Missverständnissen aus dem Wege zu gehen, engagierten wir einen Englischlehrer, der ins Haus kam. Einerseits wollte ich damit meine eigenen Englischkenntnisse etwas auffrischen und ande-

rseits sollte Amalie von dem Privatunterricht, dreimal pro Woche, ebenfalls profitieren.
Damit wollten wir aber in Wahrheit dem Risiko entkommen, dass Amalie eines Tages den guten deutschen Spülmaschinenreiniger für die Zubereitung einer Salatsoße benutzen könnte.

In jedem Land, selbst in den verschiedensten Bundesländern der Bundesrepublik Deutschland, gibt es sprachliche Eigenheiten, wie beispielsweise bei den Schwaben, die an alles ein *le* heranhängen. Also ein Gläsle oder ein Häusle. So auch in Malaysia. Dort hängen die Einheimischen an alles ein *la*: Okayla. Yesterdayla. I come backla.
Clevere Geschäftsleute produzieren sogar T-Shirts mit der Aufschrift: To la or not to la. (To be or not to be). Zu Deutsch: Sein oder nicht sein.
Unsere Amalie hatte diese sprachliche Macke ebenfalls übernommen, obwohl sie keine Einheimische war. Als der Englischlehrer zum ersten Mal kam, setzte sie sich auf den Fußboden. Ich sagte: »Amalie, bitte setz dich doch auf einen Stuhl.« Sie antwortete: »Okayla.« Der Englischlehrer zog die Augenbrauen hoch, sah Amalie streng an und sagte in perfekt britischem Akzent: »Amalie. We don't say ‚la'!«
Wie aus der Pistole geschossen, antwortete Amalie: »Okayla.«

I'm singing in the rain

Während der Monsunzeit regnet es in Malaysia täglich. Es ist, als ob man Punkt 16 Uhr auf einen Knopf drückt und sich augenblicklich eine Regenmaschine einschaltet. Dann ergießt sich für etwa 30 bis 40 Minuten kräftiger Regenfall über das Land, teilweise begleitet von heftigen Gewittern. Ich genoss diese besondere Atmosphäre sehr. Meistens setzte ich mich während eines solchen Monsunregens auf meine Terrasse und lauschte genüsslich dem ohrenbetäubenden Lärm des prasselnden Regens.
Oft erinnerte ich mich dabei an eine Filmszene, die diese Atmosphäre ziemlich realistisch eingefangen hat. Der Film spielt im afrikanischen Dschungel. In dieser Szene sitzen drei Engländer auf der Veranda einer im Kolonialstil erbauten Villa. Die Männer sind im typischen Tropendress gekleidet. Es ist Regenzeit und ein kräftiger Monsunregen ergießt sich gerade über das Land. Blitze zucken durch die Luft. Kurz darauf ist ein grollender Donner zu hören. Zwei Männer und eine Frau unterhalten sich. Durch das ohrenbetäubende Geräusch des prasselnden Regens sind aus der Unterhaltung jedoch nur Wortfetzen zu verstehen. Es ist extrem schwül. Die Ventilatoren laufen auf Hochtouren und ab und zu wischt sich einer der beiden Männer, ein fetter Kerl, mit einem weißen Taschentuch den Schweiß aus Gesicht und Nacken. Die junge, attraktive Frau tut ihm gleich. Sie wedelt sich mit einem roten Schal kühlende Luft zu, um ihn kurz darauf als Abwischtuch für den Schweiß zu benutzen, der ihr zwischen den vollrunden Brüsten entlangläuft. Kühle Drinks stehen auf dem Tisch, und ab und zu mischt sich der klingelnde Ton kreisender Eisklümpchen, die an den Glasrand stoßen, in die Szene ein. Der andere Engländer, ein äußerst attraktiver Mann, beäugt die junge Frau mit einem sinnlichen Blick, wie sie mit ihrem Schal zwischen ihren drallen Brüsten herumfuchtelt.
Die ganze Szene ist ein Gemisch aus prickelnden, erotischen Gefühlen und der fast unerträglich schwülen Hitze, die einem die Sinne zu rauben scheint. Ich konnte diese besondere Atmosphäre schon damals, als ich den Film zum ersten Mal sah, ziemlich gut nachempfinden. Dass ich sie jemals selbst erleben würde, hätte ich nie für möglich gehalten.

An genau so einem Tag gab es im Großraum um die schlammige Flussmündung, wie Kuala Lumpur in der Übersetzung heißt, einen jener geschilderten Monsunregen, begleitet von einem heftigen Gewitter. Ich stellte mich an die geöffnete Terrassentür und beobachtete völlig überwältigt dieses Naturschauspiel. Plötzlich bemerkte ich Amalie hinter mir. Sie hockte auf dem Fußboden und fragte mich fassungslos, was ich denn da bloß tue? »Ich schaue mir das Gewitter an und genieße den Regen.« In diesem Moment blitzte es gewaltig und ein ohrenbetäubendes Krachen ließ die Fensterscheiben vibrieren.

Amalie sprang wie von der Tarantel gestochen auf, rannte kreischend durch die Wohnung, zog in Windeseile sämtliche Vorhänge zu, machte alle Lampen aus, verrammelte die Haustür, schubste mich in eine Ecke und schrie mit bibbernder Stimme: »Maaa'm! Legen Sie sich flach auf den Boden, mit dem Gesicht nach unten und verschränken Sie die Arme über dem Kopf.« Noch bevor sie ihre Survival-Instruktionen beendet hatte, lag sie schon auf dem Teppich. Amalie hatte panische Angst vor Gewitter. Sie sagte, es seien böse Geister.

Diese bösen Geister fuhren jedoch in MICH, als Amalie eines Tages einen zwölf-fachen Mord begangen hatte, der nicht nur eine gewisse Brisanz innehatte, sondern auch noch ein böses Vorzeichen heraufbeschwor.

Ein hoch angesehener Feng-Shui-Meister, der in mühseliger Kleinarbeit, gegen ein ordentliches Honorar – versteht sich, unsere Wohnung von schlechten Energien befreit hatte, beschwor uns, abgesehen von vielen anderen Dingen, folgendermaßen: »Wenn Sie ein Aquarium mit mindestens zwölf Goldfischen in Ihrer Wohnung platzieren, werden Sie Glück, Geld und besonders viel Gesundheit haben.« Das machten wir. Schließlich wollten wir, nach der Anschaffung einer komplett neuen Wohnungseinrichtung unserem Glück- und Geldsegen etwas auf die sprichwörtlichen Sprünge verhelfen. Also kauften wir ein schönes, großes Aquarium, mit allem Drum und Dran. Und natürlich zwölf Goldfische, um die wir uns fortan liebevoll kümmerten.

Alle zwei Wochen wurde das Aquarium von uns höchst persönlich gereinigt. Sämtliche Filter wurden gewechselt, die Steine geschrubbt und mit Hilfe eines kleinen Hauslabors das Wasser auf seinen pH-Wert überprüft. Zwei Monate lang ging alles gut. Bis eines Tages ...

Es war Amalies Putztag. Ich kam mal wieder vom Einkaufen nach Hause.

Denken Sie jetzt bitte nicht, ich hätte mich ausschließlich nur mit Einkaufen beschäftigt. Aber leider passierten diese Dinge immer dann, wenn ich vom Einkaufen zurückkam.

Wie gesagt, ich kam nach Hause und stellte die Einkaufstaschen in die Küche. Mein Blick fiel auf das Aquarium. Dicke Schaumwolken quollen oben aus der Abdeckklappe.

Was ist denn das?

Bei näherer Betrachtung traf mich fast der Schlag. Alle zwölf Goldfische lagen unten auf dem Aquariumsboden. Tot. Was für ein großes Unglück würde uns nun treffen?

Der Blitz wird in unsere Wohnung einschlagen. Direkt durch die Terrassentür wird er kommen und alles vernichten. Unsere neue Wohnungseinrichtung, meinen Computer, die schwarzen Sofas. Wir werden unseren Job verlieren. Keine Bleibe mehr haben. Nichts zu essen und zu trinken. Vielleicht krank und ausgehungert im Dschungel unter Palmen hausen oder zurück nach Deutschland müssen. Oh, mein Gott! Nicht auszudenken.

Ich war vollkommen erschüttert, bis zu dem Augenblick, als Amalie plötzlich neben mir stand. »Amalie!«, hörte ich mich endlich wieder sagen. »Was ist denn *hier* passiert?« Unsere gute Hausfee drückte ihr Gesicht gegen die Scheibe des Aquariums und sagte: »Tot. Sie sind alle tot.«

»Das sehe ich. Aber wieso? Was ist passiert? Und wieso schäumt das Aquarium?«

Unsere Maid war der Meinung gewesen, dass die Glasscheiben unbedingt gewienert werden müssten. Aber von innen. Dazu hatte sie einen Lappen benutzt, den sie vorher kräftig mit Meister Propper durchtränkt hatte.

Noch am gleichen Tag rief ich unseren Feng-Shui-Meister an. Er müsse sofort kommen. Dank seiner Hilfe und der Zahlung eines stattlichen Honorars konnten die bösen Vorzeichen eliminiert werden.

Die Erfüllung eines Traumes

Diesem Unwirksammachen besagter Zeichen war es vermutlich auch zu verdanken, dass ich kurze Zeit später ein Fleckchen Erde kennen lernte, das man ohne Prahlerei als Paradies bezeichnen kann. Die besten Ausflugstipps in und um Malaysia werden innerhalb einer Community ähnlich wie der Lageplan zu einer Schatzinsel gehütet. Die allerbesten Ausflugstipps erfährt man eigentlich nur, wenn man sein Gegenüber völlig betrunken macht und ihm oder ihr dann die Info geschickt entlockt.
Oder man hat eine nette Kollegin, die bereitwillig von solch einem Geheimtipp berichtet. So eine nette Kollegin, Erna, erzählte mir von Minang Cove, einem winzigen, fast unbekannten Fleckchen auf der Insel Tioman. Sie ist eine der zehn schönsten Inseln der Welt und das größte Atoll an der Ostküste von West-Malaysia: Pulau Tioman. Pulau bedeutet in der malaysischen Sprache Insel.
In den 50er Jahren wurde Hollywood auf das kleine Paradies aufmerksam. Der Film South Pacific machte sie weltweit bekannt. Zwanzig Jahre später bezeichnete das amerikanische Magazin Time Tioman offiziell als eine der zehn schönsten Inseln der Welt.

Ausgestattet mit Essig, Öl, Nutella, Nestle-Schnellkaffee und Mückenspray in allen Variationen, machten wir uns auf, dieses Paradies einmal näher zu untersuchen und uns selbst davon zu überzeugen, ob das Magazin auch nicht übertrieben hatte. Mit Ernas kleinem Geländewagen juckelten wir von K.L. aus knapp fünf Stunden lang über die malaysischen Highways in Richtung Mersing, einer kleinen Hafenstadt vor Tioman Island.
Unterwegs begegneten wir Rudeln von Affen. Anfangs hielten wir vor lauter Verzückung immer wieder an, um Fotos zu machen. Aber schon bald hatten wir genug davon (von den Fotos), weil rüde LKW-Fahrer die possierlichen Tierchen einfach plattgefahren hatten. Wir fielen von einem Stöhn-Anfall in den nächsten. Man muss sich das so vorstellen, als wenn in Deutschland einfach Kätzchen oder Igel auf der Straße überfahren werden. Aber für uns war das neu, ein Affe!!! Wir waren ziemlich geschockt.
Nachdem unser schlaglochtaugliches Auto die kleine Hafenstadt Mersing erreicht hatte, mieteten wir uns ein Speedboot und schipperten eine weitere

Stunde lang über das an diesem Tage etwas unruhige Meer, Richtung Tioman Island.

Die Speedboot-Fahrer haben es ganz offensichtlich immer sehr eilig. Trotz barbarischem Festhalten an allem, was einem so gerade unter die Hände kam, wurden wir ziemlich unsanft hin- und hergeschleudert. Aber wozu sollten wir klagen? In den nächsten Tagen würden wir genügend Zeit haben, unsere blauen Flecken zu hätscheln. Irgendwann drosselte das Boot seine Geschwindigkeit und dann sah ich sie – endlich. Majestätisch ragte sie aus dem Meer. Ihre archaischen Palmen streckte sie stolz gen Himmel.
Von weitem sah sie jungfräulich und unbewohnt aus, die Insel Tioman. Was mich dort erwarten sollte, entpuppte sich als eine faszinierende Story über einen Briten namens Tony, der sich einen Traum erfüllt hatte. Ich lernte ihn kennen und war vom ersten Augenblick an fasziniert, von dem Stück Insel Minang Cove, auf der sofort ein Robinson Crusoe-Gefühl einsetzt.
Der erste Blick auf Minang Cove war atemberaubend. Im Hintergrund erhebt sich majestätisch ein Berggipfel und im Vordergrund macht sich der Dschungel breit. Der feine Sandstrand taucht seicht in eine winzige Bucht. Dort, wo die Natur einige Quadratmeter frei gelassen hat, stehen zwischen würdevoll anmutenden Palmen kleine, unscheinbare Holzbungalows, die sich in den Dschungel wie ein passendes Puzzleteil eines großen Bildes eingefügt haben. Der Ministrand war menschenleer und der Weg dorthin nur in Fußschritten messbar. Er liegt direkt vor der Tür.
Als das Speedboot langsam an den Jetty steuerte, kam uns Tony winkend entgegen. Die Begrüßung war so herzlich wie unter Freunden, die sich schon lange kennen und nun zu Besuch kommen. Während uns Tony über den selbstgebauten Jetty und vorbei am Bootshaus zu den kleinen Bungalows begleitete, konnte ich nicht an mich halten ihn zu fragen, was einen Menschen hierher in das Nirwana verschlagen hat. Nicht ohne Stolz begann Tony zu erzählen.

Seine Geschichte klingt wie Seemannsgarn. Aber das ist sie nicht. Sie ist vielmehr ein weiteres Indiz dafür, dass, wer zur richtigen Zeit am richtigen Ort ist, sein Glück finden wird.

Der aus London stammende Tony Lemond kam 1989 auf dem Weg nach Australien zum ersten Mal nach Asien und besuchte die Insel Tioman. Der gesattelte Geschäftsmann besaß in England ein gut florierendes Reinigungsunternehmen und ein Haus. Er war so beeindruckt von der Schönheit der Insel, dass er zwei Jahre später zurückkehrte, um als Tauchlehrer zu arbeiten. Die Geschäfte seiner Firma führte der Bruder weiter. Das sicherte Tony monatlich ein festes Gehalt, mit dem er als Tauchlehrer auf Tioman sehr gut leben konnte.

Tonys Wunscherfüllung hielt nur zwei Jahre. Sein Arbeitgeber ging in Rente und Tony musste sich entscheiden: Zurück nach England oder auf Tioman bleiben? Die Entscheidung fiel ihm leicht. Er eröffnete seine eigene Tauchschule, traf die Einheimische Lina und heiratete sie. Bald darauf lernte Tony einen alten Chinesen kennen, der schon sein ganzes Leben auf Tioman verbracht hatte. Er wollte zurück aufs Festland, in die kleine Hafenstadt Mersing. Die Wintermonate seien zu hart für ihn und seine Frau. In dieser Zeit hält Tioman seinen Winterschlaf. Das Meer tobt und nichts geht mehr. Notwendige Lebensmitteltransporte vom Festland können dann wochenlang ausbleiben.

Der alte Chinese bat Tony, ihm zu helfen, einen Käufer für sein Stück Insel zu finden. Tony überlegte nicht lange. »Ich will es kaufen«, sagte er und machte ein Angebot. »Was willst du mit dem Land machen?«, fragte der alte Chinese. »Ich möchte ein paar wenige Chalets bauen«, antwortete Tony. »Damit sich die Menschen, die zu mir kommen, ausruhen können.« In allen Einzelheiten berichtete Tony, wie er sich sein kleines Traum-Resort vorstellte. Ein paar Tage später kam der alte Chinese zu Tony zurück und schlug ein. »Okay. Du sollst es haben.«

Tony verkaufte sein Reinigungsunternehmen in London und kaufte mit dem Geld das kleine Stück Land auf der Insel Tioman. Aus dem Dorf, in dem Tony und Lina lebten, hörten sie, dass sich die Leute wunderten, weshalb der Chinese gerade Tony den Zuschlag gegeben hatte, obwohl das Angebot eines Amerikaners weitaus höher war. »Weshalb hast du *mir* den Zuschlag gegeben und nicht dem Amerikaner«, fragte Tony den alten Mann ein paar Tage später. »Nun«, antwortete der Chinese, »Dein Traum war auch einst mein Traum. Aber ich konnte ihn mir nicht erfüllen. Jetzt ist mein Leben vorbei. Der Amerikaner wollte große Hotels bauen. Das ist nichts für Tioman. Du wirst jetzt meinen Traum erfüllen.«

Tony und Lina zogen auf ihr kleines Stück Insel, das sie auf den Namen Minang Cove tauften. »Minang ist der Name einer Indonesischen Volksgruppe«, erzählt Tony jedem Neuankömmling bei seinem obligatorischen Rundgang.

Tony und Lina begannen hart zu arbeiten. Zu Beginn lebten sie viele Monate unter freiem Himmel. Der einzige Schutz war ein Zelt. Mit den eigenen Händen bauten sie das erste Haus, ihr eigenes Haus, in das sie sechs Monate später einziehen konnten. Mit dem Geld aus dem Verkauf seines Hauses in London finanzierte Tony weitere Bauarbeiten.
Der Anfang war mühsam. »Ich hatte ja keine Ahnung von Architektur oder Bauhandwerk. Alles war learning-by-doing«, erzählte er bescheiden. Aber er hatte den Dreh schnell heraus. Minang Cove wuchs.

Seitdem hat sich viel getan. Drei kleine Strandhäuser und neun Mini-Chalets hat Tony errichtet. »Platz genug für rund 40 Freunde«, wie er seine Urlaubsgäste nennt. Solche Massen gibt es auf Minang Cove aber eher selten. Wer jedoch einmal dort war, kommt immer und immer wieder, so wie ich.
Auf Minang Cove gibt es nichts außer Dschungel, Himmel und Meer. Handys funktionieren nicht, ein Internetanschluss existiert auch nicht. Nicht einmal ein Radio, geschweige denn ein Fernseher. All die technischen Errungenschaften, ohne die ein geschäftiger Mensch glaubt heutzutage nicht mehr leben zu können, verkümmern auf Minang Cove zu einem Spielzeug ohne Funktion. Das kleine Stück Insel ist weder verkabelt noch terrestrisch zu empfangen. Der nächste Zeitungsladen ist meilenweit entfernt. Das einzige Transportmittel ist das Boot. Nicht ein einziges Auto fährt weit und breit.
Kein Wunder, es gibt ja auch keine Straßen. Mit anderen Worten: Es ist der perfekte Ort, um ein Buch zu schreiben oder vollkommen abzuschalten.

Nach Einbruch der Dunkelheit beginnt aber auch auf Minang Cove das Nachtleben. Neben köstlichen Cocktails und heißer Musik in der Sunset-Bar, oder dem spontan organisierten Krabbenrennen, kann man sich einen ganz besonderen *Kick* holen.

Kurz nach dem Abendessen zieht es riesige Fischschwärme zum Anlegesteg. Im Gegensatz zu den wöchentlich anreisenden Feriengästen wissen die Tiere bereits, was dann passiert. Ein Küchengehilfe trägt die Essensreste des Tages auf den Steg und schüttet sie ins Meer. Spätestens jetzt wird es spannend. Wo wir noch Stunden zuvor mit den Schildkröten um die Wette geschnorchelt sind, versammeln sich plötzlich Haie, um ihr allabendliches Festmahl einzunehmen.
Als ich die Haie zum ersten Mal sah, war mir schon etwas mulmig in der Magengegend. Wann sieht man schließlich mal einen Hai aus 30 Zentimetern Entfernung?! Ganz zu schweigen von einem ganzen Rudel dieser Meeresbewohner.

Neben dem offenen Restaurant mit freiem Blick auf das Meer, hat Tony eine kleine Tauchschule errichtet, mit der Möglichkeit den Tauchschein zu machen. Der atemberaubende Blick auf die Riesenschildkröten, die sich neben Rochen und *Nemos* in der bunten Unterwasserwelt tummeln, war ein echtes Erlebnis. Und unser kleiner Ausflug per Boot zur nahegelegenen Affeninsel blieb mir noch lange in Erinnerung. Nicht zuletzt auch deshalb, da mir ein flinker Affe in selbigem Tempo meine Kamera aus der Hand gerissen hatte und damit auf eine Palme getürmt war.
Wir lockten ihn mit allen erdenklichen und uns zur Verfügung stehenden Mitteln. Es half alles nichts. Kurz bevor wir glaubten, es könnte uns gelingen, wieder an meine Kamera zu kommen, schmiss dieser blöde Affe die Kamera in hohem Bogen von der Palme direkt ins Meer. Wir haben sie nicht mehr gefunden.
Am nächsten Tag machten wir uns auf, die Gegend zu erkunden: Dschungel-Trekking Tour. Tony hatte gesagt: »Nur etwa 30 bis 40 Minuten Fußmarsch, zwischen zwei einheimischen Ur-Dörfern, da führt ein Pfad in die Berge, zu einem herrlich kühlen Wasserfall.«
Anfangs war es noch ganz lustig, wie wir mit unseren mit Proviant bestückten Rucksäcken durch den dichten Urwald stampften. Aber nach eineinhalb Stunden verging mir die Lust. Erna trieb mich immer wieder an, wie ein Kameltreiber. »Komm! Es ist ganz bestimmt nicht mehr weit. Ich höre schon das Rauschen.«
Rauschen?

Aber nicht vom Wasserfall. Dort drinnen, in dem dichten Urwald, hockten Millionen von Grillen, die ein massiges Geräusch von sich gaben, dass ich eher für das metallische Brummen einer gigantischen Hochspannungsleitung hielt. Hatten wir uns vielleicht doch verlaufen? Nein. Garantiert nicht. Der einzige Weg zum Wasserfall führt einfach nur bergauf. Mehr nicht. Nach zwei Stunden Marsch durch die Wildnis, bei brüllender Hitze, in tropischem Klima, mit Trillionen Mückenstichen (wir hatten das Mückenspray vergessen) übersät und krebsrotem Gesicht, wurden wir endlich belohnt. Der Wasserfall!

Ein Bad im eiskalten Nass ließ uns unsere Strapazen schnell vergessen. Vorerst. Ich fühlte mich wie eine dieser asiatischen Schönheiten auf einem Hochglanzprospekt, die mit einer Orchidee im Haar halbnackt vor einem Wasserfall dem Fotografen Modell stehen und liebreizend in die Kamera blinzeln. Allerdings war ich nicht halbnackt. Ich war gleich in voller Montur in das erfrischende, wohltuende, kühlende Wasser gesprungen.

In diesem wunderbaren Moment wollte ich unter gar keinen Umständen an den zweistündigen Rückweg denken. Juchzend vergnügten wir uns in der herrlichen Kühle. Nachdem wir am frühen Abend zurückgekehrt waren, mochte ich nur noch am Strand liegen, den ich bis auf weiteres auch nicht mehr verließ.

Am Strand von Minang Cove ist der einzige Platz auf ganz Tioman, an dem noch Korallen wachsen. Daher ist die Meeresfauna und –flora auch im Überfluss vorhanden. Minang Cove ist von Regenwald umgeben, der zwangsläufig Moskitos zusammentrommelt, aber nur am frühen Abend (deshalb das Mückenspray in allen Variationen). Diese Moskitoart verursacht jedoch keine Malaria oder Dengue-Fieber. Die Temperaturen sind das ganze Jahr über gleichmäßig warm, meist um die 31°C. Nachts kühlt es gerade mal auf 25°C ab. Eine Strickjacke brauchten wir daher auch am Abend nicht. Dementsprechend fiel unser Gepäck für damenhafte Verhältnisse extrem spärlich aus.

Was braucht man denn schon an einem Ort, an dem es nur Sonne, Meer und Strand gibt?!

Wir mussten uns keine Gedanken darüber machen »Was ziehe ich heute Abend zum Dinner an?«, oder »Sitzen meine Haare gut?« Sie wehen in der angenehmen Meeresbrise ohnehin in alle Himmelsrichtungen, da das Restaurant offen ist und keine Wände oder Fenster hat. »Ist das Make-up in Ordnung?« »Passt die Handtasche zum Kleid?« All das bedeutet auf *Robinson Crusoe-Island* nichts. Gar nichts.

Unsere Handwäsche trocknete in der Wärme innerhalb kurzer Zeit. Allerdings stellten wir schnell fest, dass man sie unbedingt im Auge behalten sollte, die handgewaschenen T-Shirts, Shorts und Slips, die wir auf der schmalen Holzterrasse zum Trocknen einfach über die Palisade gelegt hatten. Rund um die kleinen Bungalows tummelten sich nämlich Affen. Und die amüsierten sich mit unseren BHs, Bikinis und T-Shirts. Ganz verliebt waren die kleinen Teufelchen in Ernas Taucherbrille, die wir nie wieder gesichtet haben. Obwohl ich gestehen muss, ich hätte zu gerne einen Affen gesehen, der eine pinkfarbene Taucherbrille, mit einem giftgrünem Rand um das Bullauge, auf seinem Kopf trägt. Ich meine, leibhaftig und nicht nur auf einem Foto.

2004 reiste ich vorerst zum letzten Mal von Kuala Lumpur aus nach Minang Cove und erlebte eine sensationelle Überraschung. Wie immer hatte ich meinen Lieblingsbungalow bezogen und wie so oft, traf ich mich am Abend mit anderen Gästen in besagter Sunset-Bar, um das allabendlich stattfindende Naturschauspiel der untergehenden Sonne am Horizont zu bestaunen. Ein mannigfaltiges, wechselndes Farbenspiel, das einem fast den Atem zu rauben scheint. Ich saß gemütlich auf der Barterrasse, in einem der bequemen, kuscheligen Bambussessel und bestellte mir einen Tequilla Sunrise.

Nach kurzer Zeit war er fertig und ... neben mir stand Robbie Williams und servierte ihn mir galant.

Robbie Williams servierte mir einen Tequilla Sunrise, hier auf diesem völlig unbekannten Fleckchen Erde!!! Hallo?

Meine Augen weiteten sich auf Tellergröße. Robbie schaute mich an und sagte: »Hey Katharina, nice to meet you. Tony hat mir schon eine Menge über dich erzählt.« Ich saß da und bekam den Mund nicht mehr zu.

Das ist ein Traum, oder? Wo ist die versteckte Kamera?

Der Brite Joe sah dem Original nicht nur zum Verwechseln ähnlich, er mixte auch noch die besten Cocktails in der Sunset-Bar auf Minang Cove.

Was für ein Luxus.

Apropos Luxus: Außer den Klimaanlagen in den Holzbungalows gibt es auf dem kleinen Stück Insel so gut wie überhaupt keinen Luxus.
Halt. Stopp.
Ein wenig Luxus gibt es schon, nämlich: englischen Rasen. Tony ließ sich aus London original englischen Grassamen kommen und legte damit ein Stück Heimat und Kultur an. Jeden Tag, pünktlich um 16 Uhr, ertönt ein Glöckchen, das die Tea Time ankündigt. Und der wird ganz klassisch auf dem Stückchen englischen Rasen serviert. Es steht zwar ein weißer Plastiktisch darauf (wer wird sich denn schon an Trivialitäten stören?), aber dafür sind während der Tea Time auch Badehose und Bikini erlaubt.

Mit einem Tequilla-Sunrise in der Hand, von *Robbie Williams* serviert, den Blick auf das azurblaue Meer gerichtet, das Rauschen der Wellen in den Ohren, möchte man nie wieder weg von Minang Cove auf Tioman Island. Tonys Traumerfüllung wurde auch für mich zu einem unvergessenen Erlebnis, immer und immer wieder.

Die Freundschaft zu Tony besteht bis heute. Eines Tages kam er uns in Kuala Lumpur besuchen. Mein Mann sollte ihm beim Aufbau eines Satellitentelefons mit Rat und Tat zur Seite stehen. Seitdem gibt es auch auf Minang Cove, in der Abgeschiedenheit der Zivilisation, die Möglichkeit zu telefonieren.

Das erste Jahr in der Fremde

Das erste Jahr in der Fremde war fast mit Überschallgeschwindigkeit an mir vorbeigesaust. Ich fühlte mich sehr wohl, unter all den netten und hilfsbereiten Menschen. Es war herrlich, in dieser wunderbar exotischen Welt zu leben. Ich genoss die kulturelle Vielfalt, den asiatischen Zauber, die üppige Vegetation und erfreute mich an dem reichhaltigen Essen, dem tropischen Klima und der wohltuenden Wärme.

Mit jedem Tag liebte ich sie mehr und mehr, die Stadt Kuala Lumpur: Diese pulsierende Metropole mit ihren vielen Gesichtern, die niemals zu schlafen schien; wo die silbrig blitzenden Petronas Twin Towers sich allabendlich in gleißend grelles Licht verhüllen und wie zwei gewaltige, plastische Stehlampen wirken; wo schreiende Straßenhändler zwischen hupenden Autos, inmitten dieser lauten, schrillen Stadt, mit ihren futuristisch anmutenden Wolkenkratzern aus Glas und Marmor und den vielen Tempeln und Moscheen ihre Ware anpreisen; wo tausende von Lämpchen in den kunstvoll beschnittenen Bäumen wie Brillanten glitzern und jede größere Straße in ein Lichtermeer verwandeln.

Kurzum, mein exotisches Leben mit all den extremen Gegensätzen, die diese Stadt, dieses Land bietet, hatte mich magisch in ihren Bann gezogen und ließ mich nicht mehr los. Am liebsten setzte ich mir ein Käppi auf den Kopf, warf mich in meine Shorts und aß irgendwo in einem Kampong, den ärmeren Distrikten von K.L., an einer out-door-kitchen meine Lieblingsspeise Wan Tan Mee, ein simples Nudelgericht, zu dem grüner Tee gereicht wird. In diesen Straßenküchen war ich besonders gerne. Hier hatte ich das Gefühl in das wahre, ursprüngliche, asiatische Leben einzutauchen. Man sitzt gemütlich draußen auf dem Pflaster, auf Plastikstühlen an Plastiktischen und schaut den Köchen beim Zubereiten der Speisen zu.

Oft wusste ich nicht, was sich auf meinem Teller befand, da das Menü nur in Chinesisch auf eine Schiefertafel gekritzelt war und kaum jemand Englisch sprach. Frei nach dem Motto »unprobiert schmeckt nichts«, aß ich mich mutig durch sämtliche kulinarische Speisen.

In den Kampongs, mitten unter den Einheimischen, hatte ich meine ersten chinesischen Worte gelernt. Und genau dort, in der Abgeschiedenheit abenteuerlicher Hochspannung, dem ohrenbetäubenden Lärm einer asiatischen Großstadt, fühlte ich mich besonders wohl.

In Kuala Lumpur ist beides möglich: Sich wie eine Diva aufzubrezeln, in einem Luxushotel Hummer, Austern und Kaviar zu essen, die edelsten Weine und den besten Champagner zu trinken und ladylike zu dinieren. Oder ganz romantisch unter freiem Himmel, in einem mit zig Teelichtern geschmückten Dschungelrestaurant zwischen Affengebrüll und Schlangenzischeln thailändische, indonesische und sonstige exotische Spezialitäten zu genießen. Aber das Abtauchen in eine der geheimnisvollsten Kulturen dieser Welt, in simpler, uriger Umgebung, genoss ich diebisch.

In unserem Haus, einem 26-stöckigen modernen Hochhaus, auch Kondominium genannt, ging es dafür recht gesittet zu. Hier lebten Australier, Briten, Schweden, Italiener, Singapuraner und Chinesen. Sogar der japanische Botschafter residierte unter uns. Wir hatten eine ausgesprochen nette Hausgemeinschaft und schon bald ein paar neue Freunde gefunden.
Ich hatte mich zwischenzeitlich noch tiefer in die Geheimlehre der chinesischen Glückszahlenberechnung einweisen lassen, um weiteren katastrophalen Katastrophen mit aller Macht entgegenzuwirken. Schließlich hatte ich aus verlässlicher Quelle erfahren, dass sogar der japanische Autokonzern Toyota seinem großen Erfolg mit Glückszahlenweisheiten nachgeholfen hatte.

Der Gründer Sakichi Toyoda folgte der Empfehlung eines hochangesehenen Feng-Shui-Meisters, für das Autobusiness den Familiennamen Toyoda in Toyota umzuschreiben. Nach dem Katakanna, einem von drei Alphabeten, die in Japan benutzt werden, würde sich die neue Schreibweise leichter aussprechen lassen, aber hauptsächlich würde der Name dann mit acht Strichen geschrieben werden und dies ist eine Glückszahl. Was daraus geworden ist, weiß inzwischen die ganze Welt. Akio Toyoda findet die Idee seines Urgroßvaters, einen weisen Feng-Shui-Meister gefragt zu haben, übrigens ganz prima.

Vermutlich hat fast jeder schon einmal von der persönlichen Glückzahl, oder der Lebens-, beziehungsweise Schicksalszahl gehört, die einem am Tag der Geburt mit in die sprichwörtliche Wiege gelegt wird, die sich niemals verändert. Schicksal!

Auf den ersten Blick wirkt die Berechnung dieser Zahl wie ein kompliziertes Gebilde. Aber, Sie werden es gleich erfahren, es ist einfacher, als man zunächst denkt.

Beispiel: Sie sind am 10.05.1960 geboren.

Rechnen Sie wie folgt: 10 + 5 + 19 + 60 = 94

Nun rechnen Sie: 9 + 4 = 13
Nicht verzweifeln, wir haben es gleich.

ACHTUNG! Das Ergebnis für Ihre Glückszahlberechnung muss ausschließlich mit einer Ziffer enden, also 1, 2, 3 usw. bis 9!

Nun rechnen Sie weiter: 1 + 3 =

Das Ergebnis lautet 4! Sie ist die gesuchte Zahl, die persönliche Glückszahl, Ihre Lebens-, oder auch Schicksalszahl genannt. Fertig! Sie sehen, es ist simpel und einfach. Zuviel versprochen?!

Alle, die sich mit den asiatischen Glückszahlen etwas auskennen, werden jetzt laut aufschreien: »Oh Gott. Die Vier, um Himmelswillen!« Leider stimmt das. Wie schon gesagt, für Chinesen bedeutet die Vier nichts Gutes, nämlich: Tod, Unheil, Verlust.
Sollte Ihre Glückszahl die Vier sein, fallen Sie bitte, bitte, nicht gleich in Ohnmacht. Auch wenn Chinesen die Vier ebenso meiden wie der Teufel das Weihwasser, sollten Sie Ruhe bewahren. Die Vier steht zwar für *Tod*, aber näher betrachtet bedeutet sie nicht den körperlichen Tod. Es handelt sich vielmehr um einen Verlust. Ganz positiv denkende Menschen sagen: »Papperlapapp. Der Verlust bringt auch immer etwas Neues mit sich.« Genau so ist es.
Wie Vieles im Leben ist alles nur eine Frage der Betrachtung und Auslegung. So wie das nächste Beispiel: Sie sitzen bei einem Kartenleger, der mit Tarot-Karten arbeitet und ziehen das Bild *Der hängende Mann*. Es steht ebenfalls für Tod.

Sollte der Kartenleger jetzt aufspringen, Ihnen tief in die Augen blicken und mit durchdringender Stimme sagen: »Sie werden bald sterben«, dann nehmen Sie Ihre Handtasche (oder was auch immer Sie gerade bei sich tragen), legen Sie Ihr charmantestes Lächeln auf, hauen Sie ihm die Tasche kräftig über den Kopf und sehen Sie sich überhaupt nicht veranlasst, auch nur einen einzigen Cent zu zahlen. Nachdem Sie das gemacht haben, verlassen Sie mit erhobenem Haupt augenblicklich das Etablissement. Denn bei diesem Menschen handelt es sich weder um einen Kartenleger noch um einen Astrologen, sondern eher um einen Idioten.

Zugegeben, die Meinungen teilen sich. Kartenlegen, Numerologie, Astrologie, alles Unsinn! Wirklich alles nur Unsinn? Ob etwas Wahres dahinter steckt oder nicht, steht in den Sternen. Aber eines steht zweifelsfrei fest: Es gibt keinen Beweis dafür, aber auch keinen dagegen. Mich haben die kleine Lehre der Zahlen und das Wissen über Feng-Shui sehr beeindruckt, und deshalb wende ich es häufig auch heute noch an.

Ein großes Bankunternehmen, das in jeder größeren *City* weltweit Filialen unterhält – Sie kennen es ganz bestimmt – beschäftigt in Kuala Lumpur sogar eine ganze Abteilung mit Feng-Shui-Meistern. Überall dort, wo neue Geschäftsstellen eröffnet werden, haben die Meister schon vorher das Areal nach Feng-Shui-Regeln abgecheckt oder Maßnahmen ergriffen, um Bankgeschäfte zum Erfolg zu führen. Kein Wunder also, dass dieses Bankunternehmen wächst und gedeiht.

In Malaysia ist der Umgang mit der Glückszahl ein ganz wichtiger Bestandteil des täglichen Lebens. Besonders bei den Chinesen. Aber auch die Malaien haben inzwischen die Magie der Zahlen für sich entdeckt. Pfiffige Geschäftsleute verdienen sogar ihren Lebensunterhalt damit. Und der kann unter Umständen beachtlich sein.

Schon 2003 waren es umgerechnet insgesamt 3,7 Millionen Euro, die für eine glückverheißende Ziffer auf dem Autonummernschild berappt wurden. Für das darauffolgende Jahr wurde diesem Business eine zehnprozentige Steigerung prognostiziert. Um in den Besitz der richtigen Zahl zu gelangen, finden Auktionen statt. Das höchste Gebot lag schon damals bei umgerechnet 50.000 Euro, für eine einzige(!) Ziffer. Raten Sie mal, für welche? Genau, es war die Acht. Sie bedeutet Erfolg, Reichtum und Wohlstand.

Der Kreis der Bieter kommt aus allen Schichten. Familienmitglieder des Königshauses sind ebenso darunter wie gestandene Businessmanager oder der einfache »Mann von der Straße«. Die Leute sind nahezu wie besessen. »Bestimmte Nummern bringen Respekt ein und können Wunder vollbringen«, meinen die Händler. Und sie steigern den Wert eines Autos beim Verkauf. Ein Ende nach oben ist kaum in Sicht. Ein Fahrzeug mit der richtigen Ziffer auf dem Nummernschild erhält immer einen Parkplatz, obwohl zehn andere schon stundenlang warten.

In Hongkong ist das Geschäft mit der glückverheißenden Zahl noch extremer. Ein Geschäftsmann zahlte für eine einzige Zahl, nämlich seine Glückszahl, umgerechnet über 300.000 Euro (Stand: 2005).

Zahlen mit positiver Wirkung sind die Sechs, die Acht und die Neun, da ihre Aussprache nach Worten klingt, die eine positive Bedeutung haben. Hier einige Beispiele:

Eins
Täglich. Himmel. Einzigartigkeit. Sie steht für den Ursprung aller Dinge. Das am Anfang der Welt bestehende Allerhöchste und Größte. Die Grundlage aller Zahlen.

Zwei
Leicht. Yin und Yang. Steht für alle Gegensätze.

Drei
Glückszahl. Himmel. Erde. Mensch. Drei Lehren: Konfuzianismus, Daoismus und Buddhismus und die drei Freunde: Bambus, Kiefer und Pflaume. Sie stehen für ein langes Leben und Versöhnung von Gegensätzen. In vielen Tempelanlagen wird das Hauptgebäude von zwei Nebengebäuden geschützt.

Vier
Unheil. Tod. Verlust. Grund ist die Lautähnlichkeit mit dem chinesischen Wort für Tod. Häufig fehlt in Hochhäusern die 4. Etage. In Taiwan gibt es

keine Autokennzeichen, die mit einer Vier enden. Telefonnummern, die eine Vier enthalten, sind unerwünscht und daher preiswerter zu haben.

Fünf
Neutral. Fünf Elemente der Weltrichtungen: Holz, Feuer, Wasser, Erde und Metall.

Sechs
Problemlos. Erfolgversprechend. Sechs Körperteile: Kopf, Rumpf, Arme und Beine. Sechs Richtungen: Norden, Osten, Süden, Westen, oben und unten. Sechs Gefühlsregungen: Liebe, Hass, Schmerz, Zorn, Freude und Lust.

Sieben
Fortgegangen. Magie. Die Sieben genießt eine zentrale Bedeutung für die Entwicklung einer Frau: mit sieben Monaten bekommt sie ihre Milchzähne, die sie mit sieben Jahren wieder verliert. Mit zwei mal sieben Jahren ist sie geschlechtsreif. Mit sieben mal sieben Jahren unfruchtbar. Die Zeit nach dem Tod eines Menschen wird in sieben siebentägige Trauerperioden unterteilt.

Acht
Erfolg. Geld. Bevorstehender Reichtum. Unsterblich. Ein Neuanfang wird gemacht. Der Acht wird eine zentrale Bedeutung für die Entwicklung des Mannes zugeschrieben: mit acht Monaten bekommt er seine Milchzähne, die er mit acht Jahren wieder verliert. Mit zwei mal acht Jahren ist er geschlechtsreif und mit acht mal acht Jahren zeugungsunfähig.

Neun
Langes Leben. Drache. Ausreichend Erfolg. Die höchste Yangzahl.

Die alte Cessna

Mein Mann hatte sich zwischenzeitlich mit seinem Kollegen Klaus angefreundet. Wir verbrachten gemeinsam viel Zeit miteinander. Durch Klaus lernten wir K.L. auch von oben kennen. Er ist Hobbypilot und obendrein ein rasanter Kunstflieger. Dies weckte umgehend den Kindheitstraum meiner besseren Hälfte, einmal selbst zu fliegen und den Pilotenschein zu machen.
In Deutschland hätten wir uns das nie leisten können. Aber in Malaysia rückte dieser Kindheitstraum in greifbare Nähe. Daher dauerte es auch nicht lange und mein Herzblatt hatte seine erste Flugstunde. Außerhalb der offiziellen Flugstunden übte er mit seinem Freund Klaus, der uns viele schöne Plätze aus der Luft zeigte.
Mein erster Flug mit Klaus, dem Piloten, und meinem Mann als Co-Pilot, war, gelinde gesagt, mehr als spannend. Wir flogen mit einer betagten, viersitzigen Cessna zwischen den berühmten Petrona Twin Towers und dem Funkturm hindurch. Rechts der Funkturm und links die Zwillingstürme. Atemberaubend. Sie waren zum Greifen nahe.
Klaus hat mich zwar gebeten, dies nicht zu schreiben, da es natürlich nicht gerne gesehen wird. Aber ich gehe mal davon aus, dass Sie es nicht gleich der malaysischen Regierung erzählen werden.
Es war einer dieser wunderbaren Tage, an dem sich Kuala Lumpur an einem strahlend blauen Himmel erfreuen konnte, was eher selten der Fall war. Immer häufiger lag die Stadt unter einer diesigen Qualmglocke, die der Wind von Indonesien herüberbrachte, sobald skrupellose Geschäftemacher aus Geldgier und trotz strengen Verbots riesige Plantagen in Brand gesetzt hatten.
An diesem ausgesprochen schönen Tag hatten wir extrem gutes Flugwetter. Nachdem das kleine Flugzeug einmal um die Twin-Towers geflogen war, beschlossen wir, Richtung Genting Highlands zu fliegen und dann weiter über die riesigen Teeplantagen, die Cameron Highlands.
Aus der Luft sehen die Plantagen wie plüschige Teppiche aus. Ich hatte mit meiner Kamera viele schöne Bilder geschossen. Eine ganze Weile schwebte die kleine Maschine nun schon am Himmel. Unter uns kilometerweit nur noch unbewohnter Dschungel.

Im Innern der Cessna dröhnte ohrenbetäubend das Motorengeräusch, das vom Klappern der linken Tür, an der Klaus saß, noch übertönt wurde. Die Tür war defekt und flog durch den Flugwind ständig auf und zu. »Keine Sorge«, hatte Klaus mit einem verschmitzten Lächeln zu mir gesagt. Es sei überhaupt nicht schlimm. Ich solle das nicht so eng sehen. Die Maschine sei schließlich schon alt.
Als wir die Teeplantagen hinter uns gelassen hatten, begann das kleine Flugzeug plötzlich zu stottern.
Hallo? Was ist denn jetzt los?
Vorne im Cockpit machte sich eine emsige Betriebsamkeit breit. Klaus gab meinem Mann Anweisungen. Gemeinsam führten sie einen Check durch. Wir verloren an Höhe. Ich begann zu schwitzen. Schweißperlen traten auf meine Stirn. Mein Herzschlag wurde schneller.
Ist das jetzt das Ende?
Die Maschine stotterte immer wilder, wie ein alter Rasenmäher, der kurz davor steht zu explodieren. Dann fiel der Motor aus. Ich war einem Herzstillstand nahe. Diese plötzliche Stille da oben, war unerträglich. Das Klappern der linken Tür hämmerte markerschütternd in meinen Ohren, wie ein Presslufthammer. Nach nur einem Jahr in der Fremde schien mein exotisches Leben, das ich so sehr liebte, ein jähes Ende zu nehmen.
Na toll!
Die Maschine sank immer weiter. Klaus sprach in ein Funkgerät: Mayday! Mayday! Ipoh Tower. Niner Mike Yankee Alpha Papa. Engine problem. Mayday! Mayday!« Unter uns war nur noch Dschungel.
Wenn wir hier abstürzen und es vielleicht überleben, dann gute Nacht, Marie. Hier wird uns keiner finden. Sie werden Suchtrupps schicken, die sich tagelang durch das unwegsame Dickicht kämpfen müssen. Und wenn sie uns dann endlich gefunden haben, sind wir wahrscheinlich längst verdurstet. Vielleicht werden sie ihre Suche vorher auch längst abgebrochen haben. Außerdem gibt es da unten fleischfressende Pflanzen, mit riesigen Trichterblüten, mindestens 30 cm lang. Wir werden sterben, so oder so.
Mein Mann warf mir einen vielsagenden Blick zu. Ich konnte sehen, wie auch ihm die Angst im Gesicht geschrieben stand. Das beunruhigte mich noch mehr.
Sind das wirklich die letzten Minuten unseres Lebens, die wir noch zusammen verbringen konnten? Die letzten Minuten?

So einen Abgang hatte ich mir nicht gewünscht. Ich versuchte meine Gedanken zu ordnen.
Vielleicht sollte ich mich vorbereiten, auf den heftigen Aufprall. Vielleicht könnte man es ja doch überleben, wenn ich es klug genug anstelle.
Instinktiv zurrte ich den Sicherheitsgurt fester, legte meine Kamera auf den Boden und schob sie mit dem Fuß unter den Vordersitz.
So kann sie nicht wie ein Geschoss durch die Kabine fliegen.
Hektisch entfernte ich meine Haarspange, mit der ich meine lange Mähne zusammengeklammert hatte.
Die Zacken könnten sich wie Nägel in meinen Kopf bohren.
Je mehr ich krampfhaft darüber nachdachte, welche Vorsichtsmaßnahmen noch zu treffen wären, die mir beim Aufprall ein Überleben ermöglichen könnten oder zumindest keine zusätzliche Gefahr darstellen würden, und mir, falls ich überlebte, in letzter Konsequenz nicht doch noch den Tod einbringen könnten, umso sinnloser erschien mir alles.
So ein Quatsch. Wenn es vorbei ist, ist es vorbei. Da beißt die Katze der Maus keinen Schwanz mehr ab.
Die kleine Cessna kippte vorne über. Ich schlug die Hände vor mein Gesicht und konnte nicht mehr denken. Klaus sprach noch immer in das Funkgerät: »Mayday! Mayday! Ipoh Tower. Niner Mike Yankee Alpha Papa. Engine problem. Mayday! Mayday!«
Sekunden später richtete sich die Maschine wieder auf. Ich wartete auf den Aufprall und war kaum noch in der Lage zu atmen. Dann gab es einen kräftigen Schlag. Klaus und mein Mann stießen fast gleichzeitig einen Schrei aus. Aber es hörte sich nicht nach einem Angstschrei an. Es war ... ein Freudenschrei. Ein Gewinnerschrei, den jemand von sich gibt, wenn er einen tollen Vertragsabschluss gemacht hat.
Ich vernahm Bremsgeräusche und wurde nach vorne gedrückt. Während ich vorsichtig die Hände von meinem Gesicht nahm, spürte ich, dass die Cessna rollte, gleichmäßig, ohne zu holpern. Kurz darauf kamen wir zum Stehen. Ich sah, wie Klaus meinem Mann die flache Hand entgegenstreckte und er mit einem Klatschen einschlug. »JAHHH!«, brüllten sie wie aus einem Mund. Verdattert blickte ich aus dem Fenster. Wir waren auf einem Highway gelandet und zwar ordnungsgemäß in Fahrtrichtung.

Am Abend waren wir DAS Thema in sämtlichen malaysischen Medien. Es gab sogar Filmaufnahmen davon, wie die kleine, alte Cessna mitten auf dem Highway stand.
Klaus, du bist der beste Pilot unter der Sonne.
Eine ganze Batterie glücklicher Umstände hatte dazu geführt, dass wir nur mit einem Schrecken davon gekommen waren.
Erstens: Geistesgegenwärtig hatten die Autofahrer eine Landebahn auf dem Highway freigemacht, als sie das Notlandemanöver der kleinen Cessna beobachtet hatten.
Zweitens: Die Tragflächen einer Cessna sind weit oben am Flugzeug angebracht, so dass die Landung auf einem Highway möglich ist, ohne mit den Leitplanken zu kollidieren.
Und drittens: Dass Klaus ein ausgezeichneter Pilot ist und dafür meines Erachtens das Bundesverdienstkreuz am Bande verdient hätte.
Sie lachen? So abwegig ist das auch wieder nicht. In Deutschland werden offensichtlich Bundesverdienstkreuze, wie Kamelle zu Karneval vergeben.

Nun sollen Sie aber auch erfahren, weshalb der Motor der Cessna ausgefallen ist: Auf dem kleinen Flughafen hatte man uns verunreinigten Sprit, einen gefährlichen Mix aus Wasser und Papierfetzen, verabreicht. Vielleicht, um Geld zu sparen? Vielleicht aus Unwissenheit? Vielleicht aber nur, weil auch DAS Malaysia ist.

Der Weihnachtsbaum

Das Jahr neigte sich dem Ende zu. Wir hatten viel erlebt und unser erstes Weihnachtsfest in der exotischen, mollig warmen Fremde stand vor der sprichwörtlichen Tür. In den Shopping-Malls war alles nach amerikanischem Vorbild märchenhaft weihnachtlich geschmückt, und aus den Lautsprechern erklang *I wish you a Merry Christmas* oder *Jingle Bells.* Somit war für uns war klar: ein Weihnachtsbaum muss her! In der Zeitung las ich, IKEA bietet in diesem Jahr zum ersten Mal echte Weihnachtsbäume an. Richtige, echte Tannen und zwar am kommenden Freitag.
Also machten wir uns am besagten Freitag auf den Weg, um das Objekt unserer Begierde zu ersteigern. Als wir beim schwedischen Möbelhaus ankamen, ahnte ich schon von weitem, was uns bevorstehen würde. Jedes dritte Auto, das den Parkplatz verließ, bugsierte auf dem Dach einen Tannenbaum. »No stock anymore«, antwortete der Verkäufer dann auch recht freundlich auf unsere Frage nach den echten Tannen. Aber Weihnachten ohne Tannenbaum?
Never ever!
Mitten in der Stadt, in einem Viertel, das China-Town genannt wird, befinden sich einige Läden, in denen man wundervolle und schnulzige Weihnachtsdekoration kaufen kann. Dort müsste es vielleicht auch Weihnachtsbäume geben. Und so war es auch. Weihnachtsbäume in allen Farben und Formen, mit und ohne Lichterketten, bunt und neutral, schon geschmückt oder auch nicht; kurzum, alles was das Herz begehrte – aber aus Plastik.
Wenn schon ein Plastikweihnachtsbaum, dann auch richtig kitschig.
Also entschied ich mich für einen weißen Plastikweihnachtsbaum. Mit den Worten: »Muss das wirklich sein?«, verdrehte mein Mann beim Anblick eines solchen athletisch die Augen. Wir diskutierten in dem Laden eine ganze Weile über das Für und Wider.
Gut 20 Minuten später fiel mein Blick auf einen grünen Plastikbaum, der das Aussehen einer Fichte hatte. Auf seinen Zweigen lagen dicke, fette Schneebrocken, natürlich aus Styropor. Er sah toll aus, das Objekt meines Wunsches. »Und was ist mit dem da?«, fragte ich meinen Göttergatten und zeigte auf die mit Styropor bedeckte Fichte. Sein Gesichtsausdruck verriet jedoch blitzschnell: Dieser Baum würde auch nicht in unserem Wohnzim-

mer stehen. »Dann stellen wir ihn eben auf die Terrasse!«, versuchte ich es weiter.

Nach einer ganzen Weile ließ ich die Verkäuferin kommen und sagte: »Wir haben uns für diesen Baum entschieden.«

»Nicht *wir*«, flüsterte mir mein Mann ins Ohr. »DU hast Dich für diesen Baum entschieden.«

»I'm sorry«, unterbrach uns die Verkäuferin. »No stock anymore.« Übrigens, das ist einer der meist gesagten Sätze in ganz Malaysia.

Ich vernahm ein leichtes Aufatmen meines Mannes, das meine Absicht jedoch weiter anheizte. »Und wie ist es mit diesem hier?«, erwiderte ich sofort und zeigte auf das Ausstellungsstück, vor dem wir nun schon eine geschlagene halbe Stunde gestanden und diskutiert hatten. »Können wir denn nicht dieses Muster kaufen?«

»Ich frage nach«, sagte die Verkäuferin und war schon verschwunden. Nach einer ganzen Weile (in Malaysia dauert eben alles etwas länger) kam sie zurück. »Ja, Ma'm. Sie können ihn kaufen.«

»Okayla. Dann nehmen wir ihn.« Das Personal begann, das Schmuckstück in liebevoller Kleinarbeit abzubauen, in Einzelteile zu zerlegen und alles in einem großen Karton zu verstauen. Die Zweige, den Stamm, den Halter und natürlich auch den Styroporschnee. Sie hatten sich sehr viel Mühe gemacht und die ganze Aktion dauerte *nur* 45 Minuten.

Als sie damit fertig waren und der Karton gut verschnürt vor uns stand, blickte ich mich in dem Laden um. Er war über und über mit kleinen, weißen Styroporflocken bedeckt. Der Fußboden, die Regale, die Haare der Mädchen, einfach alles. Es sah aus, als ob es kräftig geschneit hätte. Gequält blickte ich meinen Mann an. Er blickte ebenso gequält zurück. »Willst du noch Schnee zu Weihnachten?«, fragte ich spöttisch. »Echten Styroporschnee? So wie den hier, der überall im Laden herumliegt? – Nee. Ich will den Baum nicht mehr.« Mein Mann sah mich entgeistert an und während er galant aus dem Laden schlich, hörte ich noch, wie er brummte: »Schatz. Ich warte dann im Auto auf dich.« Am Abend kamen wir mit einem weißen Plastikweihnachtsbaum nach Hause.

Überaus nett hatten die Mädchen reagiert, als ich den Kauf stornierte. Fast hätte ich ihn dann doch noch gekauft, so peinlich berührt war ich von dieser endlosen Freundlichkeit.

In Deutschland hätte man mir höchst wahrscheinlich lebenslanges Hausverbot erteilt, mich nackt auf die Straße geworfen, ein Strafverfahren wegen was weiß ich angehängt, danach gesteinigt und zum Schluss den Löwen im Zoo zum Fraß vorgeworfen.

Liebesbriefchen

Es war Anfang Februar und ich betätigte mich mal wieder mit meiner Lieblingsbeschäftigung, dem Einkaufen. Auf dem wöchentlich stattfindenden Obst- und Gemüsemarkt, der als Night Market bekannt und beliebt ist, da man bis Mitternacht neben Schoppen, Essen und Trinken auch gemütlich herumsitzen und die Menschen studieren kann, steuerte ich geradewegs auf meinen Lieblings-Eiermann Liong zu, um frische Eier zu kaufen. Liong freute sich wie immer mächtig, als er mich sah. Aber an diesem Abend fiel seine Begrüßung mehr als überschwänglich aus.
Huch, was ist denn mit dem los?
Nachdem er die von mir bestellten zehn Eier in eine dünne Plastiktüte gelegt hatte, sie werden nicht in Eierkartons verpackt, steckte er mir verschwiegen ein rot-goldenes, kleines Papiertütchen zu. Es war nicht größer als eine Zigarettenschachtel. Ich bedankte mich freundlich und legte das Tütchen zu den Eiern.
Liong hat mir doch hoffentlich kein Liebesbriefchen geschrieben? Das hast du nun davon, du große, weiße, blonde Langnase! Bist immer viel zu charmant zu ihm.
Drei Stände weiter kaufte ich bei einem anderen Händler Bananen und Mangos. Lee, der Standinhaber hatte die besten Mangos auf dem ganzen Markt. Kaum hatte ich bezahlt, steckte auch er mir dezent ein *Liebesbriefchen* zu. Es sah übrigens genau so aus wie das von Liong. Beim Blumenhändler das gleiche Spiel.
Was geht denn hier ab?
Fluchtartig verließ ich den Markt. Im Auto öffnete ich das erste Briefchen. Es war leer. Das zweite Briefchen. Auch leer. Das dritte. Ebenfalls leer.
Was soll das?
Ein paar Tage später erfuhr ich, was das Verschenken dieser kleinen, rot-goldenen Umschläge zu bedeuten hat. Mittlerweile besaß ich übrigens schon ein ganzes Bündel davon.
Es war Anfang Februar und an jeder Straßenecke ertönte es Happy New Year oder Gong Xi Fa Cai.
Neues Jahr? Hallo? Das hatten wir doch gerade erst.
Die Chinesen jedoch noch nicht. Chinese New Year ist für die Chinesen der wichtigste Feiertag überhaupt. Flüge sind vollkommen ausgebucht, da

ein jeder seine Familie besuchen will. Das emsige Businesstreiben kommt für eine ganze Woche vollkommen zum Erliegen. Die Räder stehen einfach still. Nichts geht mehr. Häuser und Städte verwandeln sich in eine gold-rot geschmückte Bühne. Schulden werden beglichen, Geschenke eingekauft und man geht zum Frisör. Üppige Abendessen werden sorgfältig vorbereitet, da nur bestimmte Speisen und Gerichte auf den Tisch kommen. Sie verheißen Reichtum, Gesundheit, Zweisamkeit und ein langes Leben.
Orangen und Mandarinen, sie stehen symbolisch für Gold, sollen für Reichtum und Glück sorgen. Ganze Fische bedeuten Zweisamkeit und ein Huhn bringt Wohlstand.
Nudeln werden ungeschnitten in ihrer ganzen Länge serviert. Speziell zu Chinese New Year werden sie sogar in einer extrem langen Version, bis zu einem Meter, produziert. Nudeln stehen nämlich für Langlebigkeit, also je länger ... desto länger.
Lotussamen sind für ein junges, chinesisches Ehepaar außerordentlich wichtig. Sie sollen Kindersegen, und zwar reichlich, in das Heim bringen. Gebratener Tofu bedeutet die Erfüllung von Reichtum und Glück.

Schon frühzeitig bereiten sich chinesische Familien auf das bevorstehende Ereignis vor. Das Haus wird herausgeputzt, renoviert, neue Kleidung gekauft und wenn nötig, wird sich auch schon mal ein neues Auto vor die Tür gestellt. Das Ende des Jahres ist ideal, um sich von alten Sachen zu trennen und sich neu auszustatten. Auf diese Weise trennen sich Chinesen von schlechten Erlebnissen des vergangenen Jahres und bitten das Glück herein.
Sehr beliebt ist es, ein Ang Pow zu verschenken, kleine rot-goldene Umschläge, in die man Geld steckt, meine vermeintlichen Liebesbriefchen. Man bekommt sie als Werbegeschenk von jedem Händler oder in jedem Geschäft überreicht. Natürlich ohne Inhalt.
Gefüllt beschenkt man damit die Kinder, in der Regel die unverheirateten. Das soll bei dem Beschenkten für Gesundheit, Wohlstand und ein gelungenes Erwachsenwerden sorgen. Es gibt eine nicht enden wollende Vielzahl von Ritualen, die zelebriert werden, damit das neue Jahr für die Familie besonders gut wird. Mit dem Neujahrsputz werden böse Geister ausgefegt. Dafür muss ein Bambuszweig herhalten, den man der Einfachheit halber auch schon mal an den Staubsauger hängt.

Zu Silvester ist ein großes Abendessen angesagt, zu dem sich die ganze Familie trifft. Dabei wird bewusst immer viel zu viel serviert, damit es auch noch für Neujahr reicht. Denn auch das hat einen guten Grund: Die Reste aus dem alten Jahr werden mit in das neue Jahr genommen, da man so symbolisch nicht sein ganzes Geld ausgegeben hat und ein guter Start in das neue Jahr garantiert wird.

Bei der Anzahl der Gerichte sind einige Zahlen zu vermeiden, besonders die ungeraden und *bösen* Zahlen, von denen eine, wie schon erwähnt, die Vier ist. Besonderen Vorrang haben, je nach Dialekt, die Sechs: Glück. Oder die Acht: Erfolg.

In der Neujahrsnacht verlassen einige Familien vor Einbruch der Dunkelheit ihr Haus und machen einen Spaziergang. Und auch das nicht ohne Grund, sondern vielmehr aus chinesischer List. So sollen nämlich schlechte Erinnerungen und das Böse aus dem Haus gelockt werden. Das verlassene Haus wird allerdings mit weit geöffneten Türen und Fenstern zurückgelassen, damit das Glück einkehren kann.

Auch Feuerwerk und Böller werden, wie in Europa, en masse angezündet. Mit Lärm, Feuer und der Farbe Rot soll das Monster Nien davon abgehalten werden, die Städte zu demolieren und Menschen zu fressen.

Die anschließenden wunderbaren Drachentänze symbolisieren den Sieg über das Monster, da man erfolgreich verhindern konnte, dass Nien in die Stadt eingezogen ist.

Zum Vergnügen wurden die Chinakracher also nicht erfunden, sondern zum Schutz der Menschen und Städte.

Der Drachentanz hat aber auch noch eine andere Bedeutung. Es geht bei den Chinesen, wie so oft um Glück und Geld. Stopft man dem Dragon ein Ang Pow ins Maul, bringt es einem für das kommende Jahr sehr viel Glück. Für meine erste Begegnung mit einem Drachen war ich ziemlich gut ausgestattet. In meiner Handtasche befand sich ein ganzes Bündel Ang Pows. Sobald ich einen Drachen sah, steckte ich ihm ein Ang Pow ins Maul (selbstverständlich mit Geld) und bekam dafür eine Apfelsine, auch ein Glückssymbol der Chinesen.

Außer diesen wichtigen Ritualen gibt es noch viele weitere Bräuche, die jedoch stark von der jeweiligen Heimatregion abhängig sind. Aber in Details soll man sich ja bekanntlich nicht verzetteln. Neben der üblichen Knallerei und dem Feuerwerk haben die Chinesen also ein wenig mehr zu tun als wir Europäer. Dafür dauern die Neujahrsfeierlichkeiten bei ihnen aber auch eine ganze Weile länger. Neujahr erstreckt sich über insgesamt 15 Tage, wobei die ersten drei Tage den gegenseitigen Besuchen der Familie vorbehalten sind. Bei der Reihenfolge der Besuche wird übrigens eine klare Ordnung eingehalten. Zuerst die Großeltern und Eltern, danach der Rest der Verwandtschaft.

Ebenso wie die Muslime und Christen haben auch die Chinesen einen eigenen Kalender und dementsprechend auch ein eigenes Neujahrsfest. Zwar beginnt auch in China das neue Jahr am 1. Januar, auf das Chinesische Neue Jahr hat das aber keinen Einfluss. Es kommt dabei nur auf den chinesischen Kalender an, der wesentlich älter als unser gregorianischer Kalender ist. Das genaue Datum für das Chinese New Year ändert sich jedes Jahr. Daher finden die Neujahrsfeste immer in der ersten Neumondnacht zwischen dem 21. Januar und dem 20. Februar statt.

Wir feierten von nun an das Chinese New Year natürlich auch gleich mit. Man soll Feste ja bekanntlich feiern, wie sie fallen.

GONG XI FA CAI!

Ein Stück Heimat

Mittlerweile arbeitete ich schon seit über einem Jahr als Journalistin für die monatlich erscheinende KL-POST, ein Infomagazin für Deutschsprachige (Deutsche, Schweizer, Österreicher) in ganz Malaysia. Dieses Magazin entwickelte sich im Laufe der vielen Jahre, die es inzwischen schon erscheint, zu einer unerlässlich wichtigen Brücke zwischen Debütanten und Experten der in Malaysia lebenden deutschsprachigen Menschen. Es ist quasi ein Stück Heimat im fernöstlichen Ausland.
Die allererste Ausgabe wurde bereits 1987 als handgeschriebenes, kopiertes A4-Blatt an die deutschsprachige Community von einer Ulrike verschickt. Darin informierte sie über diverse Veranstaltungen, Treffen und Aktivitäten innerhalb der Community. Sie bekam schnell Hilfe. In einer Liste vom Februar 1988, die schon mit Schreibmaschine getippt war, wurden in dem Team bereits zehn Frauen aufgeführt.
In diesen Rundbriefen bat man beispielsweise um Mithilfe beim Christmas Basar. Dieser Weihnachtsmarkt, der in traditioneller Form ausgerichtet wird, existiert bis heute und erfreut sich großer Beliebtheit. Eben auch ein Stück Heimat.
Während meines ersten Besuchs auf dem Christmas Basar kam ich aus dem Staunen nicht mehr heraus. Bei 30 Grad Außentemperatur und strahlend blauem Himmel flanierten hunderte von Menschen recht sommerlich gekleidet, zwischen Korinthen, Mandelgebäck, Schokoladen-Nikoläusen, Adventskränzen, einer Krippe und Weihnachtsmusik umher.
Als der Weihnachtsmann auf die Bühne trat, seine Rede in Englisch hielt und die Kinder beschenkte, spürte ich tatsächlich weihnachtliche Gefühle in mir aufkommen.
Die Frauen arbeiten fast das ganze Jahr auf dieses Ereignis hin. Sie backen, nähen, basteln, töpfern und organisieren alles, was zu einem echten Weihnachtsbasar gehört. Der Erlös wird übrigens vollständig an hilfsbedürftige Menschen oder Kinderheime in Malaysia gespendet. Die jeweiligen Botschafter aus Deutschland, der Schweiz und Österreich in Malaysia übernehmen die Schirmherrschaft. Alles ist hochoffiziell.
Die KL-Post informiert über all diese Ereignisse und lädt zu stattfindenden Events ein, wie im richtigen Zeitungsleben.

In einem Rundbrief aus dem Jahr 1989 (da war die KL-Post gerade mal zwei Jahre alt), fand sich schon damals der Aufruf zu einer »Asian Pacific Night«, die von der »International Women's Group« im Pan Pacific Hotel in K.L. veranstaltet wurde. Oder die Ankündigung zu einem Wohltätigkeitskonzert für ein ortsansässiges Tierheim. Eine Vermittlungsbörse, *falls Sie etwas suchen oder zu verkaufen haben,* gab es schon in der ersten Auflage des späteren Magazins. Es wurde der Bridge-Kreis ins Leben gerufen, auf Bücheraustausch in deutscher Sprache hingewiesen, Yoga (auch für Herren) und Spanischkurse wurden angeboten.

Keine der Frauen hatte damals Vorkenntnisse von Computer- oder Zeitungswesen. Später verfassten sie Artikel und aktuelle Informationen über Land, Kultur und Gebräuche. Und man erlernte die Computertechnik. Die Frauen teilten sich ein. Eine übernahm den Veranstaltungskalender, eine andere die Korrektur und wieder eine andere das Layout.

In den folgenden Jahren entwickelte sich das Blatt mehr und mehr zu einem echten Magazin, dem KL-Post-Magazin für Deutschsprachige in Malaysia. Die Neulinge in Malaysia werden so über Kultur, Kirche, medizinische Versorgung, Shopping, Schulen, Kindergärten und alle wichtigen Termine informiert. Eine Liste Wichtige Telefonnummern ist selbstverständlich. Vieles wurde aus der Vergangenheit übernommen, aber an die heutige Zeit angepasst.

Als ich in das Team kam, stockten wir die Seitenzahl mehr und mehr auf und veränderten Layout, Inhalte und Cover. Schon bald glänzte das Magazin mit 60 Seiten und einem modernen Design. Unser Team bestand in Spitzenzeiten aus bis zu 18 Frauen. Die Fluktuation ist entsprechend hoch, da der Auslandsaufenthalt der Ehemänner häufig auf ein Jahr begrenzt ist oder sie in andere Länder versetzt werden. Von Kuala Lumpur aus geht es vielfach nach Australien, Neuseeland, Singapur, China oder in die Vereinigten Arabischen Emirate. Manche gehen auch zurück in ihre Heimat, nach Deutschland, in die Schweiz oder nach Österreich.

Durch diesen Job lernte ich sehr schnell neue, nette, wichtige und unwichtige Menschen kennen. Die Arbeit machte mir sehr viel Spaß, insbesondere, da ich Chefredakteurin des Magazins wurde.

Von da an arbeitete ich fast rund um die Uhr. Produzierte neben kurzen Artikeln und langen Reportagen das Layout, wurde zu jedem offiziellen

Termin eingeladen, auch zu privaten BBQs, und organisierte gemeinsam mit dem Team diverse Veranstaltungen für die deutschsprachige Community, bis hin zum legendär gebliebenen KL-Post-Go-Kart-Rennen, an dem neben vielen in- und ausländischen Gästen auch alle drei Botschafter teilnahmen.

Hope to see you again

Durch meinen Job als rasende Reporterin in Malaysia begegnete ich neben interessanten Menschen auch ungewöhnlichen Storys. Eines Tages bekam ich einen Anruf der Direktorin der Französischen Schule in K.L. Sie hätte gerade die Bekanntschaft zweier junger Männer aus Deutschland gemacht, die sie mir unbedingt gerne vorstellen wollte. Also fuhr ich zu ihr.
Dort begegnete ich Kai und Marco, beide damals 26 Jahre alt. Ausgepumpt und mitgenommen sahen sie aus, wie nach einem Kampf um Leib und Leben. Ich sollte schnell erfahren, dass es wohl so oder so ähnlich auch gewesen sein musste. Die Geschichte klingt so ungewöhnlich wie die Filmklassiker »In 80 Tagen um die Welt« oder »Die tollkühnen Männer in ihren fliegenden Kisten«.
In dieser Story hier geht es zwar auch um tollkühne Männer, aber nicht in fliegenden Kisten, sondern auf Rädern. Genauer gesagt, auf Fahrrädern. Und die waghalsigen Männer waren zwei äußerst sympathische Jungs aus Deutschland, die sich einen Traum erfüllen wollten: Eine Radtour um die Welt!

Am 23. März 2002 starteten die beiden Abenteurer Kai und Marco in Deutschland per Veloziped, um zehn Monate später in Kuala Lumpur eine bemerkenswerte, ereignisreiche und waghalsige Radtour zu beenden. Das halbe Dorf bei Recklinghausen im Ruhrgebiet war gekommen, um die couragierten Jungs an einem kalten Märztag zu verabschieden. Selbst der Bürgermeister aus Herten, wo die beiden zu Hause sind, hielt eine Abschiedsrede. Die Mütter weinten und ein paar Freunde hatten allergrößte Bedenken.
15 Jahre lang war Kai mit seinem Vater kreuz und quer durch Europa getourt. Und genau so lange hatte der große, schlanke Tischler mit Abitur von einer Radtour um die Welt geträumt. Als er 23 Jahre alt war, nahm sein Traum realistische Formen an. Gemeinsam mit seinem Freund Marco, der damals für die WAZ (Westdeutsche Allgemeine Zeitung) als angehender Fotoreporter arbeitete, begann er einen detaillierten Routenplan zu erstellen. Der Traum sollte nicht länger nur ein Traum bleiben. »Wir haben ein ganzes Jahr dafür gearbeitet. Ich meine, richtig geschuftet und Geld verdient, damit wir uns unseren Traum erfüllen konnten«, erzählte Kai.

Trotz seiner Mattheit konnte ich noch immer das Blitzen in seinen Augen sehen.

In der Freizeit arbeiteten sie an ihrer gigantischen Route, an ihrem gewaltigen Plan. An alles musste gedacht werden. Ausgerüstet mit dem mehr oder weniger Nötigsten an Winter- und Sommersachen, einem Zelt, Schlafsäcken und einer kompletten Kücheneinrichtung, ein paar Lebensmitteln für die ersten Tage und reichlich Medikamenten sowie Laptop und Kameras, waren sie gut vorbereitet. Sogar ein Solarsegel, um Strom zu erzeugen, führten die beiden mit sich. Denn sie wussten, ihre Tour würde sie in Regionen führen, in denen es so gut wie nichts geben würde.

Mit jeweils 60 Kilo Gepäck machten sie sich auf eine lange, lange Reise. Via Österreich ging es nach Italien. Von dort aus mit der Fähre nach Griechenland, anschließend weiter mit dem Fahrrad nach Bulgarien, Rumänien, Moldawien, in die Ukraine, nach Russland, Kasachstan, China, Tibet, Nepal, Indien, Bangladesch und Thailand. Monat für Monat waren sie unterwegs gewesen und oft tagelang in der Wildnis auf sich allein gestellt.

Sie hatten viel erlebt, die beiden Globetrotter aus Herten. Häufig mussten sie ihre Tour ungewollt unterbrechen oder ihren Routenplan ändern. Manchmal hatten sie kaum etwas zu essen oder wären fast erfroren, bis sie nach barbarischen Strapazen von Dakar über Bangkok mit dem Rad in Kuala Lumpur ankamen. Da saßen sie nun vor mir, die beiden Weltreisenden und erzählten mir ihre Story, die so spannend war, dass mir manchmal der Atem stockte.

Am ersten Tag ihrer Radtour hatten sie 55 Kilometer zurückgelegt, entlang am Rhein in Richtung Österreich. Weiter ging es täglich mit bis zu 168 Kilometern. Nach achten Tagen hatten sie den Bodensee erreicht und nach 956 Kilometern waren sie am 01. April 2002 in Österreich eingetroffen.

Die ersten tausend Kilometer waren fast geschafft. Aber das war ja nur ein Bruchteil von dem, was noch vor ihnen liegen sollte. Bei Kilometerstand 2.046 fuhren sie zunächst über Grosetto und Magliano nach Capalbio.

»Dort blickten wir zum zweiten Mal dem Tod ins Auge. Ein Tornado zog auf. Wir konnten gerade noch ausweichen. Aber das Unglaublichste sahen wir am Nachmittag: einen Fiat Panda Kombi! Cool«, erzählte Marco.

Die Tage und Wochen vergingen und sie kamen immer weiter voran. Oft hatten sie das Gefühl, in einer anderen Welt zu sein, zurück in die Vergangenheit versetzt: alte Häuser, die schon fast zusammenbrachen. Kaum befahrbare Straßen. Außenklo neben Hausruinen. Ein betagter Hund, der irgendwo am Straßenrand stand und in die Stille bellte.

Nach 4.242 Kilometern und 69 Tagen im Sattel, erreichte das Duo Infernale die rumänische Grenze, vorbei an einer alten Industrieanlage, die sie visuell mal wieder zig Jahre zurückführte. Die Chemieleitungen waren lädiert und überall zischte giftiger Nebel aus den Dichtungen. Sie fanden über Kilometer hinweg kein einziges Geschäft. Keinen Laden, in dem sie sich etwas zu essen kaufen konnten. Es wurde eng. Sie hatten nur noch Weißbrot zu essen. Bei klirrender Kälte versuchten sie, in ihren Sommerschlafsäcken zu schlafen. Sie dachten, es wäre warm genug. Hundegebell, das Geräusch galoppierender Pferde und die Kälte ließen sie nicht schlafen. Grund dafür war aber auch die Sorge um ihr Visum für Moldawien und die Ukraine. Es würde um 24.00 Uhr des nächsten Tages ablaufen. Mit einem Kraftakt schafften sie am nächsten Tag 125 Kilometer.

Gar nicht so einfach, wenn man nur Weißbrot gegessen hat.

Mein Mitgefühl für die beiden wurde immer größer und je mehr sie erzählten, umso höher stieg meine Hochachtung vor dem, was sie hinter sich gebracht hatten.

Nach 20 Tagen, es war der 88. Tag ihrer Tour und 5.000 Kilometer fernab der Heimat, schien ihr gewaltiges Vorhaben viel zu früh ein jähes Ende zu nehmen. Es gab große Probleme mit dem Visum. Marco und Kai waren in Odessa, und dort mussten sie auch erst einmal bleiben.

Der Versuch, in Russland eine Einreiseerlaubnis zu bekommen, scheiterte kläglich. Auch der Trick mit einem Transitvisum durch Russland nach Polen zu gelangen, misslang. Es ging alles schief, was nur schief gehen konnte: Ein Rad war kaputt und Geldausgaben kamen dazu, mit denen sie nicht gerechnet hatten. Für ein Paket mit notwendigen Ersatzteilen aus Deutschland, auf das sie so dringend gewartet hatten, mussten sie mit Zollgebühren, Steuern und Postgebühren, die die russische Post selbst nicht begründen konnte, insgesamt 360 US-Dollar hinblättern. Und für das Russlandvisum über Deutschland berappten sie nochmals schlappe 150 Euro pro Nase, obwohl sie es zu diesem Zeitpunkt noch nicht einmal in den Händen hatten. Es wurde immer enger, die Zeit drängte. Das ukrainische Visum lief langsam aus und das kasachische fing bald an.

Der deutsche Botschafter in Kiew war nicht erreichbar. Das Meer hatten sie in den acht Tagen des Wartens nur aus der Ferne durch einen Zaun gesehen. Einen Tag später schien sich das Blatt zu wenden. Im Bayrischen Haus Odessa, einer Begegnungsstätte für deutsch-ukrainische Zusammenarbeit, wurde ihnen erst einmal geholfen. Danach fuhren sie guten Mutes endlich zum ersten Mal ans Meer.

Aber noch war nicht alles überstanden. Noch hatten sie kein Visum und noch saßen sie nicht auf ihren Rädern, um das Land wieder zu verlassen, um ihre gewaltige Tour fortzusetzen.

Am 21.06.2002, es war der 91. Tag ihrer Reise, gab es neue Probleme. Die Pässe durften nicht per Kurier verschickt werden, da die Beförderung nur über das Auswärtige Amt von Berlin nach Kiew möglich war. Und das konnte dauern.

Kai und Marco waren völlig verzweifelt. Sie wussten nicht mehr weiter und sackten innerlich zusammen. Ein Abbruch der Tour wäre für beide eine sehr schmerzliche Niederlage gewesen und ihr Traum wie eine Seifenblase zerplatzten, nach nur knapp 5.000 Kilometern. In drei Wochen würde das ukrainische Visum auslaufen. Selbst, wenn sie bald ihre Visa bekämen, hätten sie noch durch das ganze Land gemusst, per Rad. Wie hätten sie das schaffen sollen? Russland ist so groß. Unendlich groß. Und noch größer, wenn man mit dem Fahrrad unterwegs ist. Vor ihnen lagen bis zur nächsten Etappe stolze 4.500 Kilometer Steppe, Wüste, kein Wasser und sehr hohe Temperaturen. Ein Traum schien sich in einen Alptraum zu verwandeln.

Das verzweifelte Warten verursachte bei den Jungs einen Lagerkoller. Sie wollten nur noch weg. Lieber wäre ihnen der beschwerliche Trip durch die menschenleere Wüste nach Kasachstan gewesen als nur rumzusitzen und zu warten. Die letzten Hoffnungsfünkchen schwanden mit jedem Tag, den sie verharren mussten. Es war kaum noch zu ertragen. Nochmals fünf Tage sollten sie warten. Fünf Tage, die ihnen wie eine Ewigkeit vorkamen.

Am 96. Tag ihrer Tour und einer vierzehntägigen Zwangspause in Odessa war es soweit. Kai und Marco bekamen ihre Visa. Es ging endlich weiter. Dem Himmel, oder wem auch immer, gebührte der Dank.

Aber nun lag diese gewaltige Weite vor ihnen, durch die Wüste nach Kasachstan. Sie mussten sich beeilen. Sie hatten nur noch knapp eine Woche Zeit. Für die Tage in der Einöde schleppten sie, zusätzlich zu ihren 60 Kilo Gepäck, nochmals jeweils 20 Liter Wasser mit sich.

Kai wurde krank und eine Nabe am Rad war aufgerissen. Er konnte nur noch mit halber Kraft fahren. Ein Sandsturm brach herein. Sie schafften nicht mehr als fünf Kilometer pro Stunde. Teilweise hatten sie nichts zu essen. Mit ihrem Wasser gingen sie sehr sparsam um, denn sie wussten nicht, wann sie wieder an neues gelangen würden.

Die Landkarte war keine Hilfe. Dort, wo ein Dorf eingezeichnet war und sie Hoffnung auf Wasser und etwas zu Essen hatten, fanden sie nichts als Leere vor. Nicht mal einen Hund oder eine Katze, die signalisiert hätten: Hier wohnt jemand. Noch nicht einmal einen Stein, der vermuten ließ, dass hier einmal ein Haus gestanden hatte. Zu zweit allein, in dieser verdammten Weite, in dieser lauten Stille.

»Wahrscheinlich machen die das, um den Feind in die Irre zu führen«, erzählte Marco mit einem schelmischen Lächeln im Gesicht. Jetzt, wo sie die wahnsinnige Tour hinter sich gebracht hatten, wo die ernsthafte Lebensgefahr nur noch in dieser Erzählung existierte, war seine Spitzbübigkeit sogar ehrlich.

Sie taten mir unendlich Leid, die beiden Jungs, als sie so vor mir saßen und ihre Geschichte erzählten. Grund dafür war nicht die Anstrengung, die man ihnen noch immer ansehen konnte, es war mein Wissen um das Ende ihrer Story.

Nach 154 Tagen on tour gab es für Kai und Marco jedoch zunächst einen guten Grund zum Feiern. Sie erreichten am 23.08.2002 die 10 000 Kilometer-Marke. Champagner in Strömen floss nicht. Aber eine Kanne Tee für 0,15 Cent.

Neun Tage später standen sie kurz vor der chinesischen Grenze. Sie schlugen irgendwo in der Dunkelheit ihr Nachtlager auf.

Am nächsten Morgen wurden sie schon sehr früh durch den Weckruf des Muezzin aus ihren Träumen gerissen. Kurz darauf umstellte eine Horde Kinder der Familie ihr Zelt, in deren Garten sie es versehentlich in der Nacht aufgestellt hatten. »Autogramme wollten sie haben«, sagte Kai.

Etwas später besorgten sie sich zum letzten Mal ein deftiges Frühstück, da sie nicht wussten, was sie in China erwarten würde. Nachdem sie gefrühstückt hatten, fuhren sie knapp 40 Kilometer bis zur chinesischen Grenze.

Aber erst am Nachmittag ging es von dort aus weiter, da man in dieser Region die Mittagspause ausgiebig genießt. Sie nutzten die Zeit und stärkten sich in Kasachstan ein letztes Mal mit Nudeln. Noch aßen Kai und

Marco mit einer Gabel, aber die Schärfe des Gerichts verriet ihnen schon die Nähe zu China.

Abergläubisch scheinen die beiden Weltenbummler ganz und gar nicht zu sein. Immerhin legten sie an einem Freitag, dem 13. (13.09.2002), 113 Kilometer zurück und hatten damit insgesamt 11.113 Kilometer hinter sich gebracht.

Begleitet von Zahnschmerzen, Knieschmerzen und Trillionen von Mückenstichen ging es weiter. In einem Cafe in der *Stadt ohne Namen* machten sie Halt und aßen eine Portion Nudeln. In diesem Cafe unterhielten sich Kai und Marco angeregt mit den beiden Köchen. Weit und breit war kein anderer Gast zu sehen. Sie hatten es eilig, denn ihr Ziel war der Pass. 55 Kilometer und 3.600 Höhenmeter später bemerkten sie voller Entsetzen: Das Handy war weg! Eine kurze Recherche ergab, dass der Dieb nur einer der Köche gewesen sein konnte. Definitiv. Was jetzt?

Zwischen ihnen und dem Handy lagen stolze 3.660 Meter Pass. Ihr Handy war die einzige Verbindung zur Heimat. Sie mussten es versuchen. Wild entschlossen fuhren sie am nächsten Morgen mit einem angehaltenen, alten und klapprigen LKW zurück zum Cafe. Kai und Marco schalteten die Polizei ein. Ein etwas schwieriges Unterfangen, da kaum jemand Englisch sprach. Die beiden Köche wurden stundenlang verhört. Mit Erfolg! Überglücklich bekamen die Deutschen ihr Handy zurück. Trotzdem waren sie von nun an ein wenig mehr von der Heimat abgeschnitten. »Der Idiot hatte so oft auf dem Handy rumgetippt«, erzählte Marco noch immer sichtlich verdrossen, »bis weder Code noch Supercode angenommen wurden.«

Anfang November 2002 erreichte das Duo Infernale die 15.000 Kilometer-Marke. Sie radelten durch Tibet. Es war kalt. Bitterkalt. Der nächste Pass lag vor ihnen. 4.769 Meter Höhe galt es zu überwinden. Sie schlugen ihr Nachtlager auf, um am nächsten Tag gestärkt den Pass zu nehmen.

Am Morgen war alles eingefroren. Eiszapfen hingen vom Zeltdach herunter und die Vorräte an Trinkwasser konnten sie erst einmal nur lutschen. Sie schmissen den Brenner an, damit sie ihre Zähne nicht mit Eiswürfeln putzen mussten.

Bei der Passhochfahrt trafen sie auf einen Tibetaner, der mit seinem Pferd nicht die Straße entlang, sondern geradewegs den Pass empor klomm. »Marco veranstaltet eine nette Fotosession mit ihm, während ich mir den schmerzenden Hintern mit chinesischer Vaseline einkremte«, schilderte Kai die Begegnung mit dem alten Tibetaner.

Sie bestiegen den Pass und sahen ihn: Oomolongma Sagarmatha, oder wie sie ihn liebevoll nannten, den Mount Everest. In der Nacht zelteten sie oben auf dem Pang La. Das GPS zeigte 5.240 Meter an. Die Luft war extrem dünn. Das Atmen fiel schwer. Damit ihre Behausung nicht erneut einfrieren würde, hatten sie sich in einer windgeschützten Nische verkrochen. Aber es nutzte nichts. Es blieb bitterkalt.

Als sie am nächsten Morgen erwachten, war der Mount Everest verhangen. Die Abfahrt vom Pass war straßentechnisch eine Katastrophe. Und es blieb weiterhin bitterkalt. Um ihre Hände und Füße wieder einigermaßen aufzutauen, mussten sie mehrmals anhalten. Sie kamen in wärmere Regionen und erreichten am 13. November 2002 Nepal. Hier sollten sie die Uhren um zwei ganze und eine Viertelstunde zurückstellen.

»Ist Nepal eigentlich das einzige Land auf der Welt, wo man die Uhr um eine Viertelstunde verstellt?«, fragte Marcus irritiert.

Das kommt darauf an, wie man die Uhr verstellt. Rückwärts oder vorwärts. Wenn es in Deutschland beispielsweise 9.05 Uhr ist, stehen die Uhren in Nepal auf 12.50 Uhr. Also dreht man die Uhr entweder 15 Minuten zurück oder 45 Minuten vor – minutentechnisch gesehen. Äh. Hat das jemand verstanden? Egal. Weiter geht's.

Am nächsten Tag schliefen sich die Jungs in einer alten Herberge namens Pheasant Lodge erstmal so richtig aus. Der Herbergsvater hatten ihnen bei ihrer Ankunft strickte Anweisung gegeben, das Haus in der Nacht auf keinen Fall zu verlassen, unter gar keinen Umständen, auch nicht zum Pinkeln. Die Toiletten befanden sich draußen im Garten. Er hatte gesagt: »Piss out of the window, but to the back side into the garden, because on the other side is very bad condition.« Nachts hatten Kai und Marcus beobachtet, dass Militär, teilweise mit gepanzerten Wagen, durch die Straßen gezogen war. Die gut gemeinte Anweisung des Herbergsvaters hatte also einen ernst gemeinten Hintergrund.

Punkt 18.30 Uhr sperren die Maoisten gewöhnlich die Straßen ab. Wären Kai und Marco mit einer Taschenlampe bewaffnet draußen herumstolziert, hätte man sie höchst wahrscheinlich für Soldaten gehalten. Zeit für eine Erklärung wäre da wohl nicht mehr gewesen.

Am 246. Tag, vier Wochen vor Weihnachten, erreichten sie Katmandu. Von Krankheit geschüttelt, mussten sie dort einen zweitägigen Zwangsstopp einlegen. »Nachdem wir es nicht auf die Reihe bekommen hatten, Katmandu zu verlassen«, erzählte Marco, »suchten wir aus kulturellem Interesse einen Menschenverbrennungstempel. Wir haben den Tempel zwar auch nach gut zwei Stunden gefunden, aber die hatten mal wieder absolute Touripreise. Also dachten wir uns: Die können ihre Leichen alleine verbrennen. Wir genossen noch ein paar Erfrischungsgetränke und fuhren zu unserer Herberge zurück. Nichts konnte uns mehr in dieser Smogstadt halten. Auch nicht die wirklich lustigen Sprachverdreher der Nepalesen. P wird grundsätzlich wie F, und F wie P ausgesprochen.
»Wie teuer ist das?«
»Pipe Rufies!
Willkommen in Nefal.

Das nachhaltigste Erlebnis hatten Kai und Marco in Bulgarien. Dort trafen sie auf einen Bauern, der völlig fasziniert von den beiden und ihrem Marathonvorhaben war. Er hatte in seiner Scheune ein altes Fahrrad stehen, das er ihnen stolz präsentierte. Fahrtüchtig war es allerdings nicht mehr. Der Bauer hatte kein Geld und somit also auch kein Material, um die fünf Löcher in den Reifen zu flicken. Sofort gingen die beiden Radler ans Werk und reparierten dem Bulgaren den Drahtesel. Man tauschte sich aus und plauderte, obwohl der Bulgare nur wenige Brocken Englisch und kein Wort Deutsch sprach.
Später präsentierte Marco ihm den mitreisenden Laptop mit allen Schikanen. Sie zeigten ihm die neuesten, technischen Entwicklungen wie E-Mails, GPS usw. Das hatte den bulgarischen Bauern mächtig beeindruckt. Fasziniert gab er zu verstehen, er würde sich ganz sicher einmal melden, per E-Mail. Wie man das eben so sagt. »Bis zu diesem Zeitpunkt wusste der Bulgare weder, was eine E-Mail ist noch hatte er jemals zuvor einen Computer bedient«, versicherte Kai.

Wenige Monate später traf bei den beiden Abenteurern eine E-Mail ein. Absender: der Bulgare. »Das konnten wir kaum glauben«, erzählte Marco noch immer beeindruckt. »Es war so genial. Er musste alles, was er beses-

sen hatte, zu Geld gemacht haben, um sich einen Computer kaufen zu können und den dann auch noch bedienen zu lernen. Einfach super.«
So ist das mit den Weltenbummlern. Wenn einer eine Reise tut, dann kann er was erzählen.

Nach exakt zehn Monaten und 18.500 Kilometern, es war der 22. Januar 2003, trafen Marco und Kai auf ihren Fahrrädern in Kuala Lumpur ein. Dort beendeten sie, früher als vorgesehen, ihre Radtour um die Welt, die eigentlich zwei Jahre dauern sollte. Nicht die Strapazen der langen Reise oder Krankheiten, oft fehlendes Essen oder Trinken hatten zum Abbruch geführt. Die Seele war's. Das Heimweh plagte sie sehr. »Wir waren in den letzten Wochen mit dem Kopf mehr und mehr in Deutschland, und wir sehnen uns nach so einfachen Dingen wie Nähe und Geborgenheit, die bei so einer Tour auf der Strecke bleiben«, sagte Kai mit trockener Stimme.
Am nächsten Tag reisten die beiden Jungs per Flugzeug in die Heimat zurück.

Auch wenn sie nicht *ganz* um die Welt ging, ihre Radtour, so hat das Projekt die vor Charme sprühenden jungen Männer aus Herten bei Recklinghausen doch noch berühmt gemacht. Von überall her erhalten sie seitdem E-Mails, die immer mit dem gleichen Satz enden: »I hope to see you again.«
I hope so, too.

Bad News

Bei den Nachrichten, die wir bekamen, ob per Post, per E-Mail oder Telefon, und zwar immer nur aus Deutschland, handelte es sich meistens um bad news. Dabei ging es in der Regel um irgendeine Sache, von der man glaubte, sie längst abgeschlossen zu haben.
Wir lebten nun schon seit fast zwei Jahren im Ausland und hatten uns, als wir damals ausgereist waren, offiziell bei der deutschen Polizei abgemeldet. Explizit wollten wir damals von dem Sachbearbeiter wissen, ob es noch irgendetwas zu beachten gäbe, beispielsweise eine schriftliche Abmeldung beim Finanzamt oder dergleichen. »Nein. Nein«, hatte der Herr überzeugend gesagt, »das machen WIR!« Das erschien uns auch absolut logisch. Denn wenn man innerhalb Deutschlands umzieht, erhält das Finanzamt augenblicklich die kompletten neuen Daten, und zwar noch ehe man es sich in der neuen Wohnung auch nur andeutungsweise gemütlich gemacht hat.
Dem Finanzamt entgeht eben nichts.
Trotzdem bekamen wir zwei Jahre nach unserer Ausreise einen Bescheid, dass man uns steuerlich veranlagt hätte. Als Grundlage hatte man sich irgendeiner utopischen Zahl bedient. Wie gesagt, seit fast zwei Jahren lebten wir nicht mehr in Deutschland und hatten dort dementsprechend auch keinerlei Einkommen mehr, das es zu versteuern galt.
Unser Steuerberater in Deutschland legte auf den Veranlagungsbescheid hin Widerspruch beim deutschen Finanzamt ein und erklärte, dass es sich dabei offensichtlich um einen klitzekleinen Irrtum handeln würde.
Kurze Zeit später kam ein Antwortbrief des Finanzamtes. Darin teilte man uns mit, dass man großzügiger Weise den Veranlagungsbescheid zurücknehmen würde. *Dankeschön.*
Das Wort Versehen oder die zierliche, minimale, hauchdünne Andeutung einer winzigen, kleinstmöglichen, geringfügigen Entschuldigung suchten wir in diesem Brief allerdings vergeblich. Auch unter Zuhilfenahme einer 5-Dioptrienlupe fanden wir nicht einen einzigen Buchstaben des Bedauerns. Aber dafür lasen wir etwas von einem Versäumniszuschlag, den wir zu zahlen hätten. Sofort und umgehend und zwar auf die Summe, die das Finanzamt utopischerweise veranlagt hatte.
Häh? Utopisch!

Aber das Allerutopischste war: Wir sollten zusätzlich zum grundlos erhobenen *utopischen* Versäumniszuschlag sogar noch Verspätungszinsen bezahlen.
Wirklich oberutopisch!
Auch ein weiteres Schreiben, in dem wir nochmals deutlich und unmissverständlich schwarz auf weiß erklärten, dass wir seit fast zwei Jahren keine deutschen Steuerzahler mehr seien und in dieser Zeit auch keinen Zeh auf deutschen Boden gesetzt hatten (der möglicherweise das Finanzamt dazu veranlasst haben könnte, eine »was-weiß-ich-Steuer« zu veranlagen), nutzte nichts. Wir mussten den Versäumniszuschlag und die Verspätungszinsen bezahlen!
Ansonsten erwarteten uns wohl Steinigen, Enterben, Gefängnis und danach Rausschmiss aus der Bundesrepublik Deutschland.

Kurz darauf kamen die nächsten bad news. Woher? Natürlich aus Deutschland. Die Firma, in der unsere Tochter arbeitete, hatte Konkurs angemeldet und sie entlassen. Die Arbeitslage in Deutschland ließ nicht darauf schließen, dass sie so schnell eine neue Stelle finden würde. Und so war es auch. Ihre Jobsuche entwickelte sich zu einem vorausschaubaren, erfolglosen Unterfangen. Was sollte nun werden? Ich machte mir große Sorgen. So, wie das vermutlich alle Mütter tun.
Sie wird abrutschen, nicht viel zu essen haben, betteln gehen, aus der Wohnung geworfen werden, unter einer Brücke schlafen müssen. Vielleicht sogar Drogen nehmen und, und, und ...
In Gedanken entwickelte ich ein Horrorszenario. Was natürlich völliger Quatsch war. Aber sagen Sie das mal einer besorgten Mutter, die fast 13 000 Kilometer von ihrem Kind entfernt lebt. Eine Distanz, die es ihr nicht eben mal schnell ermöglicht, zur Tochter zu fliegen. Wir hielten einen Familienrat ab. Ein paar Wochen später löste Marina ihre Wohnung auf und kam nach K.L. Ich war selig vor Glück.
Schon Tage vor ihrer Ankunft informierte ich all unsere neuen Freunde: »Unsere Tochter kommt!« In Windeseile organisierten wir gemeinsam mit unserer supernetten Hausgemeinschaft ein Welcome Barbecue am Pool. Das machten wir übrigens sehr häufig, ein Pool-BBQ. Jeder brachte Essen und Trinken mit und dann saßen wir bis spät in die Nacht hinein am Pool

und genossen die angenehme Nachtwärme. Die Unterhaltungen fanden nur auf Englisch statt und jeder erzählte etwas aus seiner Heimat.

Die Kondominien sind in der Regel mit einem großzügigen Poolbereich, einem BBQ-Areal, Tenniscourt, einer Squash-Halle, einem Kinderspielplatz, Fitnessraum und einem Mini-Markt ausgestattet, in dem man das Nötigste auf die Schnelle einkaufen kann, falls man beim Großeinkauf etwas vergessen hat. Unser Mini-Shop führte zusätzlich eine Wäscherei, die sogenannte Laundry, die man in Malaysia an jeder Ecke findet. Es ist sehr beliebt, seine Wäsche in die Wäscherei zu bringen.

Alle Kondominien haben ein Wachhäuschen, ein Guardhouse, an dem jeder zuerst vorbei muss, wenn er in seine Wohnung gelangen will. In Malaysia bezeichnet man eine Wohnung, egal wie viele Zimmer sie hat, als Apartment. Daher kann ein Apartment auch schon mal vier oder fünf Schlafzimmer haben.

Die Mieter haben an ihren Autos einen Aufkleber, der an der Windschutzscheibe angebracht ist. Jedes Kondominium wartet mit einem eigenen Logo auf, sodass der jeweilige Guard schon von weitem erkennen kann: Hier kommt ein Mieter, please, open the Gate. Die Besucher müssen allerdings am Gate ihre Ausweise abgeben und bekommen als Eintritts-karte einen Hauspass. Die Zeit der Ankunft und Abfahrt wird zusätzlich in ein Buch eingetragen.

Eines Abends kamen wir von einem netten Dinner mit Klaus nach Hause. Noch bevor wir in die Einfahrt steuerten, öffnete sich wie immer das Gate. Der Sicherheitsmann hatte gecheckt, dass hier ein Mieter kam. Zwei schwere Eisentore, die sich mittels eines Motors nach rechts und links wegschieben, öffneten sich.

In dem Moment, als wir gerade die beiden Eisentore passieren wollten, begann sich das Gate wieder zu schließen. Auch der feste Tritt auf das Gaspedal nutzte nichts mehr. Unser Auto wurde zwischen den beiden Toren eingequetscht. Sofort sprang der Guard aus dem Häuschen und entschuldigte sich tausendfach. Eines der beiden Tore war aus der Schiene gerutscht und ging nicht mehr vor und nicht mehr zurück. Nun hingen wir fest. Über die Rücksitze kletterten wir nach draußen. Es war kurz nach Mitternacht. Der Guard rief ein paar Nachtwächter zusammen.

Ich spreche hier von echten Nachtwächtern, denn die Kondominien werden rund um die Uhr bewacht.

Sie kamen nach einer Dreiviertelstunde und begutachteten erst einmal das Unheil. Von vorne. Von hinten. Von unten. Von oben. Da, wie Sie inzwischen wissen, in Malaysia alles etwas länger dauert, waren wir schlussendlich morgens gegen vier Uhr im Bett.
Die Behebung des Schadens an unserem Auto wurde letztendlich nach etlichen Meetings zwischen uns und dem Management des Kondominiums von diesem übernommen. Anfänglich war man nämlich unter großem Gelächter folgender Meinung gewesen: Oh, very sorry, aber der neue Wachmann kannte sich mit den Knöpfen, die das Tor öffnen, noch nicht so aus. Es wären ja eh nur ein paar Kratzer. Mein Mann ließ unser Auto in einer Werkstatt durchchecken. Die Kratzer entpuppten sich als verzogenes Fahrgestell.

Mit diesem Auto hatten wir ohnehin kein Glück. Bei einem Ausflug zu meiner wöchentlich stattfindenden Akupunkturbehandlungen landete ich mit dem linken Hinterrad in einer *Drain*. Dabei handelt es sich um einen der bis zu einem Meter fünfzig tiefen, gemauerten Abwassergräben, die sich rechts und links neben den Straßen befinden, aber ohne Abdeckung oder Sicherheitsbegrenzung.
Sie sind halt einfach offen.
Während der Monsunzeit füllen sich diese Drains oft innerhalb weniger Minuten massenhaft mit Regenwasser und werden teilweise zu reißenden Flüssen.
An diesem Morgen wollte ich unseren schweren Jeep ganz besonders akkurat parken, da die Straße, in der ich einen Parkplatz gefunden hatte, sehr eng war. Ich wollte die Eventualität, dass ein vorbeifahrendes Auto oder die von uns allen so sehr geliebten Mopeds unseren Wagen in irgendeiner Form beschädigen könnten, so gering wie möglich halten. Schließlich war er gerade aus der Werkstatt gekommen und sogar neu lackiert worden. Grün. Also manövrierte ich in Millimeterarbeit den Jeep so nah es irgendwie ging, an so eine Drain heran. Plötzlich gab es einen Schlag, und der Wagen rutschte mit dem linken Vorderrad in den Abwasserkanal.
Na prima. Genial. Da ist wohl wieder eine Reparatur fällig.
Ich war so sehr in Wut über mich selbst, dass ich unter allen Umständen versuchen wollte, den schweren Wagen wieder aus dem Drain zu manövrieren. Um jeden Preis, wie man so schön sagt. Schwungvoll schaltete ich

in den Rückwärtsgang ein und gab kräftig Gas. Der Wagen heulte zornig auf. In pumpartigen Stoßbewegungen trat ich immer wieder auf das Gaspedal, ließ es los, gab wieder Gas, drehte am Lenkrad, gab wieder Gas, ließ wieder los und so weiter. Nach wenigen Minuten hatte ich es tatsächlich geschafft. Ich war wieder mit allen vier Rädern auf der Straße.
Wahnsinn. Da soll mal jemand behaupten, Frauen könnten nicht Auto fahren. Pah.
Aber mir gefiel es noch immer nicht, wie das Auto eingeparkt war. Erneut versuchte ich, so nah wie möglich an den Drain zu kommen. Tja, wie heißt es so schön: »Allzu viel ist ungesund, selbst, wenn es Zuckerplätzchen sind?!« Diesmal hing ich mit dem linken Hinterrad im Drain.
So etwas Blödes.
Ich begann über meine eigene Dummheit zu kichern. Es war, ehrlich gesagt, mehr ein verzweifeltes Lachen, denn ich war mir ziemlich sicher: Hier kommst du jetzt nicht mehr raus. Hätte man mir vorher gesagt, ich solle den Allradantrieb einschalten ... Aber so. Nichts ging mehr. Ich hing fest. Zu meinem Termin würde ich garantiert zu spät kommen.
Nach zwei Minuten standen sechs Malaysier neben unserem Auto und versuchten, den schweren Wagen aus dem Drain zu heben. Es sah besorgniserregend aus. Die Burschen versuchten es mit aller Kraft, aber eben nur mit Kraft. Doch es war zwecklos. Ich stand neben unserem armen Auto und hatte panische Angst, sie könnten das Rad abbrechen. »No. No. No. Please. Stop«, schrie ich auf. Die Männer schauten mich an und amüsierten sich köstlich über mein Gehabe.
Kurz darauf kam ein weiterer Mann. Es war ein Chinese. Er war von einer nahegelegenen Autowerkstatt und brachte so etwas wie eine fahrbare Hebebühne mit, so ein Ding* mit vier Eisenrädern darunter, an dem sich ein Hebel befindet, der durch Auf- und Abbewegungen eine Hydraulik in Gang setzt.
*Dingerklärung für Männer: Eidechse.
*Für Frauen: Ist doch egal!
Klasse. In null Komma Nix war mein Auto aus dem Drain heraus. Ich war so erleichtert, dass ich allen einen kleinen Geldschein in die Hand drücken wollte. Aber sie wehrten sich mit Händen und Füßen. Sie nahmen mein Geld nicht an. Das ist Malaysia, auch wenn alles etwas länger dauert.

Grundsätzlich wird kein Trinkgeld angenommen. Bekommt der Gast nach einem Essen die Rechnung und rundet die Summe auf und sagt dann auch noch: »Der Rest ist für Sie«, bringen sie das Wechselgeld trotzdem zurück. Selbst, wenn der Gast dann nochmals deutlich sagt: »Hier bitte, nehmen Sie. Das ist für Sie.« Keine Chance. Sie nehmen es in den seltensten Fällen an. In Japan ist Trinkgeldgeben sogar verpönt.

Unser glückloser Jeep kutschierte uns noch knapp drei Monate durch K.L. Dann war es vorbei. Mein Mann hatte einen Verkehrsunfall, bei dem ihm Gott sei Dank, außer ein paar deftigen blauen Flecken, nichts passiert war. Wir ließen ihn verschrotten.
Den Jeep natürlich!

Sorryla

Wir brauchten also ein neues Auto und wollten es diesmal mit einem malaysischen Produkt versuchen, einem Proton Wira, made in Malaysia. So viele Malaysier konnten sich eigentlich nicht irren. Oder doch?
Wir statteten einem Proton-Händler einen Besuch ab. Ein schwieriges Vorhaben, wie sich herausstellte: der Erste war krank, der Zweite feierte Geburtstag und der Dritte war beim Zahnarzt.
»Was ist mit einer Broschüre? So eine schön aufgemachte, mit bunten Bildern und ausführlicher Beschreibung?«, fragte ich den endlich erreichten Händler am Telefon.
»Sorryla, Madam. Gibt es nicht!«
»Gibt es nicht? Wieso das denn nicht?«
»Den Proton kennt doch jeder.«
Am nächsten Tag versuchte ich es mit einem Telefonat bei einem anderen Händler.
»Hallo? Ja? Ich interessiere mich für einen Proton. Einen Proton Wira. Verkaufen Sie das Auto?«
»Selbstverständlich, Madam. Haben Sie bei uns schon ein Auto bestellt?«
»Nein. Das wollen wir ja gerade tun.«
»Hat Ihre Bank den Kredit denn schon genehmigt, Madam?«
»Kredit? Ich habe gar keinen Kredit beantragt.«
»Nicht?«
»Nein!«
»Sorryla, Madam. Dann müssen Sie zuerst einen Kredit beantragen.«
»Aber ich will gar keinen Kredit.«
»Nicht?«
»Nein!«
»Sorry. Dann können Sie keinen Proton kaufen. Jedenfalls nicht bei uns, Madam.«
»Und was ist mit einer Barzahlung?«
Minutenlange Ratlosigkeit am anderen Ende der Leitung.
»Sorryla, Madam. Der zuständige Verkäufer ist leider nicht hier.«
»Wann kommt er denn wieder?«
Erneute Ratlosigkeit.
»Hallo? Sind Sie noch dran?«, fragte ich leicht irritiert.

»Ja, Madam. Sorry.«
»Wann kommt der Verkäufer denn wieder in den Laden?«
»Sorryla. Das weiß ich nicht, Madam.«
»Ich gebe Ihnen meine Telefonnummer. Er kann mich ja dann zurückrufen.«
»Okayla, Madam.«
Wir hörten nie wieder etwas von ihm.
5. Tag: Ich rief bei einem anderen Proton-Händler an. Er zeigte sich sehr interessiert. Sofort vereinbarten wir einen Termin zwischen sechs und sieben Uhr am gleichen Abend. Es regnete. Der Verkehr schleppte sich im Schneckentempo über die Straßen. Vor unserer Haustür war mal wieder ein dicker Stau. 25 Minuten mussten wir auf ein Taxi warten.
Zwischendurch rief ich immer wieder den Händler an und ließ ihn wissen, dass wir uns verspäten würden.
»Ja, Madam«, sagte er jedes Mal. »Ist okayla.«
Kurz nach 19 Uhr erreichten wir den Händler. Der Verkäufer, mit dem ich mehrfach telefoniert hatte, zuletzt fünfzehn Minuten vor unserer Ankunft, war nicht mehr da. Zwei nette junge Frauen, die im Geschäft ihre Zeit absaßen, zeigten sich überaus betrübt. »Sorryla Madam. Es ist niemand mehr da, der Ihnen weiterhelfen kann.«
»Können wir uns denn einen Wira mal von innen ansehen?«
»So sorryla Madam. Wir renovieren gerade den Laden.«
Ich schaute mich um. Stimmt. Der Laden sah eher wie eine Baustelle aus.
6. Tag: Ich rief den Verkäufer wieder an. Er zeigte sich untröstlich. Familiäre Verpflichtungen, ein Kindergeburtstag und die Hitze. Wir vereinbarten eine Probefahrt.
8. Tag: Diesmal waren wir oberpünktlich, der Verkäufer war anwesend und endlich machten wir eine Probefahrt mit dem Objekt unserer Begierde. Der Händler hatte den Kaufvertrag sogar schon vorbereitet.
Was für eine Überraschung.
Wir unterschrieben und zahlten ein paar tausend Ringgit an. Schließlich sollte ja alles schnell über die sprichwörtliche Bühne gehen. In 21 Tagen würde laut Händler unser Proton ausgeliefert werden.
29. Tag: Ich rief beim Händler an und fragte nach, ob der Wira abholbereit sei.

»Nein, Madam. I'm sorry. Aber ich habe alles an die Zentrale weitergeleitet.«

»Haben Sie denn von dort schon eine Lieferterminbestätigung erhalten?«, fragte ich nach.

»Nein, noch nicht, Madam.«

»Dann machen Sie das doch bitte schon mal und fragen, wann unser Wagen ausgeliefert wird.«

»Okayla. Mach ich.«

»Great. Rufen Sie mich bitte gleich zurück, ja?«

»Aber sicher, Madam!«

Ich dachte nach: Selbst, wenn das Auto erst in einer Woche geliefert werden würde, könnten wir es noch gut schaffen, die geplante Fahrt nach Singapur zum Mama-Mia-Konzert mit unserem neuen Wagen zu unternehmen. Aber der Verkäufer meldete sich nicht mehr.

32. Tag: Ich rief an. Schon am frühen Morgen. Er war noch nicht im Laden. Ich solle gegen zehn Uhr wieder anrufen, dann sei der Verkäufer sicher da. Also rief ich kurz nach zehn an. Aber er war noch nicht an seinem Schreibtisch. Eine Stunde später rief ich wieder an. Er war immer noch nicht da. Bis zum Abend hörte ich nichts von ihm.

33. Tag: Ich rief wieder an, aber diesmal kurz vor der Mittagspause, da ich ganz sicher sein wollte.

»Ja, Madam, ich melde mich, sobald ich von der Zentrale einen Termin bekommen habe.«

»Okayla«, sagte ich mit einer gewissen Schärfe in der Stimme. Aber er meldete sich nicht.

34. Tag: Ich rief mir ein Taxi und fuhr hin. Vergeblich. Die Zeit hätte ich anderweitig nutzen können.

45. Tag: Zwischenzeitlich waren wir mit dem Bus nach Singapur gefahren, hatten unsere Gemüter bei einem wunderbaren Abba-Konzert abgekühlt und danach noch siebzehnmal bei dem Händler angerufen und waren noch zweimal hingefahren.

57. Tag: Es war Chinese New Year. Eine Woche lang passierte gar nichts. *Was für ein Glück, das Taxifahrten in K.L. so günstig sind.*

64. Tag: Wir flogen für zwei Wochen in den Urlaub, nach Bali.

78. Tag: Ich rief sofort wieder beim Händler an, um mich davon zu überzeugen, ob es ihn überhaupt noch gäbe.

»Hallo, Madam. Ich wollte Sie gerade anrufen. – Es gibt ein Problem.«
»So? Was für ein Problem?«
»In der Zentrale müssen Ihre Unterlagen irgendwie abhanden gekommen sein. Ich verstehe das auch nicht. Aber sie sind weg. Sorryla, ja? Sorry.«
80. Tag: Wir fingen von vorne an und kauften bei einem anderen Händler einen Lexus. In diesem Laden unterhielten wir uns mit einem anderen Kunden.
Es war ein Brite.
Er war blass und wirkte nervös.
Seine Augen zuckten gehetzt hin und her.
Dann begann er uns von seinem Versuch zu erzählen, einen Proton Wira zu kaufen.

Zuwachs

Neben unserer Tochter hatte sich zwischenzeitlich ein weiterer Mitbewohner zu unserer Familie gesellt: Snoopy. Wir fanden ihn völlig ausgehungert und dem Tode näher als dem Leben in einem Parkhaus an der Petaling Street.
Die Petaling Street ist in jedem Reiseführer über Malaysia zu finden. Sie ist DIE Einkaufsstraße für Touristen. Gut gemachte Fälschungen für wenig Geld erfreuen dort fast jeden Besucher. Wir hingegen liebten das wunderbare Essen an den out-door-kitchens, den Straßenküchen, und die gemütliche, exotische Atmosphäre. Stundenlang beschäftigen wir uns damit, die Touristen aus aller Welt zu beobachten, wie sie emsig verhandelten, kauften und fotografierten, um dann mit zig Plastiktüten davonzuziehen.
Manchmal trafen wir Deutsche, mit denen wir einen netten Abend verbrachten. Und immer war ich mit Tipps und guten Ratschlägen behilflich.
Als wir Snoopy in einem Parkhaus an der Petaling Street fanden, wog er vielleicht noch 100 Gramm und passte gut in eine 250 Gramm-Margarinedose. Snoopy war ein Katerchen, wie sich bald herausstellte. Marina wollte ihn unter gar keinen Umständen in dem gefährlichen Parkhaus belassen. Dort achtete außer uns Europäern natürlich niemand auf ein herumstreunendes Katzenbaby.
Ich hatte allergrößte Bedenken, ihn mit nach Hause zu nehmen, da Lissy, unsere Hündin, Katzen abgrundtief hasste. Aber zur großen Überraschung aller akzeptierte sie den kleinen Kater ohne Wenn und Aber.
Schon nach wenigen Tagen schlief er auf ihrem Rücken und sie ließ ihn sogar an ihren Zitzen saugen, obwohl sie natürlich keine Milch hatte. Es war wie Zauberei. Lissy war zu diesem Zeitpunkt schon sehr krank. Es war das Herz, das ihr Probleme machte. Bis dahin hatte sie nur noch auf dem Sofa gelegen und fast den ganzen Tag geschlafen.
Als Snoopy kam, wurde sie plötzlich wieder zu einem Welpen. Die beiden spielten den lieben langen Tag miteinander und es war eine echte Freude, ihnen dabei zuzusehen. Mir erschien es wirklich wie ein Wunder. In all den zurückliegenden 14 Jahren, in denen Lissy nun schon bei uns war, konnte sich ihr keine Katze bis auf zwei Meter nähern. Da drehte sie einfach durch. Und nun das! Aber schon sehr bald sollte ich erfahren, wieso.

Das Silvesterfest 2003 feierten wir auf dem Dach unseres Hochhauses. Ein großartiges Feuerwerk, so wie wir das aus Deutschland kannten, gibt es in Malaysia nicht. Dort ist das Abschießen von Feuerwerkskörpern und Knallfröschen von Privatpersonen auf den Straßen verboten. Die malaysische Regierung erlaubt dies nur auf den dafür ausgewiesenen Plätzen. Es gibt drei abgezäunte Orte, an denen man seine Knaller und Feuerwerkskörper abschießen darf.

In Singapur ist es noch extremer. Dort gibt es überhaupt keine Feuerwerkskörper oder Knallfrösche zu kaufen. Es ist absolut verboten (Stand: 2006). Aber dafür beschießen sich die Feiernden mit Luftschlangen und Schaum, der aus der Dose kommt. Die Straßen sehen aus wie nach einer ausgelassenen Kindergeburtstagsfeier. Überall ist es kunterbunt.

I will remember you

Mitte Januar 2004 erfuhren wir, dass das Kreuzfahrtschiff AIDA, das Erste der heutigen Flotte, schon bald ganz in unserer Nähe herumschippern würde. Da wir 1997 mit diesem Schiff schon einmal in der Karibik gewesen waren und es uns wahnsinnig gut gefallen hatte, versuchten wir, noch eine Kabine zu ergattern. Es klappte. Die Kabine und der Flug waren gebucht und wir packten unsere Koffer. Ich freute mich wirklich sehr auf diesen Kurzurlaub: eine Woche ausspannen.
Normalerweise legte sich Lissy immer in die Koffer, während wir unsere Sachen packten. Aber dieses Mal tat sie das nicht. Offensichtlich spürte sie meine große Freude und wollte mich in Frieden ziehen lassen. Ich trennte mich, wie schon berichtet, ungern von meinem Hund, auch wenn es nur für ein paar Tage war. Deshalb nahmen wir sie in der Regel ja auch überall mit hin. Aber auf einem Schiff ist das einfach nicht möglich.
An einem Donnerstag gingen wir in Bangkok an Bord. Eine Woche später, ebenfalls an einem Donnerstag, würden wir in Pukhet das Schiff wieder verlassen und wieder nach Bangkok fliegen, da mein Mann dort einen Geschäftstermin hatte. Da ich bisher noch nicht in Bangkok gewesen war, wollte ich ihn begleiten. Das Zimmer war schon gebucht, für zwei Tage. Danach sollte es zurück nach Kuala Lumpur gehen.
An unserem Abreisetag verabschiedete ich mich ganz gegen meine Gewohnheit nicht von Lissy. Ich wollte sie nicht unnötig in Aufregung versetzen, da sie schon recht betagt und herzkrank war. Marina war instruiert und wusste über alles Bescheid. Lissy war also gut versorgt. Die Reise begann.
In Bangkok gingen wir an Bord und erlebten schon an der Gangway eine große Überraschung: Wir trafen auf einen alten Bekannten: Ernie Noelle. Er war schon während unserer ersten Kreuzfahrt an Bord der AIDA gewesen, und schon damals hatten wir eine schöne Zeit miteinander verbracht. Nun standen wir uns nach all den Jahren in Südostasien wieder gegenüber.
Was für ein Zufall.
Alte Erinnerungen tauchten auf und schon vor Antritt unserer Reise hatten wir Bauchweh vor lauter Lachen. Ernie war Clubdirektor auf der AIDA und ist höchst wahrscheinlich vielen deutschsprachigen Menschen bekannt.

Wie das auf Reisen so üblich ist, fragt jeder jeden, woher man kommt. Immer, wenn wir sagten, wir würden in Kuala Lumpur leben, waren unsere Mitreisenden sehr angetan. Vor allem, da wir nicht unter einem Jetlag litten wie alle anderen an Bord, die einen langen Flug hinter sich gehabt hatten.

Eine kunterbunte Gesellschaft tummelte sich auf dem Kreuzfahrtdampfer. Angefangen von einem namhaften Schilddrüsenspezialisten mit gut gehender Praxis in Frankfurt, bis hin zu Eleonore Saumbund, die drei Jahre lang für diese Kreuzfahrt gespart hatte und im Wirtschaftsministerium in der Kantine das Essen austeilte.

Es interessierte unsere Mitreisenden sehr, wie wir in Malaysia lebten, was wir dort machten und überhaupt, wie man als Ausländer in einem fremden Land zurechtkam, besonders in einem so exotischen Land.

Schon nach kurzer Zeit waren wir DIE Attraktion auf dem Schiff. Überall, wo die AIDA ankerte, waren wir schon gewesen und halfen unseren Mitreisenden selbstverständlich mit wertvollen Tipps aus. »Sie leben also in Kwuallala Klumpur?«, fragte mich Eleonore Saumbund eines Abends, während ich gedankenverloren an der Reling stand und auf das Meer blickte.

»Wie bitte?«

»Nah, bei den Knab ... Kan ... Bei den Menschenfressern.«

»Kannibalen?«

»Ja!«

»Nein, die gibt es bei uns nicht.«

»Nicht? – Das hat mir meine Freundin aber erzählt. Sie meinte nämlich, ich solle mir das gut überlegen, nach Malaysia zu reisen. Dort gäbe es noch ... Äh, Kannibalen.«

»Sie meinte sicher die Orang Asli?«

Eleonore Saumbund sah mich mit tellergroßen Augen an: »Affen?«

»Nein, nicht Orang Utans. Orang Asli! Das sind die Ureinwohner von Malaysia. Aber Affen, die haben wir dort auch. Es ist sogar schon vorgekommen, dass sich die kleinen Biester über den Balkon in Wohnungen schleichen und dort alles verwüsten.«

»So?! – Das' ja'n Ding. Wie lebt man denn da so? Ich meine, ist doch bestimmt nicht einfach, oder?«

»Doch! Es ist traumhaft. Wir wohnen in einem Hochhaus am Rande der Stadt. Alles sehr modern.«

Eleonore streifte sich eine Strähne aus dem Gesicht: »Nicht im Dschungel?«

»Nein.«

Bis zu diesem Zeitpunkt hatte Eleonore Saumbund vermutlich geglaubt, die malaysische Bevölkerung würde noch auf Bäumen leben, ohne Strom und Wasser, mitten in der Pampa, von wilden und gefährlichen Tieren umringt. Und dass die Malaysier im Dschungel mit Pfeil und Bogen, hinter Palmenstämmen geschützt, ihrer Beute auflauern und am Abend am Lagerfeuer das erlegte Tier unter rhythmischem Trommeldröhnen feierlich verspeisen würden; unsere bescheidene Nahrung aus Reis und Kokosfleisch bestünde und ich nur im Freien duschen und aufs Klo gehen könnte.

Sie war sichtlich überrascht, als ich ihr erzählte, dass wir von Nutella bis Persil alles kaufen können, der Schneider ins Haus kommt und für wenig Geld Kleider näht, der Schuster für jeden Fuß passend Schuhe anfertigt, wir auch nachts einen Barscheck zur Bank bringen können, der vollautomatisch durch eine Bankmaschine gescannt und auf dem Konto gutgeschrieben wird. Kuala Lumpur über ein modernes Personenbeförderungssystem verfügt, man an jeder Straßenecke ein Taxi herbeiwinken kann, weil es tausende davon gibt und die Geschäfte bis 23 Uhr geöffnet haben und zwar jeden Tag, auch an sämtlichen Feiertagen. Und dass wir uns nicht mehr vorstellen könnten, nach Deutschland zurückzukehren. Jedenfalls vorerst nicht.

»Das hab' ich mir ja total anders vorgestellt«, sagte Eleonore erstaunt.

»Wie gut, dass wir drüber gesprochen haben«, scherzte ich. »Kommen Sie, Eleonore, ich lade Sie auf einen Drink ein.« Lachend verließen wir das Deck und gingen in die Bar.

Meine Dienste als erbarmungslose Feilscherin im Umgang mit den Straßenhändlern, denen wir an jedem Ankerplatz begegneten, hatten sich auf dem Schiff schnell herumgesprochen. Ich war äußerst gefragt. Zum Schluss wusste ich nicht mehr, wem ich zuerst beistehen sollte. Jeder wollte nur noch mit *mir* shoppen gehen. Also legte ich mir einen Terminkalender zu und teilte die Menschenmenge in Gruppen ein: Die Hemden-

Gruppe, die Handtaschen-Gruppe, die Souvenir-Gruppe, die Schuhe- und die Schmuck-Gruppe.

Mein Mann übernahm die Elektronik- und IT-Gruppe: Kameras, Computer, Drucker, Programme usw. Die Tage an Bord zogen im Eiltempo vorüber. Es war Mittwoch, und schon am nächsten Tag sollte unsere Schiffstour enden. Am späten Nachmittag schaltete ich das Handy ein, um mich zu erkundigen, ob daheim alles seinen ordnungsgemäßen Gang nehmen würde. Ich lauschte einer Nachricht, die Marina schon vor zwei Tagen auf der Mailbox hinterlassen hatte. Lissy sei sehr krank und es würde ihr nicht gut gehen. Besorgt rief ich sofort zurück. Es waren keine guten Nachrichten, die sie für mich hatte.

Am Donnerstagmorgen verließen wir planmäßig das Schiff und versuchten noch im Taxi auf dem Weg zum Flughafen wenigstens für mich einen Flug nach Kuala Lumpur zu buchen. Aber es war nichts zu machen. Der früheste Flug würde erst am nächsten Tag gegen Mittag gehen. Den buchten wir für uns beide. Geschäftstermin hin, Geschäftstermin her. Lissy hatte unser Leben fast 15 Jahre lange begleitet, und da sollte sie am Ende nicht alleine sterben müssen.

In Bangkok im Hotel angekommen, riefen wir sofort wieder daheim an. Marina hatte Lissy zwischenzeitlich zu einem Tierarzt bringen müssen, da es ihr immer schlechter gegangen war. Vollkommen niedergeschlagen bat ich meinen Mann, den Veterinär persönlich anzurufen. Ich war dazu nicht in der Verfassung. Ich zitterte am ganzen Körper. Ohnehin hätte ich sowieso keinen Ton herausgebracht und sicher nur geweint. Unter Tränen sagte ich zu meinem Mann: »Bitte, sag ihm, er möge alles für Lissy tun. Egal, was es kostet. Ich möchte, dass sie in meinen Armen stirbt. Das habe ich ihr versprochen.«

Dieses Versprechen konnte ich leider nicht einlösen. Lissy verstarb noch am Abend in der Praxis des Tierarztes, einsam und alleine. Das hat mich besonders tief geschmerzt. Mit ihrem Tod kamen viele Dinge in mir hoch, auf die ich mir meinen eigenen, geheimnisvollen Reim machte, die sogar meine Sicht vorausgegangener Ereignisse in gewisser Weise veränderten. In mir wuchs der Gedanke, Lissy könnte den Kater Snoopy nur deshalb akzeptiert haben, da sie zu dieser Zeit schon gespürt hatte, dass sie nicht mehr lange bei uns sein würde. Vor allem erschien es mir nicht wie reiner

Zufall, dass sie ausgerechnet genau an dem Tag, als unsere Schiffsreise endete, gegangen war.
Lissy war an Nierenversagen gestorben. Ich glaube, sie hatte geahnt, dass ich alles versucht hätte, um ihr Leben zu verlängern. Ich wäre garantiert tagtäglich mit ihr zum Tierarzt gefahren, wäre ich bei ihr gewesen.
Sehr egoistisch.
Da Lissy schon bei unserem Umzug nach K.L. sehr betagt gewesen war, hatte ich mir natürlich Gedanken darüber gemacht, wo ich sie einmal beerdigen könnte.
Wir wohnten nur einen Steinwurf vom berühmten Thean Hou Tempel, der auf dem Robson Hill gebaut wurde, entfernt. Eine wunderschöne, alte chinesische Tempelanlage, die ich sehr oft besuchte und wo ich meine Gebete sprach. Dort in der Nähe, direkt im Dschungel, wollte ich Lissy die letzte Ruhe geben.
Als wir am späten Nachmittag am Flughafen in K.L. landeten, steuerte ich direkt auf einen Blumenladen zu, um Orchideen zu kaufen: für Lissy. Ich hatte gelernt, dass man in Asien keine überschwänglichen Gefühle zeigt, weder zu temperamentvolles Lachen noch heftiges oder lautes Weinen. Als ich in dem Blumenladen stand und die weißen und purpurnen Orchideen sah, konnte ich meine tiefe Traurigkeit nicht mehr zurückhalten. Hemmungslos begann ich zu weinen. Kein einziges Wort brachte ich hervor. Nur ein wildes, lautes Schluchzen.
Der Verkäufer sah mich verständnislos an. Ich zeigte auf die purpurnen Orchideen. Anstatt mich zu fragen, wie viele Orchideen ich haben wollte, sprach auch er kein Wort, sondern erfragte die Anzahl durch Fingerzeigen. Meine Antwort deutete ich ebenfalls mit den Fingern an. Fünf, zeigte ich ihm.
Nachdem wir zu Hause angekommen waren, luden wir unseren kleinen Liebling ins Auto und fuhren in die Nähe des Thean Hou-Tempels, an jene Stelle in der Nähe des Dschungels, an der wir geplant hatten, sie zu beerdigen. Noch bevor wir in die Straße zum Tempel einbogen, liefen hunderte von Chinesen auf die Anlage zu. Überall hingen rote Lampions über der Straße, bis hinauf zum Tempel. Es war gerade Chinese New Year. Daran hatten wir überhaupt nicht gedacht. Somit gab es keine Chance, Lissy das gewählte Ruheplätzchen herzurichten.
Was nun?

Wir versuchten es an einem anderen Ort. Der gefiel uns aber nicht. Wir fuhren weiter. Auch nichts. So vergingen fast eineinhalb Stunden. Irgendwann sagte ich schluchzend: »Wir müssen sie bis Sonnenuntergang beerdigt haben.«

Hinter dem Thean Hou Tempel befindet sich ein chinesischer Friedhof. Dort wollten wir es versuchen. Er liegt etwas abseits und ist vom Tempel aus nicht einsehbar. Gott sei Dank. Hätten die Chinesen unsere Aktion beobachtet, wären sie vermutlich mit Mistgabeln auf uns losgegangen.

Die Chinesen beerdigen ihre Verstorbenen mit dem Kopf an einen Berg *gesichert*. Die Grabstellen sind teilweise architektonisch schöne Schreine, an dem die gesamte Familie einmal im Jahr ein Fest feiert. Die Ahnenverehrung ist für Chinesen ein familiärer, ritueller Hauptbestandteil ihrer Volksreligion und damit ein fest integrierter Teil ihres täglichen Lebens. Sie sehen den Tod als eine Art Schlaf an, aus dem der Mensch wieder erwachen wird. Daher rufen sie in einem religiösen Ritual ihre Toten herbei und bieten ihnen Nahrung und Gegenstände aus dem Alltag an.

Auf dem Hausaltar stehen die Namen der Toten, die auf einer hölzernen Ahnentafel niedergeschrieben sind. Die Hinterbliebenen treten mit ihren Verstorbenen durch eine Opferdarbringung, in der Regel sind das Speisen, oder durch ein Orakel in Verbindung. Besonders wichtige Familienangelegenheiten wie Hochzeiten usw. werden vor dem Altar gemeinsam mit den Ahnen entschieden. Allerdings dürfen diese Rituale nur von Männern durchgeführt werden. Daher ist es für Chinesen besonders wichtig, einen männlichen Nachkommen zu haben. Dieser Ahnenkult geht bis in die Shang-Dynastie zurück. Das Fest der Toten ist ähnlich unserem Fronleichnamsfest. An diesem Tag bringen die Lebenden ihren Verstorbenen Süßes, Obst und Essen mit zu den Grabstellen, um ihnen Gesellschaft zu leisten. Rote Lämpchen brennen überall und die Gräber werden zusätzlich mit allerlei scheinbaren Werten wie Geldscheinen, Mobiliar, Autos und Häusern aus rot-goldenem Papier geschmückt. Dies symbolisiert, dass die Hinterbliebenen ihre Verstorbenen reich beschenken, damit es ihnen im Jenseits gut geht.

Überall brennen riesige Räucherstäbchen und legen einen rauchigen Schleier über den gesamten Friedhof. Manche dieser rauchenden Stäbe sind so dick wie ein 200jähriger Baumstamm. Daraus qualmt es besonders heftig. Auf jedem Grabstein befindet sich ein Foto des Verstorbenen. Sie ätzen das Konterfei des Toten in Emaille, damit es jeder Witterung standhält.

Mitten durch das riesige Friedhofsareal führt ein langgezogener Weg, der schlangenlinienförmig angelegt ist. Rechts und links davon befinden sich unzählige Gräber. Direkt am Anfang des Weges sahen wir in der aufkommenden Dunkelheit einen schönen großen Baum, der von einer kleinen Wiese eingerahmt war. Das schien eine gute Stelle zu sein.
Als wir diese Stelle genauer betrachteten, sahen wir hunderte Glühwürmchen umherfliegen. Ansonsten war kein Mensch weit und breit zu sehen. Wirklich der perfekte Ruheplatz für unsere Lissy. Dort beerdigten wir sie und ich nahm Abschied.
Egal, wohin es mich in meinem Leben noch ziehen würde, ich wusste, ich würde sie nie mehr bei mir haben können. Ich war mir aber sicher, die Glühwürmchen hätten ihr gefallen.
Am nächsten Tag besuchten wir die kleine Grabstelle noch einmal. Es war wie Zauberei. Dort, wo es am Abend vor lauter Glühwürmchen nur so gewimmelt hatte, flatterten elegant unzählige, wunderschöne Schmetterlinge umher.
Snoopy, der von nun an unsere volle Aufmerksamkeit bekam, vermisste *sein* Lottchen ebenfalls sehr. Dies zeigte er uns auf eine ganz seltsame Weise. Er begann jeden, der zu Besuch kam, in die Füße zu beißen. Seine Fußbeißerei wurde so schlimm, dass ich eines Tages mit einer Kollegin fluchtartig die Wohnung verlassen musste.
Wir hatten gemütlich auf dem Balkon gesessen, Kaffee getrunken und geplaudert. Schon seit geraumer Zeit war Snoopy immer wieder angekommen und hatte meine Kollegin in die Füße gebissen. Dabei miaute er jedes Mal und machte Geräusche, die ich nur aus einer chinesischen Oper kannte.
Kein Wunder. Bei Snoopy handelt es sich schließlich um eine asiatische Katze.
Das ständige Autsch meiner Kollegin während unserer Plauderei ging mir irgendwann auf die Nerven. Immer wieder scheuchte ich Snoopy in die Wohnung zurück. Meine Kollegin sagte jedes Mal, natürlich aus Höflichkeit: »Ach, lass ihn doch. Ist nicht so schlimm.«

Aber dann wurde es schlimm. In einem unbeobachteten Augenblick schoss Snoopy auf den Balkon, sprang wie ein wild gewordener Tiger meine Kollegin an und verbiss sich in ihren molligen Oberarm. Von dem Zeitpunkt an musste Snoopy wöchentliche Sitzungen auf der Couch eines Tierpsychiaters über sich ergehen lassen.

Eine bezaubernde Seltenheit

In Südostasien hat es mit den Glühwürmchen eine Besonderheit auf sich. Weltweit gibt es nur noch fünf Glühwürmchen-Kolonien. Eine davon glitzert und glimmert in Malaysia. Dort werden sie allerdings *fire-flies* genannt.
Was für ein langweiliges Wort, für ein so strahlendes Geschöpf.
Ich hatte von dieser nächtlichen Glitzerpracht gehört und wollte sie unbedingt mit meinen eigenen Augen sehen.
Obwohl das Geheimnis der Synchronität ihres Leuchtens noch immer nicht gelüftet ist und Wissenschaftler schon lange vor einem Rätsel stehen, ist die Faszination beim Anblick dieses Naturschauspiels kaum zu beschreiben. Da vergisst man das Wieso, Weshalb und Warum.
Der seltene Genuss ist übrigens nur in der Paarungszeit zu sehen und das auch nur mit einem erfahrenen Reiseleiter. Einen solch erfahrenen Tourguide lernte ich dank eines Interviews kennen: Tilman Schröder. Gemeinsam mit seiner Partnerin Betty Toh machten wir uns an einem sonnigen Nachmittag auf, um meine Neugier zu stillen und die geheimnisvollen Minilämpchen, die übrigens während der Monsunzeit nicht zu sehen sind, aus der Nähe zu betrachten. Mein Mann war ebenfalls mit von der Partie. Dieses Ereignis wollte auch er sich unter gar keinen Umständen entgehen lassen.
Knapp eineinhalb Stunden dauerte die Fahrt in Schröders klimatisiertem Kleinbus von Kuala Lumpur aus. Schröder ist Profi. Der pensionierte Deutsche lebt und arbeitet seit 1990 in Südostasien und kennt Malaysia wie seine Westentasche.
Irgendwo zwischen K.L. und den Glühwürmchen stoppte er seinen Minibus. »Bananen kaufen«, rief er uns schnell zu, während er schon an einem der vielen Straßenstände, die über das ganze Land verstreut sind, untergetaucht war und uns verdutzt zurückgelassen hatte.
Bananen? Die Glühwürmchen essen doch keine Bananen?!
Sie leben von und auf den Blättern der Berembang-Mangrove. Nur dort sind sie zu finden, die winzigen Käfer, die jeden mit ihrem Leuchten in große Verzückung versetzen.

Um wenigstens dieses Geheimnis zu lüften: Die Bananen waren für die seltenen Silverleaf-Äffchen bestimmt, die es nur in Malaysia gibt. Sie leben in den Rain-Trees, den Regenbäumen, die abends ihre Blätter zusammenfalten und erst morgens wieder aufklappen. Damit wollte uns Schröder überraschen.

Etwa 50 oder 60 Äffchen kamen in rasanter Geschwindigkeit angelaufen, als wir auf Tilmans Anweisung mit den Bananen winkten. Zwei Minuten später hingen sie überall an unserem Körper, am Rücken, an den Armen und Beinen. Dabei benutzten sie das T-Shirt meines Mannes als Leiter.

Besonders fasziniert waren die kleinen, plüschigen Tierchen von seiner Armbanduhr. Immer wieder zerrten sie daran herum und waren kaum zu bändigen. Bis zu sechs Äffchen gleichzeitig hingen an ihm. Es war ein putziger Anblick.

An diesem Tag hatte mein Herzblatt übrigens eine weiße, lange Hose an. Schröders Überraschung war voll gelungen.

Während man in Malaysia mit der Annäherung an Makaken eher vorsichtig sein sollte, ist diese Affenart eine ungewöhnliche Ausnahme. Besonders zutraulich sind die goldgelben Babys, deren Fell sich erst nach einigen Monaten in die Farbe Silbergrau verwandelt, welche der Rasse ihren Namen gab.

Nachdem die Affenfütterung vorbei war, führte uns Tilman Schröder in ein exotisches Fischrestaurant, direkt am Flussufer des Sungai Selangor gelegen. Dort fütterten wir uns selbst, mit Bekanntem und Unbekanntem aus den Tiefen des Meeres. Wir aßen selbstverständlich alles mit Stäbchen.

Neben Seafood-Dinner, wie Black Pepper Crabs und Bambusmuscheln, standen auch chinesische Wasserkastanien auf der Speisekarte.

Diese Dinger sind einfach ein Genuss. Entweder man mag sie oder man verachtet sie. Ich liebe sie.

Kaum hatte sich die Sonne hinter dem Horizont verkrochen und die Dunkelheit war gemächlich über das Land gezogen, begann das große Abenteuer. Sozusagen unser atemberaubendes Dessert.

Knapp dreißig Minuten Fahrt durch unwegsames Gelände trennten uns von der bezaubernden Schönheit der Glühwürmchen-Kolonie. Dann hieß es: Schwimmwesten anlegen! Voller Erwartungen kletterten wir in ein klappriges, altes und knirschendes Holzboot. Es war stockdunkel.

Mir wurde ziemlich mulmig zumute.
Ein malaysischer Boy stieß mit seinem Paddel die gefährlich schaukelnde Mini-Dschunke vom Ufer ab. Grillenzirpen durchtränkte die sternenklare Nacht und vermischte sich mit dem leisen Plätschergeräusch der Paddelbewegungen.
Wenn wir jetzt umkippen, bekomme ich eine Krise. Ich mag mir gar nicht vorstellen, was sich da unten in dem tiefen Schwarz des Flusses alles befindet.
Noch bevor ich mir mal wieder irgendein absurdes Horrorszenario ausmalen konnte, sah ich sie ... atemberaubend schön. Überall glitzerte und glimmerte es. Ein göttlicher Anblick. Man könnte tatsächlich auf den Gedanken kommen *Hollywood lässt grüßen; wo sind der Stecker und das Stromkabel?* Aber nein! Sie sind echt, real und lebendig, die tausend und abertausend kleinen Brillanten, die auf den Büschen am Ufer sitzen oder vornehm herumfliegen. Ein unvergessliches und fesselndes Erlebnis.

Es ist, wie gesagt, bis heute unerforscht, warum die Männchen im tausendfachen Gleichtakt flackern, nämlich drei Mal pro Sekunde, während die Weibchen nicht ganz so hell erstrahlen, und das auch nur einmal alle drei Sekunden, und nicht einmal synchron.
Irgendwie untypisch für das weibliche Geschlecht, nicht wahr? Ist es bei uns Frauen nicht eher umgekehrt?! Leuchten und erstrahlen um jeden Preis?

Lucky House

Mittlerweile hatte sich unser Apartment mit allerlei chinesischen, indischen und thailändischen Möbeln und Accessoires gefüllt. Ehrlich gesagt, überfüllt. Glasklar stellten wir fest: Die Wohnung ist zu klein. Ein Umzug in ein größeres Apartment war fällig. Wir zogen von der 8. Etage in die 10. Etage und hatten ein Zimmer mehr. Außerdem war die Küche viel größer und der Balkon bot einen wunderbaren Ausblick auf den Dschungel. Und wir bekamen eine neue Maid, Maylin. Eine überaus liebenswerte und fleißige Philippinin, die dem Aussehen nach aber eher eine Chinesin hätte sein können. Amalie sah Mutterfreuden entgegen und war überglücklich in die Heimat zurückgekehrt. Maylin war das ganze Gegenteil von Amalie. Sie bewegte sich wie eine Fee, war zart, leise und sprach nicht viel. Wir liebten sie sehr. Maylin hatte auch keine Angst vor Gewittern.
Unsere Tochter war zwischenzeitlich wieder zurück nach Deutschland gezogen. Der Liebe wegen. Schneller als erwartet hatte sie einen neuen Job gefunden. Sie bekam die Stelle einer Produktionsassistentin bei Studio Berlin.
Ob es mit Deutschland wieder bergauf ging?
In den Medien war davon jedenfalls nichts zu lesen. Marina hatte offensichtlich großes Glück gehabt und ich war unendlich froh darüber.
Ein paar Möbelkäufe später zogen wir von der 10. Etage in die 12. Etage, mit einem noch größeren Balkon und einem noch schöneren Blick auf den Dschungel. Unser Kondominium hatte sich indessen mit weiteren internationalen Mietern gefüllt und jede dritte Frau in unserem Haus wurde plötzlich schwanger.
Lag es vielleicht an der Lage des Hauses oder gar an dem Haus selbst?
Die Eigentümer, es waren Geschäftsleute aus Singapur, meinten dies jedenfalls. In der Tat, es war schon etwas eigenartig. Da war zum Beispiel ein deutsches Ehepaar, das sich seit acht Jahren ein Baby wünschte. Sie hatten zuvor drei Jahre in Hongkong gelebt. Kaum war das Paar nach Kuala Lumpur in unser Kondominium gezogen, wurde die Frau schwanger. Sie wohnten in der 6. Etage.
Meine Bekannte Tanja, eine Australierin, die mit Mann und Sohn in der 8. Etage wohnte und eigentlich nicht so schnell wieder schwanger werden wollte, war ebenfalls guter Hoffnung.

Die Britin Karen aus der 26. Etage, die einen wirklich sehr aufgeweckten kleinen Sohn hatte, sah auch Mutterfreuden entgegen, sogar doppelten. Karen, aus Belgien stammend, war mit einem Engländer verheiratet und befand sich im vierten Monat ihrer Schwangerschaft. Sie wohnten in der 17. Etage. Meine direkte Wohnungsnachbarin Tracy, eine Hongkong-Chinesin, erwartete ein Mädchen. Aber das waren längst nicht alle: Daisy, 10. Etage – schwanger. In der 19. und 14. Etage, je eine Frau schwanger. In der 22. Etage waren zwei Mieterinnen schwanger und in der 7. Etage sogar alle sechs!!!

Das wunderte die Chinesen überhaupt nicht. Denn mit Beginn des Jahres, also in der Zeit, in der in unserem Haus fast alle Mutterglück entgegensahen, war die Zahl Sieben an die Stelle DER Glückszahl gerückt, und dass sollte für die nächsten zwölf Jahre so bleiben. Nun wusste ich auch, weshalb Amalie schwanger geworden war – möglicherweise.

Was für ein Glück, dass Marina wieder in Deutschland lebte.

Die Babys wurden am laufenden Band geboren. Mittlerweile ging es wie ein Lauffeuer herum: »Wer schwanger werden will, muss ins Kondominium Sri Tiara ziehen. Wer nicht schwanger werden will, sollte ausziehen oder einen großen Bogen um das Gebäude machen.«

Alle paar Wochen kaufte ich Babygeschenke und im Turnus von drei Wochen fanden in unserem Haus die sogenannten »Baby Shower-Partys« statt. Ich hatte alle Hände voll zu tun und befand mich neben meinem Fulltimejob im Dauereinsatz zwischen Shopping und Partygetümmel.

Diese Partys sind bei den Frauen sehr beliebt. Sobald eine Schwangerschaft bekannt ist, werden Freundinnen und Nachbarinnen eingeladen, um das Ereignis zu feiern. Natürlich bringt jeder ein Geschenk für das zu erwartende Baby mit. Ich hatte nicht wirklich ein gutes Gefühl dabei, da wir in Deutschland doch eher dazu neigen, nichts im Voraus zu schenken. Aber wenn man im Ausland lebt, passt man sich an.

Alle Babys wurden übrigens gesund geboren.

Am Wochenende saßen die frischgebackenen Mütter mit ihren Babys am Pool und gaben denen, die ihre Entbindung noch vor sich hatten, gute Ratschläge. Und immer wieder gab es weitere, erfreuliche Meldungen über neue Schwangerschaften in unserem Haus. Der Strom riss nicht ab. Das Sri Tiara bekam den Namen »Lucky House«.

Auch wir bekamen ungeplanten Familienzuwachs. Der Katzenpsychiater hatte Snoopy eine Ersatz-Lissy verordnet. Also machten wir uns auf, in einem malaysischen Tierheim nach der passenden Beruhigungsmedizin für unseren chinesische Arien singenden Oberarmbeißkater zu suchen. Mein Mann war von dieser Idee überhaupt nicht begeistert. Nur mit überaus sensibler, herzzerreißender und mannigfaltiger Überredungskunst war es mir gelungen, ihn eines Tages davon zu überzeugen, dass es für den armen Snoopy besser sei. Außerdem würde doch eine Katze mehr oder weniger keine Umstände machen.

Als wir das Tierheim betraten, wurde mir sofort klar, dass ich mir meine stundenlangen Überredungskünste mit Tränen und dergleichen hätte ersparen können. Kaum hatten wir das ärmliche Tierheim betreten, war das Herz meines Mannes weich wie Pudding geworden. Wir fanden Penelope, die wir der Einfachheit halber kurz und schmerzlos Penny nannten. Sie war weiß, wie Lissy. Deshalb waren wir auch davon überzeugt, sie wäre die Richtige.
Wie beschränkt man manchmal ist. Ein Hund ist ein Hund und eine Katze ist eine Katze. Snoopy würde doch nicht auf die Farbe anspringen.
Fünf Tage lang erlebten wir ein veilchenblaues Wunder. Snoopy war ganz und gar nicht begeistert und lehnte unsere therapeutische Maßnahme strikt ab. Erst nachdem ich ein Vieraugengespräch mit ihm geführt hatte, begann in der Katzenwelt allmählich die große Liebesstory zwischen Snoopy und Penny zu gedeihen.

Der Kräuterkönig

In Asien wissen die Menschen über die Heilkraft von Kräutern, Blättern und Wurzeln besonders gut Bescheid. In einer Redaktionssitzung, die wir jeden Donnerstag abhielten, hörte ich von Mister HP Tan, der auch als *The King of all herbs* bekannt war und von Heilkräften eine ganze Menge wusste.

Ich wollte mehr über diesen Kräuterkönig wissen und fuhr nach Sungai Buloh, das im Norden von K.L. liegt. Vorbei ging es an vielen Baumschulen und Gärtnereien, die rechts und links an einer langen Straße liegen und endlich sah ich auf der linken Seite ein Schild, auf dem in großen Lettern HP TAN HERBS stand. Das musste es sein. Direkt vor dem Eingang parkte ich meinen Wagen. Ein abschüssiger, flüchtig betonierter Weg führte mich zu ihm. Dort saß Mister Tan an einem alten, großen Holztisch, der mit einer schäbigen Wachstischdecke verhüllt war.

Ich hatte einen Termin mit ihm ausgemacht und so begrüßte er mich gleich mit »Hello, Kathalina«, wie alle Chinesen, die kein R aussprechen können. Mister Tan, damals 65 Jahre alt, war in ärmlichen Verhältnissen aufgewachsen. Im zarten Alter von zwölf Jahren war er am Ohr erkrankt. Die Angelegenheit wuchs zu einer Ohrinfektion aus. Da Geld knapp war, beließ man es, wie es war, bis er eines Tages auf einen Malaysier traf. Der gab seiner Mutter den Rat, im Urwald nach einer Pflanze zu suchen, deren Blätter die Form eines Ohres hat. Gesagt, getan. Aus den ausgepressten Blättern dieser Pflanze träufelte man dem kleinen Tan einige Tropfen in das kranke Ohr. Die Beschwerden verschwanden – für immer.

40 Jahre später begegnete Tan, während eines sechsmonatigen Lehrgangs in Herbal Medicine an der Universität Putra Malaysia, dieser Pflanze wieder, allerdings unter dem alten Namen *low fu ee*. Tan bildete sich weiter, forschte in alten Büchern und Schriften und begann selber Pflanzen zu sammeln. Er ging in die Kampongs, wie die alten Dörfer genannt werden, befragte chinesische Ärzte und alte und weise Orang Asli (Malaysische Urbevölkerung: Orang »Mensch« und Asli »zuerst« oder »ursprünglich«), um mehr über die Heilkräfte von Pflanzen zu erfahren. Sein Wissensdurst kannte keine Grenzen. Er reiste mit dem wenigen Geld, das er besaß, sogar nach Thailand, um auch dort in die Geheimnisse der Pflanzenwelt einzu-

dringen. Tan besuchte Vorlesungen und beteiligte sich an Studien, die er später sogar selbst durchführte. Produktanalysen wurden zu seinem wichtigsten Freund. Es galt, sich ein 5.000 Jahre altes Wissen anzueignen. Denn die Form der Blätter einer Pflanze entspricht häufig dem Körperteil, das behandelt werden muss.

In drei Jahrzehnten erlernte Tan alles, was er wissen musste. Stolz zeigte er mir sein Blattsortiment und es war wirklich erstaunlich, was darunter alles zu finden war. Ein Blatt hatte die Form einer Niere. Ein anderes sah aus wie ein Herz. Wieder ein anderes ähnelte einem Fuß, den Händen, Fingern, der Leber, den Augen und ein Blatt war dabei, das sogar die Form eines Embryos hatte.

Gegen mehr als 26 Krankheiten bietet Tan Tees zur Heilung an: Bluthochdruck, Cholesterol, Harnsäure, Rheuma, Arthritis, Gicht, Schnupfen, Husten und Heiserkeit, um nur einige zu nennen. »Es gibt Ärzte«, erzählte der König der Blätter, »die schicken ihre Patienten zu mir, wenn sie nicht mehr weiter wissen.«

Tan produziert auch Tees zum Abnehmen, gegen Brust- und Gebärmutterkrebs, zur Entgiftung des Körpers, gegen Lungen- und Darmkrankheiten und sogar gegen Kinderlosigkeit.

Die *Rodent Tuber* Pflanze sei übrigens die Krönung unter der Vielzahl seiner Heilpflanzen. Sie soll für ihre heilenden Inhaltsstoffe zur Behandlung von Krebs bekannt sein. Aus dieser Pflanze stellt Tan einen Tee her, den er Anti-Cancer Herbal Tea nennt. Übersetzt heißt das soviel wie: Gesundheitstee gegen Krebs. Häufig wird dieser Tee aber auch zum Entgiften des Körpers getrunken.

Patienten aus der dritten Generation kommen schon zu ihm, um sich heilende Tees zu kaufen. Ein sogenannter Jungbrunnen sei der Tee aus den Blättern der *Stivia rebandianum Bertoni*. Er reguliert den Zucker im Blut. Da dieser Tee 300mal süßer als normaler Zucker ist, aber keine Kalorien hat, unterstützt er das Abnehmen. »Wenn Zucker im Körper nicht verbrannt wird, durch unzureichende Bewegung beispielsweise, wird er in Fett umgewandelt. Und das macht fett«, erklärt Tan lachend. Die Blätter dieses Jungbrunnentees werden übrigens auch zur Herstellung vieler Diätprodukte verwendet, so auch für die berühmte Diet-Coke.

Anfangs hat Tan die Blätter noch selbst im Urwald gesammelt. Später fand er kaum die Zeit dazu. Flinke Hände der Orang Asli helfen ihm nun schon seit vielen Jahren.

Meine besondere Aufmerksamkeit erhielt jedoch ein indischer Tee: *Bacopa Moneri*. Er sei gut für die Konstitution und besonders gut für das Gedächtnis. Damit habe ich mich natürlich ausreichend eingedeckt. Tees für *dies* und Tees gegen *das* füllten auf dem Heimweg den kompletten Rücksitz meines Autos.

Man kann ja nie wissen.

Das Huhn und das Ei

Etwa eine Stunde von Kuala Lumpur entfernt, in Richtung Genting Highlands, liegt noch ein Urdorf der Orang Asli, den Ureinwohnern von Malaysia. In diesem Dorf versucht eine Schweizerin, die seit 1960 in Malaysia lebt, Hilfe zur Selbsthilfe zu leisten. Um die Schweizerin mit dem ungewöhnlichen Namen Maria Wan Don zu besuchen, die in diesem Dorf einen Kindergarten betreibt und sich um das Schicksal junger und alter Orang Asli-Frauen kümmert, musste ich eine offizielle Genehmigung haben. Denn die Regierung wacht darüber, dass sich kein Unbefugter diesen Eingeborenenreservaten nähert.
Bis zu diesem Zeitpunkt wusste ich nicht viel über das Leben der Orang Asli. Nur soviel, dass Orang Asli übersetzt *eingeborener Mensch* bedeutet. Dass er häufig negroide Gesichtszüge besitzt, dunkles gekraustes Haar und eine dunkle Haut hat; man ihm nicht in den Städten Malaysias begegnet und auch kaum auf dem Land, und dass seine Heimat der Regenwald ist. Dort leben die Orang Asli in eigens für sie geschaffenen Reservaten.
Nachdem ich den Highway Richtung Genting Highlands verlassen hatte, führte mich mein Weg immer höher hinauf in die Berge, in das Dorf Kampung Ulu Chemperuh.
Dort oben, etwa 2.000 Meter über dem Meeresspiegel, ist es etwas kühler als unten in der Stadt. Das spürte ich sofort, als ich aus dem Auto stieg. Eine angenehm kühle Brise plusterte meine Bluse auf. Mein erster Blick fiel auf die kleinen Bambushütten, die in einem weitläufigen Verband errichtet worden waren. Ein Weg, der mit Blumen umsäumt war, führte geradewegs auf den Kindergarten zu. Durch die offen stehende Tür bemusterte mich eine Gruppe kleiner Jungen und Mädchen. Ich winkte ihnen zu und sie winkten kichernd zurück. Manche rannten verlegen in die Hütte zurück. Selten verirren sich Weiße in das Dorf. Für die Kleinsten war es wohl das erste Mal, dass sie einen Menschen aus der großen Stadt sahen.
Maria kam auf mich zugelaufen und begrüßte mich herzlich. Direkt hinter ihr tauchte eine junge Orang Asli auf. Samia, eine junge Orang Asli, die im Dorf als Kindergärtnerin arbeitet, hatte sich schick gemacht – extra für mich, für die Besucherin aus der großen Stadt da draußen. Sie trug ein auffälliges, pinkfarbenes Kleid mit großen weißen Blumen, das ihr bis zu den

Knöcheln reichte. Das dunkle, lange Haar hatte sie mit einem weißen Band zu einem Zopf im Nacken zusammengebunden.

Maria hatte ihr eine Ausbildung ermöglicht, bei der das junge Mädchen monatlich 500 Ringgit (100 Euro/Stand 2007) verdient. Damit ist Samia der einzige Mensch in dem ganzen Dorf, der ein regelmäßiges Einkommen besitzt: eine Perspektive, die über das Hier und Jetzt hinausgeht. Vielleicht strahlte sie auch deshalb eine gewisse Würde und Ruhe aus, die junge Orang Asli Samia, in dem pinkfarbenen Kleid mit den großen weißen Blumen darauf.

Maria und Samia zeigten mir das ganze Dorf. Zuerst brachten sie mich zu einer jungen Mutter. Der Weg dorthin führte über einen Trampelpfad, entlang über einen kleinen Bach. »Das ist die Quelle für alles Wasser, das die Menschen benötigen, die hier leben«, sagte Maria. Es klang fast philosophisch. »Also zum Waschen, zum Baden und zum Kochen. Aus ihm trinken die Großen und die Kleinen und alle Tiere hier im Dorf, die ihren Durst löschen wollen. Er dient auch als Klo.«

Die junge Mutter saß in ihrer Hütte und hielt ein Baby in ihrem Arm, ein kleines Mädchen. Sie schaukelte es hin und her. Es hatte nur noch einen Arm. Den anderen Arm hatte es durch einen Unfall verloren. Der Vater hatte versehentlich den Kerosinkocher umgeworfen, auf dem die junge Mutter gerade Reis für ihre Kinder kochen wollte. Das Gesicht und ein Arm des kleinen Mädchens hatten schwere Verbrennungen davongetragen. »Er hätte vielleicht gerettet werden können, der Arm«, sagte Maria zu mir. »Aber immer, wenn ich mit dem Baby ins Krankenhaus fahren wollte, versteckte sie es.«

Die junge Mutter hatte noch kein großes Vertrauen in die Medizin der Weißen, in die Ärzte aus der großen Stadt da draußen. Später musste sie aber doch dorthin, in das Krankenhaus der Weißen, zu den Ärzten, in die große Stadt. Der Arm wurde amputiert. Das Kind konnte gerettet werden.

Während Maria mir die Einzelheiten erzählte, saß die junge Mutter mit ihrem kleinen Mädchen auf dem Arm in ihrer Hütte und wiegte es hin und her.

Etwas später gingen wir weiter bis ans Ende des Dorfes, um eine uralte Frau zu besuchen, von der Maria unterwegs erzählt hatte. Sie war älter als das Oberhaupt des Stammes, und der war immerhin 89 Jahre alt. »Wie alt genau?«, fragte ich die alte Orang Asli interessiert. Das konnte sie mir nicht sagen. Ein zahnloses Lächeln huschte über ihr altes, von der Sonne gegerbtes Gesicht. Niemand wusste es. Auch nicht Maria.

Die Orang Asli sind nur eine von Malaysias zahlreichen ethnischen Minoritäten. Sie sind die eigentlichen Urbewohner des Landes. Seit tausenden von Jahren leben sie im malaysischen Dschungel und wurden von den aus Indonesien und Sumatra einwandernden Malaien verdrängt. Bis dahin hatten sie in den auf Pfählen errichteten Longhouses, in dem bis zu fünfzig Familien leben können, gewohnt.

Mit fortschreitender, wirtschaftlicher Entwicklung schrumpfte der tropische Regenwald und die Orang Asli wurden in die von der Regierung bereitgestellten Reservate umgesiedelt. Um sich von den später zugewanderten Chinesen abzugrenzen, nannten sich die neuen malaysischen Machthaber selbstherrlich Bumiputras, was soviel wie *die Söhne der Erde* bedeutet.

Die Einwohner des Dorfes bestreiten ihren Lebensunterhalt mit Wurzeln, wildem Ingwer, Kräutern, Blättern und allerlei anderen Sachen aus dem Dschungel. »All das essen sie aber nicht«, sagte Maria. »Sie verkaufen es an einen Chinesen, der hin und wieder kommt und ihnen etwas Geld dafür gibt. Und der macht daraus Medizin, und die verkauft er dann an die Menschen in der großen Stadt da draußen«.

Die alte Orang Asli hockte vor ihrer winzigen Hütte und sah mich mit dunklen, müden Augen an. Aber sie hockte aufrecht und gerade und ich konnte ihn noch spüren, den Stolz eines alten Nomadenvolkes.

Während wir weiter durch das Dorf gingen, fragte ich Samia: »Warum schlachtet ihr denn nicht eins eurer zahllosen Hühner und esst es?«

»Das«, antwortete die junge Orang Asli, »fragen wir DIE, die in einen Supermarkt gehen und die Hühner kaufen. Ohne Federn und Innereien. Bratfertig. Nein ...«, betonte Samia noch einmal und schüttelte dabei heftig den Kopf hin und her. »Nein, nein. Das könnten wir niemals tun, die Hühner essen. Sie leben doch bei uns. Sie schlafen mit uns. Sie gehören zu uns.«

»Und die Eier?«, fragte ich nach. Die junge Orang Asli warf mir einen verständnislosen Blick zu: »Daraus werden doch auch Hühner. Das geht nicht. Die Hühner, die gehören zu uns.« Maria Wan Don blickte mir durchdringend in die Augen. Ein Blick, der Bände sprach. Ich verstand.

Room Service

In unserer fremden Heimat ist es um die englische Sprache nicht sonderlich bestellt. Was allerdings in der Tatsache begründet liegt, dass dort viele verschiedene Nationalitäten leben, deren Muttersprache nicht Englisch ist. Infolgedessen klingt das indische Englisch völlig anders als das thailändische Englisch oder das deutsche Englisch und das indonesische Englisch, um nur einige Beispiele zu nennen.

Jede Nationalität hat also ihre eigene, sprachliche Charakteristik. Zudem sprechen viele nur mäßig Englisch, aber trotzdem klappt es mit der Verständigung wirklich bestens, hervorragend, prima. Außerdem war ich dazu übergegangen, immer, wenn es um ganz besonders wichtige Dinge ging, alles auf ein Blatt Papier zu zeichnen. Das freute besonders den Elektriker, den Installateur, den Hausmeister und auch die Leute vom Aircon-Service, ohne dass sie ahnten, dass ich mich darüber noch viel mehr freute, da ich mir so sicher sein konnte, alles würde zu meiner vollen Zufriedenheit erledigt werden.

In Malaysia stand mal wieder einer von vielen, vielen Feiertagen ins Haus. Aufgrund der ethnischen Vielfalt waren wir damit ja wirklich reichlich gesegnet. Neujahr beispielsweise wird in Malaysia mehr als nur einmal gefeiert. Mit Rücksicht auf die Christen beginnt das neue Jahr am 1. Januar. Die malaysisch-islamische Mehrheit zelebriert ihr Neujahr jeweils am Ende der Fastenzeit Ramadan, während die Chinesen ihre farbenfrohen und geräuschvollen Feierlichkeiten im Februar abhalten.

Für die Inder beginnt das neue Jahr im Oktober mit dem Deepavali-Fest und bei den Regenwald-Minoritäten, den Dajak in Sarawak, stellt sich der Jahreswechsel nach der Ernte im Mai oder Juni ein. Dazwischen gibt es noch etliche weitere Feiertage, die man wunderbar für einen Kurzurlaub nutzen kann. Wir feierten sozusagen, was das Zeug hielt.

Rund 22 Feiertage gibt es in Malaysia, wie z.B. die indischen, die chinesischen, die malaysischen, die hinduistischen und die christlichen. Dazu noch unsere europäischen, die wir natürlich auch *feste* feierten: Da hätten wir Ostern, Pfingsten, den 1. Mai, der übrigens auch in Malaysia gefeiert wird und dort Workers Day heißt, den Tag der Deutschen Einheit, den Buß- und Bettag, Allerheiligen, Maria Himmelfahrt, Vatertag, Muttertag und noch die einzelnen Nationalfeiertage der Schweizer und Österreicher. Macht summa summarum rund 33 Tage, an denen wir feierten, wenn ich richtig gezählt habe.

Zieht man die Samstage und Sonntage ab, die insgesamt mit stolzen 106 Tagen zu Buche stehen, sowie den einem auch im Ausland zustehenden Urlaub von 30 Tagen, hätte man meinen können, wir würden nur sechs Monate im Jahr arbeiten. Also beschlossen mein Mann und ich, für ein paar Tage zu verreisen. Wir hatten in einem kleinen, schnuckeligen Hotel direkt am Strand gebucht. Dort ließen wir uns für ein paar Tage verwöhnen und faulenzten mal nach allen Regeln der Kunst. Dazu gehörte natürlich auch ein Frühstück im Bett. Mein Herzblatt nahm den Hörer ab und rief den Room Service an.

Die folgenden Dialoge bitte laut lesen und genau so aussprechen, wie sie geschrieben stehen! Am besten nehmen Sie dazu eine kleine Kartoffel in den Mund oder drei Marshmallow.

Room Service: »Morni. Ruin sorbees.«
Gast: »Sorry, I thought I dialed room service.«
RS: »Rai. Ruin sorbees. Morni! Djuwish to odor sunteen? « (Do you wish to order something?)
Gast: »Ups. Äh. Yes. I'd like some bacon and eggs.«
RS: »Ow ju lei den?« (How you like them?)
Gast: »What?«
RS: »Ow ju lei den? ... Prei, boi, pooch?«
Gast: »Oh, the eggs! How do I like them. Sorry, scrambled please.«
RS: »Ow ju lei dee beihem ... creese?«
Gast: »Crisp will be fine.«
RS: »Hokai. An san tos?«
Gast: »I don't think so.«
RS: »No? Ju do one toes?«
Gast: »I feel really bad about this, but I don't know what ju do one toes means.«
RS: »Toes! Toes! ... Why djuw don juan toes? Ow bow singlish mopping we boher?« (How about English muffin with butter)

Gast: »English muffin!! I've got it! Ha. You were saying Toast. Fine. Yes, an English muffin will be great.«
RS: »We boher?«
Gast: »No. Just put the butter on the side.«
RS: »Wad?«
Gast: »I mean butter … just put it on the side.«
RS: »Copy? «
Gast: »Sorry? «
RS: »Copy … tea … mill? «
Gast: »Yes. Coffee please with milk and that's all.«
RS: »One minnie. Ass ruin torino fee, strangle ech, creese beihem, tossy, singlish mopping we boher honi sei, an copy. Rai?!« (Right?)
Gast: »Whatever you say.«
RS: »Tendjuberrimad.« (Thank you very much)
Gast: »You're most welcome.«

Das Haar in der Suppe

Wenn man im Ausland lebt, gewöhnt man sich im Laufe der Zeit zwangsläufig an Dinge, die einen daheim postum auf die sprichwörtliche Palme bringen würden. Diese gewöhnungsbedürftigen Bagatellen wachsen dem geneigten Auswanderer jedoch irgendwann so sehr ans Herz, das er sich gar nicht mehr vorstellen kann, ohne sie zu leben.
Seit geraumer Zeit schwirrte in der deutschsprachigen Community eine handgeschriebene Liste umher, in der all die Dinge aufgeführt waren, an denen man erkennen könne, wann dieser Bagatellisierungsprozess abgeschlossen wäre. Verfasser: unbekannt. Die Überschrift lautete: »Malaysia lieben lernen – wann bin ich wirklich angekommen?!«

Wenn man
... ohne zu murren mindestens ein Viertel der Toilettenpapierrolle abwickelt, bevor sie endlich auf den Halter passt;

... sich nicht mehr darüber wundert, dass ein Lichtschalter nicht unbedingt DIE Lampe einschaltet, die man erwartet hat;

... nicht mehr daran verzweifelt, dass der Hausmeister, den man gerade angerufen hat (um ihm einen Störfall zu melden), einem die Nummer des Bauunternehmers gibt, dieser die Nummer des Architekten, dieser die Nummer des Beraters und dieser die Nummer des Vermieters, der einem dann wieder die Nummer des Hausmeisters gibt;

... nicht mehr in Panik verfällt, sobald einem auf dem Highway zig Autos, Mopeds und Fußgänger entgegenkommen, die signalisieren, dass es weiter vorne eine Vollsperrung gibt;

... es für absolut normal erachtet, dass Fahrzeuge mitten auf der Ausfahrtgabelung parken, die Insassen aussteigen und nach dem Weg fragen;

... mindestens sechs bis acht Personen nach einem Weg oder einer Straße befragt und vorher schon weiß, dass es sowieso nicht stimmt, da in Asien niemand sein Gesicht verlieren möchte;

... etwas wiederholt, wiederholt, wiederholt und wiederholt, ohne sich dabei blöd vorzukommen;

... ohne zu klagen die Reparatur einer Sache selbst in die Hand nimmt, obwohl eine Fachfirma schon dreimal da gewesen war und die Reparatur genauso oft vorgenommen hat;

... immer und ständig damit rechnet, dass der Fahrer des Autos, das rechts neben einem fährt, ohne zu blinken blitzartig auf die linke Seite zieht;

... es überhaupt nicht mehr zur Kenntnis nimmt, dass die Fahrer eines Autos dem Innenraum desselbigen mehr Aufmerksamkeit schenken als dem Straßenverkehr, da sie ununterbrochen telefonieren, zahllose SMS schreiben, am Radio herumspielen, die Gebetsfiguren auf dem Armaturenbrett von Staub befreien, die Kinder dabei beobachten, wie sie durch das Auto turnen oder Reis essen;

... immer damit rechnet, dass der grüne Pfeil an einer Ampel nicht zwangsläufig garantiert, dass der Querverkehr auf alle Fälle Rot haben müsste;

... bei einer auf Rot geschalteten Ampel bequem den umfangreichen Sportteil der Tageszeitung auf Englisch, Tamil, Malaysisch und Mandarin durchlesen kann, ohne ungeduldig zu werden;

... sich die Farbenauswahl der Ampel selbst auswählen kann, da die gerade neu aufgestellte Ampel *hinter* einem stark belaubten Baum aufgestellt wurde;

... völlig ruhig bleibt, nachdem man festgestellt hat, dass auch in dem gerade neu gekauften und aktuellsten Stadtplan andere Straßenzüge eingezeichnet sind als die, auf denen man sich gerade leibhaftig befindet;

... nicht mehr in einen Schreikrampf verfällt, weil ein Straßenschild *nach* einer Abzweigung aufgestellt wurde und man sofort weiß, dass man verkehrt gefahren ist;

... nur noch peripher wahrnimmt, dass einem ein vorbeifahrendes Moped zum fünfundzwanzigsten Mal den Außenspiegel abgerissen hat;

... nicht mehr in einen Wutanfall verfällt, wenn man wieder einmal hinter einem Verkehrsbus steht, der mit offener Motorklappe anzeigt, dass er gerade gebrannt hat und der Busfahrer somit signalisiert, dass sich die hinter ihm wartende Fahrzeugschlange doch bitte über den Bürgersteig (zwischen Hauswand und Bus) durchquetschen möge, damit er seinen bescheidenen Omnibus nicht an die Seite fahren muss – weil er überhaupt nicht auf diesen simplen Gedanken kommt;

... nur noch mit einem *Uuuups* registriert, dass nach einer nächtlichen Straßenreparatur der Kanaldeckel nicht mit angehoben wurde und man sich beim Hineinfahren eine Wirbelsäulenquetschung zugezogen hat;

... nach einem Regenguss ganz normal darüber nachdenkt, ob man besser das Boot oder doch das Auto nehmen sollte;

... manche Türen zuschließen muss, um sie zu öffnen;

... sich auf den Toilettendeckel hockt anstatt sich zu setzen;

... und sich über nichts mehr wundert, da das Ungewöhnliche gewöhnlich geworden ist.

Zugegeben, wir Deutschen sind eine besonders eigenwillige Spezies. Bekannt für Fleiß, Ordnung und Gründlichkeit, finden wir aber auch in jeder Suppe ein Haar. Ich frage mich noch heute, wer diese Liste verfasst hat? Es wird wohl ein Geheimnis bleiben. Aber dafür lüftete ich ein anderes Rätsel.

Der Flitzer von Langkawi

Nachdem ich mich mal wieder vor einem heftigen Monsunregen in Sicherheit gebracht hatte und unter dem Vordach einer Mall darauf wartete, bald wieder trocken in meinem Auto sitzen zu können, parkte reifenquietschend ein schicker Sportwagen direkt vor meinen Füßen.
Wow. Was für ein schnuckeliges Teil.
Mit einem athletischen Satz sprang der Fahrer aus dem Auto und stand direkt vor mir. Ein gutaussehender Typ. Er lächelte mich an und nickte mir einen freundlichen Gruß zu. »Tolles Auto haben Sie da!«, sagte ich spontan. »Gefällt es Ihnen?«
»Ja. Sehr sogar. Was ist das für eine Marke?«
»Das ist ein Bufori. Wollen Sie eine Probefahrt machen?«
Moment, mein Lieber. Der geht ja ran wie Blücher. Pah. Probefahrt ... und dann?
»Ein anderes Mal vielleicht!«, antwortete ich höflich. »Okay. Kein Problem. Hier haben Sie meine Visitenkarte. Rufen Sie mich jederzeit an. Ich bin der Designer dieses Autos.«
Aber sicher doch. Und ich bin die Königin von Saba.
»Schön«, brabbelte ich etwas unwirsch. »Ich melde mich.« Der Mann verschwand in der Mall. Ich zerriss die Visitenkarte und schmiss die Fetzen in einen Papierkorb.
Wenige Tage später bereute ich es jedoch. Der kleine Sportwagen hatte es mir irgendwie angetan. Wochenlang hielt ich Ausschau nach dem Flitzer. Nichts.
Wahrscheinlich ein selbstgebautes Eigenmodell, von dem es nur dieses eine Stück gibt. Designer. Pah.
Dummerweise fiel mir der Name nicht mehr ein. Irgendetwas mit B, hatte ich zu meinen Kolleginnen gesagt. Kennt jemand einen Sportwagen, der mit B anfängt? Sie nannten alle möglichen Namen, aber der Richtige war nicht dabei. Ich war sogar mehrfach zu dieser Mall gefahren und hatte mich in die Eisdiele gesetzt, die über einen freien Blick auf den Eingang verfügt – in der Hoffnung, er würde auftauchen. Aber der Sportwagen, der mit B anfängt, blieb wie vom Erdboden verschluckt.

Vier Monate später, ich dachte längst nicht mehr an den schicken Wagen, landete eine Einladung auf meinem Schreibtisch. Darin lud die Deutsche Botschaft in Malaysia zu einem Round Table der deutschen Wirtschaft ein, mit anschließender Besichtigung eines Automobilwerks, etwas außerhalb von Kuala Lumpur: dem Bufori-Werk. Natürlich ging ich hin. Ha. Und da stand er ... in seiner vollen Schönheit vor mir. Der Bufori!
Nachdem wir das ganze Werk besichtigt hatten, bat Joseph, die rechte Hand der Geschäftsleitung, in einen Konferenzraum zu einem kleinen Imbiss.
Während ich mich an den Canapés zu schaffen machte, hörte ich, wie Joseph sagte: »Meine Damen und Herren. Ich möchte Ihnen den Designer des Buforis vorstellen. Gerry Khouri.« Abrupt drehte ich mich um. Mir fiel das Canapé aus dem Mund. Es war tatsächlich der gutaussehende Mann von der Mall. Unsere Blicken trafen sich und während ein tosender Beifall ausbrach, steuerte er direkt auf mich zu und begrüßte mich aufreizend mit einem: »Hallooo! Was für eine Überraschung. Wollen Sie *nun* eine Probefahrt mit mir machen?«
»Ja! Aber gerne doch.«

Die Bufori-Story

Was vor mehr als 18 Jahren als Hobby begann, wurde der Anfang eines höchst aufregenden Abenteuers. Es brachte eine ganze Familie rund um die Welt.
Die Rede ist von den Khouri-Brüdern Gerry, George und Anthony, und einem super schicken Sportwagen namens Bufori. Die drei Brüder gründeten in Kuala Lumpur eine Sportwagenfabrik. Das Ergebnis ist eine kompromisslose Verpflichtung, gepaart mit der Leidenschaft und der Vision echter Autopioniere und Sportwagen-Enthusiasten.
Der Bufori ist komplett handgefertigt und gilt als ein Exot unter den renommierten Herstellern der Autoindustrie. Sozusagen: High Tech unter nostalgischer Karosserie.
In kürzester Zeit hatte der «Kleine» die Aufmerksamkeit der internationalen Presse und damit auch der reichsten Käufer der Welt auf sich gezogen. Seine Wurzeln aus dem Jahre 1985 liegen zwar in Australien, aber seit 1997 erfolgen Herstellung, Forschung und Entwicklung zu 100 Prozent in Kuala Lumpur. Für ihre Autos wollen die drei Brüder nur das Beste vom Besten. Und deshalb kommt eine Vielzahl der Bauteile aus Deutschland. Mehr als 13 Computer befinden sich in den Zweisitzern. »Wir haben uns darauf festgelegt, Autos mit Phantasie zu gestalten und zu bauen«, erklärte mir Gerry mit blitzenden Augen.
Und das haben sie tatsächlich. Diese Sportwagen sind etwas ganz Besonderes, im Design und in der Ausstattung sowieso. Hier ist etwas gelungen, das in die Automobilgeschichte eingehen könnte. Nostalgie gepaart mit modernster High-Tech.
Um die Einmaligkeit dieser Sportwagen zu reflektieren, werden Buforis exklusiv gebaut und Kundenwünsche individuell umgesetzt. »Es ist ein Lebensstil-Produkt, das auf den Stolz seines Eigentümers und die Freude des Sammlers abzielt«, philosophierte der ehemalige Rennfahrer, Gerry.
Das siebte Bufori-Modell, das auf der Internationalen Automobilausstellung in New York vorgestellt wurde, trägt den klangvollen Namen La Joya. Die Lieferzeit beträgt zwischen drei und sechs Monaten. Das Bufori-Werk in Kepong, nahe Kuala Lumpur, kann jährlich bis zu 320 Stück dieser Luxuskarossen herstellen.

Produzieren um jeden Preis wollen sie aber nicht, die drei Luxussportwagen-Hersteller Gerry, George und Anthony mit libanesischer Herkunft. »Wir wollen keine Massenproduktion. Unser Interesse ist es, limitierte Auflagen in luxuriöser Ausstattung zu bauen, da unsere Autos etwas für exklusive Persönlichkeiten und Sammler sind. Wir verkaufen keine Autos, wir möchten ein Lebensgefühl vermitteln.«

Kein Wunder, denn La Joya bedeutet auf Spanisch *Juwel*. Seine Bauteile kommen aus der ganzen Welt. Einzig und allein die Karosserie wird in Kuala Lumpur hergestellt. Alles echte Handarbeit.

Kunden, die wegen ihrer Größe oder ihres Gewichtes normalerweise keinen Platz im Bufori hätten, werden hier ihr Glück finden. Der Käufer wird vermessen und die Sitze oder die Länge des Wagens werden auf seine Körpergröße angepasst. Sozusagen maßgeschneidert.

Dass das Bufori-Werk von Australien nach Malaysia umsiedelte, führt übrigens auf eine ganz persönliche Geschichte zurück.

Der damalige amtierende malaysische Premierminister Dr. Mahathir weilte in seinem Urlaub auf der Ferieninsel Langkawi. Dort sah er zum allerersten Mal einen Bufori, in dem Gerry Khouri saß und gerade über die Insel flitzte. Dr. Mahathir fragte sich verwundert: »Was war denn das?«

Schon einen Tag später saß der Premier in dem schneidigen Sportwagen und machte gemeinsam mit Gerry eine sehr ausgiebige Probefahrt über die gesamte Insel.

Und dann ging alles sehr schnell. Dr. Mahathir war so begeistert von dem sportlichen Gefährt, dass er Gerry kurzerhand zu einem genialen Deal überredete. Der Premier stellte sich in voller Pracht auf die Haube des Bufori (die ist ja auch kratzfest) breitete die Arme aus und sagte: »Dieses Auto will ich in Malaysia bauen.«

Männerthema – Eine ganz persönliche Hommage an den Bufori

Der Bufori La Joya MK III ist serienmäßig mit handgenähter Connolly-Lederpolsterung ausgestattet, dem teuersten und edelsten Leder der Welt. Ebenso mit sehr hochwertigen Veloursteppichbelägen, Hela-Scheinwerfern und einer Radio- und Telefonanlage von Siemens. Die intelligente Telefonanlage ist vollelektronisch und wird auf das Radiodisplay geschaltet. BBS-Felgen, Sonarsystem, Tyre Monitoring System mit digitalem Display, Mini-Kühlschrank, Klimaanlage, Tiptronic (umschaltbar von Automatik- auf Schaltgetriebe), ABS, EBD, TCS, SAR-System und eine computer-gesteuerte Scheibenwischanlage (geschwindigkeitsabhängig) gehören auch dazu.
Das GPS-System gibt es in 14 Sprachen, wahlweise mit weiblicher oder männlicher Stimme. Die Einparkhilfe zeigt im Rückspiegel den Abstand zum Hindernis an.
Sein Armaturenbrett besteht aus dem weltweit teuersten Holz, der Elm-Burl. Er hat Tempomat, automatisch abblendbare Innenspiegel und Runflat-tyre: eine hochintelligente Diebstahlsicherung, die bei der ersten Bremsung den Wagen völlig lahmlegt. Hier haben Diebe wirklich keine Chance mehr.
Die Recaro-Sitze lassen sich auf 14 elektronisch anpassbare Positionen einstellen und abspeichern. Die Instrumentenanzeigen sind aus 24-karätigem Gold. Ein spezielles elektronisches System überwacht Reifendruck und -temperatur.
Unter seiner Haube besitzt der La Joya einen speziell entwickelten 2,7 Liter V-6- Einspritzmotor mit knapp 200 PS. Die Mittelmaschine ist wahlweise auch mit Kompressor zu haben. Mit seiner Spitzengeschwindigkeit von 235 km pro Stunde kommt er in sieben Sekunden von null auf 100.
Der gesamte Baukörper besteht aus Kohlestoff-Faser und Kevlar, so wie alle Formel-Eins-Fahrzeuge. Deshalb wird man die üblichen Waschanlagenkratzer bei diesem Auto auch vermissen.
All das genügt Ihnen nicht? Mehr? That's up to you! Der Kunde ist König. So ließ Gerry schon für potente Käufer die verrücktesten Dinge in den Bufori bauen. Beispielsweise einen mit Edelsteinen besetzten Schaltknauf, goldene Speichenräder, eine Make-up-Box aus Platin, eine Schuhbox für die Damen, einen Humidor, ein Lenkrad aus Perlmutt oder einen Safe.

Oder auch eingestickte Initialen und Familienwappen in den Ledersitzen oder im Veloursteppichbelag, Dolby-Surround-Anlage und Fernseher. Mit Phantasie und einem dicken Scheckbuch darf es auch noch etwas luxuriöser sein.

Um die Limitierung der exklusiven Sportwagen zu garantieren, werden vorher festgelegte Stückzahlen für den jeweiligen Markt freigegeben. Dies wird dem Käufer durch ein Echtheitszertifikat garantiert. Ebenso verzichtet Bufori aus Exklusivgründen auf einen Gebrauchtwagenmarkt. In einer Art Refill-System gehen die Wagen zurück an den jeweiligen Händler und können durch ein neueres Modell, gegen Zuzahlung, versteht sich – ausgetauscht werden.

Deutschland

Während unserer Probefahrt verriet mir Gerry, dass er den Bufori am liebsten in Deutschland bauen würde. »Ich wäre sehr, sehr stolz, wenn auf allen Buforis *Made in Germany* stehen könnte«, sagte er schon fast ehrfurchtsvoll.
Nicht lange danach sicherte sich ein Görlitzer Jungunternehmer die Vertriebsrechte für ganz Europa. Er verhandelte lange Zeit mit der sächsischen Regierung, da er ein Bufori-Werk in Deutschland bauen wollte. Fast im Dreiwochen-Rhythmus kam er deshalb nach K.L. Gerry mochte es sehr, wenn ich, gerade als Deutsche, bei den Gesprächen dabei war.
Für mindestens 150 hochqualifizierte Ingenieure und Mechaniker sollte es in Deutschland neue Jobs geben. Die Auftragsbücher der vielen Zuliefererfirmen würden voller und voller werden und die Region könnte sich sogar einen Namen machen: Bufori.
Im Sturm würde der kleine Flitzer auch die Herzen deutscher Sportwagen-Enthusiasten erobern. Ich zweifelte keine Minute daran. Hatte der Bufori doch auch mein Herz im Sturm erobert.
Sechs Monate später machte der erste Bufori, der für den Rechtsverkehr umgebaut worden war, eine weite Reise. Per Flugzeug ging es nach Deutschland. Ich freute mich mit Gerry, der seinen Traum in greifbare Nähe rücken sah.
Zu dieser Zeit war aber die allgemeine Lage in Deutschland, wie man so schön sagt, nicht rosig. Die Arbeitslosenzahlen waren auf ein neues Rekordhoch geklettert und die Wirtschaft in den Keller gerutscht. Die Nachrichten lasen sich wie ein Schlechtwetterbericht von Kachelmann.
Im Osten kommt das Tief nicht mehr hoch und im Norden fällt es weiter runter.
Teilweise wirkten die News auf mich wie eine Hurrikan-Warnung einer Wetterstation aus Miami. Auf dem politischen Parkett ging es zu wie bei Hempels unter dem Sofa. Tausend neue Gesetze wurden verabschiedet, von denen 800 schon bald wieder zurückgenommen wurden. Immer häufiger las ich von kriminellen Übergriffen, Ausschreitungen, Korruption, Demonstrationen, Armut, Kindesmissbrauch, Mord und Totschlag, linken Gewalttätigen, rechten Gewalttätigen und mittendrin vom Chaos. Deutschland litt und ich mit ihm.

Die sprachliche Kultur schien in eine Jauchegrube zu versinken, und man hätte meinen können, in den nachmittags stattfindenden Talk-Shows würde die Fäkaliensprache hoffähig gemacht. Ich schämte mich wirklich.

Die E-Mails meiner Freunde, die mich aus Deutschland erreichten, waren auch nicht besser. Jeder Dritte hatte seine Arbeit verloren oder es drohte die Kündigung wegen Konkurs. Eigenheime kamen unter den Hammer und die schlechte Stimmung schien sich fast in jedem Schlafzimmer widerzuspiegeln. Scheidungen und Trennungen, so weit das Auge reichte.

Davon blieb auch unsere Tochter Marina nicht verschont. Sie hatte nach nur einem Jahr ihren Job verloren und sich von ihrer Liebe getrennt. Erneut kam sie nach K.L. Ihre Möbel lagerte sie bei meinen Eltern auf dem Speicher ein.

Das Bufori-Werk in Görlitz wurde auch nicht gebaut. Ganz im Gegenteil. Gerry klagte zwischenzeitlich gegen den Jungunternehmer.

Es ist, wie es ist ...

Bei uns in Kuala Lumpur ging es wesentlich ruhiger zu. Bis auf eine klitzekleine Ausnahme. Ein Wochenende stand vor der Tür, und ich freute mich auf zwei ruhige Tage mit meiner Familie. Wir wollten uns alle drei an den Pool legen und uns vielleicht im Fitnessraum einem notwendig gewordenen Body-Tuning unterziehen.
Marina stand noch vor dem Spiegel und mein Mann unter der Dusche. Also beschloss ich, an den Pool vorzugehen. Als ich nach unten in die Lobby kam, standen dort zig Meter lange Menschenschlangen dicht an dicht gedrängt, in weißen Gewändern – festlich herausgeputzt. Manche trugen bunte Obstschalen in den Händen. Auf ihre Stirn hatten sie rote oder weiße Punkte gemalt. Es war ein Gewimmel wie auf einem Jahrmarkt. Ich musste mir einen Weg durch die Massen bahnen.
Was ist denn hier los?
Draußen auf der Straße das gleiche Bild. Parkende Autos, wartende Busse und ein fetter Stau auf unserer Straße. Es war kein Durchkommen mehr. Die Polizei regelte den Verkehr.
Dieses Spektakel zog sich über fünf Tage hin. Die Aufzüge waren ständig verstopft und in den Fluren übertünchte ein schweres Parfüm das andere. Wir trauten uns kaum noch vor die Tür. Zuerst dachte ich, es handele sich um eine indische Beerdigung. Doch schon bald stellte sich heraus: Hoher, heiliger Besuch war im Hause: *His Holiness Jegathaguru Mahan Maha Maharishi Parangothiyar*, auch kurz und knapp *Guru Mahan* genannt, residierte auf seiner Segnungstour durch Malaysia für einige Tage in unserem Kondominium.
Dies hatten seine Anhänger schnell herausgefunden und so belagerten sie außerhalb der offiziellen Audienzstunden, die eigentlich in großen Hallen stattfanden, seine Privatgemächer. Von Privatsphäre hatten sie höchst wahrscheinlich noch nichts gehört.
Sie waren gekommen, um seinen Segen zu erhalten, damit er ihre Krankheiten heilen möge und um seine heilige Power zu empfangen. Sie waren zu hunderten gekommen, ganze Familienstämme bis hin zu drei Generationen, in Rollstühlen, auf Krücken, mit Geschenken, Blumenkränzen und Obst.

His Holiness Guru Mahan hat auf der ganzen Welt Anhänger. Seine Touren führen ihn bis in die USA, nach Island, Kanada, Australien, Dubai, Ägypten und Südostasien. Der aus Indien stammende Guru wurde in Bavani nahe Chennai, in Südindien geboren.
Seit mehr als 30 Jahren segnet er seine Gläubigen und heilt sie von ihren Krankheiten. Manchmal verteilt er eine geheimnisvolle Medizin. Sie soll zusätzlich zu den Gebeten und Segnungen einen Heileffekt haben. Erlernt hat der Guru seine Begabung wiederum von einem anderen Guru.
Unter den vielen Helfern, die Guru Mahan vor, während und nach seinen Touren unterstützen, befand sich Logdes Sivaraj, eine junge Inderin. Sie begleitet den Guru in ihrer Freizeit, und zwar seit der Zeit, als er ihren Vater geheilt hatte. Logdes berichtete mir, dass ihr Vater vor drei Jahren unter schlimmen Rückenschmerzen und Diabetes litt. Die Ärzte stellten eine böse Krebsart in der Wirbelsäule fest, die so schnell wie möglich operiert werden sollte. Es stand sehr schlecht um ihn und er hatte große Angst vor der Operation. Deshalb schob er den Termin immer weiter hinaus.
Freunde hatten ihm von Guru Mahan erzählt. »Wir taten alles, um bei ihm einen Termin zu bekommen, bis es geklappt hat. Dann gingen wir hin«, erzählte Logdes. Hinterher habe der Vater berichtet, er hätte große Hitze in seinem Körper aufsteigen gespürt, nachdem ihn Guru Mahan berührt hatte. Sechs Wochen später, es war der OP-Tag, sei der Vater dann aber doch ins Krankenhaus gegangen. Dort habe man den Tumor nochmals geröntgt. Die Ärzte seien sehr überrascht gewesen. »Sie fanden keinen Krebs mehr«, versicherte Logdes. »Mein Vater ging wieder nach Hause. Für uns alle war es ein großes Wunder. Ich habe es selbst erlebt. Aus Dankbarkeit opfere ich meine Freizeit und begleite Guru Mahan auf seinen Reisen.«
Eine junge Australierin, die in der 14. Etage unseres Hauses wohnte, hatte die ganze Zeit, während Logdes erzählte, neben uns gestanden. »Ja«, sagte sie plötzlich. »Es ist wirklich unglaublich. Meine Maid ist auch Inderin. Sie hatte gehört, dass der Guru hier im Haus ist und ging zu ihm. Seit vielen Monaten leidet sie unter schmerzenden und schwarzen Flecken am ganzen Körper. Er segnete sie und gab ihr den Rat, sich auf zwei Zitronen zu stellen. Sie sollte so lange darauf herumhüpfen, bis der Saft vollkommen herausgepresst wäre. Danach sollte sie die Zitronen unbedingt wegschmeißen. Das tat sie zwei Tage hintereinander. Ich habe es mit mei-

nen eigenen Augen gesehen. Die schwarzen Flecken sind schon zur Hälfte verschwunden. Schmerzen hat sie auch keine mehr.«

Ein anderer Bewohner, ein Europäer, hatte gleiches zu berichten: »Seit Wochen konnte ich nicht mehr schlafen. War abgespannt, nervös und fühlte mich schlecht. Ich war gestern bei ihm, obwohl ich eigentlich an so etwas nicht glaube. Aber schaden konnte es ja auch nichts. Er hat mich gesegnet und mir Obst zu essen gegeben. Noch in derselben Nacht habe ich geschlafen wie ein Baby, tief und fest.«

Angesichts dieser beeindruckenden Live-Berichterstattungen konnte ich mich einer persönlichen Inaugenscheinnahme des Gurus Mahan, His Holiness Jegathaguru Mahan Maha Maharishi Parangothiyar einfach nicht mehr länger entziehen. Kurzum: Ich ging hin. Mit einem Obstkorb bewaffnet, stand ich im Aufzug, der uns endlich wieder zur freien Verfügung stand, und fuhr ins Erdgeschoss. Dort, im Yogaraum, den das Management in Windeseile eigens für den Guru hergerichtet hatte, da seine Privatgemächer in der 25. Etage für diese Menschenmassen einfach zu klein waren und auch, damit die Aufzüge endlich wieder ihre normale Tätigkeit aufnehmen konnten, hielt His Holiness seine Segnungen ab.

Weit vor dem Eingang des heiligen Raums standen die Massen in Dreierreihen und warteten darauf, eingelassen zu werden. Sobald eine Gruppe gesegnet, geheilt und mit *Power* versehen war, konnte die nächste Gruppe nachrücken.

Artig stellte ich mich an das Ende der langen Schlange, in der ich die einzige Weiße war. Alle hatten ihre Schuhe ausgezogen. Der Geruch von Obst, schweren Parfums, Räucherstäbchen, Blumen, Schweiß und stinkenden Füßen schnürte mir fast die Kehle zu. Nach sieben Atemzügen wurde mir klar, dass ich hier nicht länger ausharren könnte und beschloss zu gehen. Als ich mich gerade umdrehen wollte, kam eine gut beleibte Inderin auf mich zu.

»Kommen Sie«, flüsterte sie mir zu und hatte mich schon am Arm gepackt. Ihr korpulenter Körper drängte ohne Rücksicht auf Verluste die wartende Menge auseinander und im Nu stand ich im Yoga-Raum.

Der Heilige Mann saß am Ende des Raumes in einem kurzbeinigen Sessel, über den ein weißes Tuch gelegt war. Er hatte dunkle, wellige Haare die ihm bis über die Schultern reichten und einen ebenso langen dunklen Bart. Um seinen Hals hingen mehrere bunte Blumenketten. Er trug ein bodenlanges, weißes Kleid, unter dem seine Füße hervorlugten, die in braunen Sandaletten steckten.

Ein Guru darf das!

Vor ihm, mit einem Sicherheitsabstand von etwa einem Meter, knieten, saßen oder hockten Frauen, Männer, Kinder, Greise, Behinderte und Schwangere auf dem Fußboden. Es sah aus wie ein Teppich aus Menschen und ich wusste, hier war kein Durchkommen.

Vorsichtig riskierte ich einen Blick in sein Gesicht. In diesem Moment sah er mir direkt in die Augen. Augenblicklich wurde ich von einem seltsamen Gefühl ergriffen. Ich spürte eine unbeschreibliche Aura, die von ihm ausging, die mit Worten nicht zu beschreiben ist. Er strahlte tatsächlich etwas Eindrucksvolles, Hehres, Imposantes aus. Ich traute mich kaum zu atmen, geschweige denn, mich zu bewegen.

Guru Mahan blickte liebevoll zurück in die Runde und segnete die Menschen, die überall auf dem Fußboden knieten, saßen oder hockten, von denen keiner gewagt hätte, aufrecht zu stehen. Ein Wispern erfüllte den Raum.

Unentwegt gab er seinen Anhängern persönliche Ratschläge, streichelte sie über die Wange oder nahm ihre Hände in die seinen. Manche warfen sich vor ihm auf den Boden und küssten seine Füße. Andere begannen zu weinen. Kleine Kinder blickten ehrfurchtsvoll zu ihm hoch. Anmutig berührte er seine Besucher an den Stellen, die schmerzten oder wo das gesundheitliche Problem lag. Eine alte Frau gab ihm ein Foto in die Hand und bat darum, die Person die darauf abgebildet war, zu segnen. Guru Mahan schloss für einige Minuten seine Augen und bewegte lautlos die Lippen.

Ich stand noch immer regungslos am Türrahmen. Dann öffnete er wieder seine Augen, gab der Frau das Foto zurück und blickte zu mir herüber. Mit einer Handbewegung winkte er mich zu sich. Balancierend versuchte ich mir einen Weg durch die Menge zu bahnen. Mein Herz begann plötzlich aufgeregt zu klopfen. Als ich dicht vor ihm stand, flüsterte mir einer der Helfer des Gurus, die rechts und links neben ihm standen, leise ins Ohr: »Du musst dich vor ihn knien oder hocken. Aber richte keinesfalls die Füße auf ihn.«

Ich tat, was der Helfer mir zugewispert hatte und der Himmel weiß, was in diesem Moment in mir vorgegangen sein mag. Ich begann hemmungslos zu weinen. Minutenlang.

Mir kam es so vor, als müsste ich mich ständig bei ihm entschuldigen. Aber wieso und weshalb, und vor allem wofür, das weiß ich bis heute nicht. Guru Mahan streichelte mir sanft über den Kopf und blickte mich mit seinen tiefdunklen Augen seelenvoll an. In diesem Moment wurde mein Körper mit einem wohligen, kaum beschreibbaren Gefühl durchflutet. Ich fühlte mich plötzlich erleichtert. Selig. Beflügelt. Geräuschvoll atmete ich einmal ein und aus. Es war wie eine Erlösung. Dann reichte er mir eine Mango. Übrigens, meine Lieblingsfrucht.
Woher wusste er das?
Die sollte ich innerhalb der nächsten drei Stunden essen, was ich auch getan habe.

Ob man nun daran glaubt oder nicht, eines kann ich keinesfalls leugnen: Als ich leibhaftig vor ihm saß, spürte ich eine geheimnisvolle, unbeschreibliche, erstaunliche Kraft, die von ihm ausgegangen war.
Es ist, wie es ist.

Ganz in Weiß

Bleiben wir noch etwas bei der indischen Kultur und lassen Sie sich entführen, auf eine *Reise* zu einer indischen Hochzeit. Aber nicht zu einer gewöhnlichen Vermählung. Es war eine Trauung voller sinnlicher Düfte, mystischer Rituale und rauschender Farben: eine indische Tempel-Hochzeit.

Die Ankunft des Bräutigams wird begleitet von Trommel- und Flötenmusik. Im Innern des Tempels flackert Feuer. Betörender Jasminduft zieht sich durch das gesamte Gotteshaus. Die indischen Frauen haben ihre schönsten und kostbarsten Saris angelegt. Die Gewänder verschmelzen zu einem Rausch der Farben. Ein Funkeln und Glitzern von Gold und Silber, perfekt vereint mit dem vornehmen Rascheln schwerer Seide. Ihre schwarzen Haare haben sie kunstvoll geflochten. Unzählige weiße Jasminblüten und Perlen stecken darin. Die Männer tragen ihre schönsten Dhotis aus Seide und Baumwolle, wie die weiten Beinkleider der Inder genannt werden.
Mit einem Mal wird das Trommeln und Pfeifen lauter. Der Bräutigam erscheint, ganz in Weiß. In seinen Händen hält er einen Blumenstrauß, der aus roten Rosen und Jasmin formvollendet gebundenen ist.
Die wohlriechenden Blüten spielen in der indischen Tradition eine große Rolle. Dunkelrote Rosen, kombiniert mit weißem Jasmin, bedeuten, das Eheglück zu feiern. Selbst jahrelang verheiratete Inderinnen schmücken sich gern mit Rosen und Jasmin, um allen zu zeigen, dass sie in glücklicher Ehe leben.
Der Bräutigam und sein Gefolge begeben sich in die Mitte des Tempels und knien nieder, um die Familiensegnung des Priesters zu empfangen.
In Asien gilt der Mann als wichtigstes und vollkommenstes Geschöpf auf Erden. Deshalb wird zuerst für seine Familie gebetet. Die zukünftige Frau hat dabei noch nichts zu suchen. Erst nach dem Gebet darf die Braut in den Tempel.
Und dann kommt sie. Die Braut!
Ihre Schönheit ließ mich für einen Augenblick sprachlos werden!
Wie eine Elfe schreitet sie, umringt von einem Heer Blütenschalen tragender Brautjungfern, die ebenfalls in prachtvolle Seidensaris gehüllt sind, in

den Tempel. Die Augenlider stets keusch gesenkt, wirken sie wie eine kleine Prozession, wie der Festzug geheimnisvoller Fabelwesen aus einem Märchenland. Der schwere Gold- und kunstvolle Haarschmuck lässt die Braut für einen Moment unwirklich erscheinen.

Inderinnen tragen am Hochzeitstag ihre Mitgift in Form von Goldschmuck zur Schau. Der Vater scheut weder Kosten noch Mühen, die Tochter an diesem großen Tag zu einer wahren Königin werden zu lassen. Viele indische Familien treibt die Ausrichtung einer Hochzeit in den finanziellen Ruin. Aber man lässt sich auf gar keinen Fall lumpen. Auch dann nicht, wenn man dadurch bis ans Ende seiner Tage in Armut leben muss.

In der indischen Tradition bestimmt der Priester dem jungen Paar den Glück verheißenden Hochzeitstag durch ein Horoskop. Und nur an diesem Tag erhält das Paar die Erlaubnis, für kurze Zeit im Tempel eine etwas höhere Sitzposition als die des Priesters einzunehmen. Und zwar dann, wenn das Paar die Geschenke entgegennimmt.

Bis dahin und auch danach sitzt das Paar auf einer Kokosmatte, auf der Blumen, Öllampen, Gewürze, Kokosnüsse, ungeschälter Reis, Bambus und heilige Asche dekorativ drapiert sind.

Mit all diesen Accessoires vollzieht der Priester geheimnisvolle und anmutende Rituale. Sie dienen dazu, die Gottheiten fröhlich zu stimmen, damit dem jungen Paar in Zukunft Glück, Gesundheit, Reichtum und viele Kinder – möglichst Jungen – beschert werden. Die engsten Mitglieder der Verwandtschaft amtieren bei diesen Ritualen als Zeugen.

Eine indische Hochzeit ist immer von der Zeremonie begleitet, einen Baum zu pflanzen. Diese Aufgabe wird vom Brautpaar durchgeführt. Das symbolisiert den Beginn des gemeinsamen Lebens und es gilt als gutes Omen, wenn das Bäumchen schnell und prächtig wächst. Angepflanzt wird es im Garten der Jungvermählten.

Inder tragen ihren Ehering am Fuß beziehungsweise an den Zehen. Das Anlegen eines Zehenrings findet ganz selten in der Öffentlichkeit statt.

Die Geschichte dieser Zeremonie geht auf den Ursprung des uralten Indiens zurück. Damals, als es Frauen und Männern noch nicht erlaubt war, sich bei Begegnungen in die Augen zu schauen, liefen die Inder ständig mit gesenktem Blick herum. Da sie ihren Familienstatus aber durch einen roten Punkt auf der Stirn kennzeichnen, wusste der Mann also nicht, ob das

Mädel bereits vergeben oder noch zu haben war. Deshalb steckte der Ehemann der Auserwählten den Ehering statt an die Finger eben an die Füße.
Indische Frauen bekommen übrigens zwei Ringe.
Diese *Minjee*, wie die Silberringe heißen, haben aber eine noch viel interessantere Bedeutung. Die Inder glauben nämlich, dass Silber sexuell stimulierend wirkt. Für besonders verführerische Impulse sorgt angeblich der zweite Zeh neben dem kleinen, jeweils am linken und rechten Fuß der Frau.
Wie fast überall auf dieser Welt, führt der Bräutigam die Zeremonie des Ringanlegens höchst persönlich durch. Der indische Mann allerdings kniend. Damit zeigt er offiziell, dass er seine Partnerin respektiert und angenommen hat.
Aber, es wird das einzige Mal in seinem ganzen Leben sein, das er dazu vor einer Frau in die Knie geht. Ein indischer, aber auch der asiatische Mann allgemein, würde sich ansonsten kaum zu dieser demütigenden Haltung herablassen.
Während sich der Mann also auf seine Knie begibt, um der Braut die Ringe anzulegen, stellt diese zuerst ihren linken und dann ihren rechten Fuß auf einen Mahlstein, auf dem eine Nadel liegt.
Nein. Nein. Er will sie damit nicht stechen oder zum Aderlass bitten.
Die Nadel hat in der indischen Tradition, natürlich nur während einer Hochzeitszeremonie, eine besondere Bedeutung – und zwar eine ziemlich brisante. Bewegt sich die Nadel, während der Bräutigam den Ring anlegt, verliert die Braut bereits symbolisch die Jungfräulichkeit. Damit geht sie in den Besitz des Mannes über. Wenn sich die Nadel allerdings nicht bewegt, dann heißt das, sie ist keine Jungfrau mehr.
Uuups.
Neben den goldenen Gaben, mit der die Braut am ganzen Körper ausgestattet wird, finden sich auf ihren Händen und Füßen die traditionellen Mehndi-Malereien, die an ein Tattoo erinnern. Diese Blumen, Ranken und Lilien, – jeder Strich hat eine besondere Bedeutung – werden von Nagassas, den Kunstmalerinnen, in stundenlangen Sitzungen per Hand gezeichnet. In diesem Henna-Muster befinden sich auch die Initialen der Eheleute. Je kunst- und wertvoller das Muster, umso höher ist der gesellschaftliche Stellenwert der Frau.

Ein weiterer Höhepunkt der Hochzeitszeremonie ist das Anlegen der Thali, einer schweren Goldkette mit vielen Amuletten, die der Braut um den Hals gelegt wird. Dieser Brauch versinnbildlicht das untrennbare Verbundensein. Damit verspricht der junge Ehemann seiner Gemahlin in Gegenwart des Priesters, ein Leben lang für sie und die Nachkommen in vorbildlicher Weise zu sorgen.

Zum Schluss schreitet das Brautpaar mehrere Male um das heilige Feuer, das als reinigendes Element gilt. Dabei werden die Trommeln heftig geschlagen, um mögliche als böses Omen geltende Geräusche wie Niesen, Schnäuzen oder das Heulen von Hunden zu übertönen.

Wie auch in Europa und anderswo, bewerfen die Gäste das Brautpaar mit ungeschältem Reis, als Symbol für die Fruchtbarkeit. Erst dann nimmt das Paar endlich Platz auf dem Königsthron für eine Nacht, um ihre Geld- oder Goldgeschenke in Empfang zu nehmen. Allerdings keine Sachwerte. Das ist in einem Tempel nicht erlaubt.

Die Hochzeitsnacht verbringen die Frischvermählten im Haus des Bräutigams. Das Paar betritt das Haus oder die Wohnung zuerst mit dem rechten Fuß, um sich so den rechten Start ins Eheleben zu sichern.

Feste feiern, wie sie fallen

Neben den vielen prunkvollen Hochzeitsfeiern gab es bei uns in K.L., wie Sie ja nun wissen, immer irgendetwas zu feiern. Und so stand wieder ein Feiertag ins Haus. In Little India, einem Bezirk der Brickfields heißt und nahe unserer Wohnung lag, fand emsiges Treiben statt. Fast alle Straßen in K.L. waren mit bunten Lampions geschmückt und an den Laternen hingen Schilder, auf denen Happy Deepavali stand: Happy New Year. Es war Anfang November und schon wieder ein Neujahrsfest, aber diesmal das der Inder. Sie feiern das Fest des Lichtes, Deepavali. Für viele Hindus und Sikhs geht der Ursprung des Festes auf den Tag zurück, an dem Gott Rama mit seiner Gemahlin Sita und seinem Bruder Lakshmana nach jahrelangem Exil im Dschungel in die Hauptstadt Ayodhya zurückkehren konnte. Da es schon dunkel war, entzündeten die Menschen entlang seines Weges hunderte von Öllampen, die sie Vikkus nennen. Heute sind es zunehmend elektrische Lichterketten, die Wohnhäuser, Geschäfte und Straßen im ganzen Land erleuchten.
Andere sehen im Fest des Lichtes einen Bezug zu Krishna, der den bösen Diktator Narakasura besiegt hatte. Dieser gemeingefährliche Mistkerl Narakasura hielt zig tausende Frauen in seiner Gewalt. Krishna tötete ihn und befreite die Frauen.
Wieder andere verwandeln die Straßen und Tempel in ein Lichtermeer, da sie glauben, die Seelen der Verstorbenen kommen auf die Erde. Damit sie den Weg nicht verfehlen, zünden die Leute überall Lampen an. Mich erinnert diese Version an unser Allerseelen-Fest.
Deepavali wird im siebten Monat des tamilischen Mondkalenders gefeiert. Am Morgen des Festtages stehen die Gläubigen sehr früh auf und nehmen ein Bad. Einige baden in Öl, als Zeichen der Reinheit. Man trägt meist neue Kleider, besucht sich gegenseitig und beschenkt sich mit Süßigkeiten. Natürlich knallt und kracht es kräftig auf den Straßen, ähnlich wie in Deutschland zu Silvester. Als gutes Omen für das kommende Jahr nehmen viele Inder an einer Tombola teil oder gehen ins Kasino.
Ehefrauen schwenken für den Segen ein Tablett mit Lichtern um den Kopf ihrer Ehemänner herum und tupfen ihnen dann einen Segenspunkt auf die Stirn. Schwestern segnen ihre Brüder ebenfalls mit einem Licht. An diesem Bruder-Schwestertag versprechen sich beide, sich gegenseitig zu be-

schützen. Danach knüpft die Schwester ihrem Bruder ein Rakhi, ein farbiges Band, als Schutz um das Handgelenk.
Nach dem Ölbad begeben sich die Gläubigen in den Tempel und sprechen ihr Morgengebet. Im ganzen Land ertönen eindrucksvoll die Tempelglocken und erfüllen die indischen Gotteshäuser.
Die christlichen Inder in Malaysia feiern übrigens, genau wie wir, das Weihnachtsfest. Allerdings haben sie es mit einigen interessanten asiatischen Zutaten gespickt.
In dieser Zeit halten sie beispielsweise ihr *open house* ab, wozu die moslemische Bevölkerung wiederum nach Beendigung der Ramadanzeit einlädt.
Auch wir waren zu einem Offenen Haus eingeladen. Mister Hussein, der *Oberbefehlshaber* aller in unserem Haus beschäftigten Sicherheitsleute und Hausmeister, hatte uns sozusagen als Entschuldigung für das zerquetschte Auto, zu sich nach Hause eingeladen.
Das open house wird auch als Fest der Wiedergutmachungen gefeiert. Schulden werden bezahlt und man bittet nach einem Streit oder einem Vergehen um Verzeihung.
Als wir in das winzige Wohnzimmer kamen, saßen dort Mister Hussein, seine Ehefrau, die drei Kinder, der Großvater, die Großmutter, ein paar Nachbarn und Freunde; alle verteilt auf einem dreisitzigen Sofa, zwei Sesseln (dekoriert mit gehäkelten oder geknüpften Tischdeckchen) und auf dem Fußboden. Sofort sprangen sie auf, als wir das Zimmer betraten und jeder bot uns seinen Sitzplatz an. Auch die, die auf dem Fußboden saßen. Eine Maid brachte sofort Tee. Die Hausherrin servierte übervolle Teller, mit allem beladen, was sie schon Tage zuvor extra für das Fest gekocht hatte. Sie überschlug sich fast vor Freundlichkeit, die Familie Mister Hussein.
Mir, der Misses Norbert (so werden Ehefrauen angesprochen), war das sehr peinlich. Deshalb probierte ich auch von allem, was auf meinem Teller lag. Das heißt, ich wollte! Nach dem dritten Bissen dünner Nudeln, die ich mir in den Mund geschoben hatte, verschlug es mir im wahrsten Sinne des Wortes den Atem. In Bruchteilen von Sekunden schossen Tränen aus meinen Augen. Den Bissen in meinem Mund konnte ich auf gar keinen Fall hinunterschlucken. Zu scharf. Krampfhaft überlegte ich, was ich damit machen könnte. Die ganze Runde begann zu lachen.

Ausspucken wäre einer Beleidigung gleich gekommen. Die höllisch scharfen Nudeln noch im Mund, zischelte ich meinem Mann schnell zu: »Iss ja nicht die dünnen Nudeln!« In einer Art panischem Schluckreflex glitten mir die Nudeln die Kehle hinunter. Ich spürte jeden Millimeter und hoffte, dass der brennende Imbiss schnellstmöglich unten ankommen möge. Das Feuer in meinem Gaumen war kaum zu löschen. Meine Lippen brannten, als hätte jemand Säure darüber gekippt. Ich hatte das Gefühl, sie würden im Sekundentakt zu Fahrradschläuchen anschwellen.

Eine ernstzunehmende Alternative für alle, die sich für wenig Geld sexy Lippen spritzen lassen wollen. Nur mit der Dauerhaftigkeit ist es leider nicht weit her.

Ich hatte mir höchstwahrscheinlich Verbrennungen zweiten Grades zugezogen. Obwohl wir mittlerweile das scharfe Essen gewohnt waren – jedenfalls dachten wir das – hatten mich diese Nudeln eines Besseren belehrt.

Es geht eben immer noch etwas schärfer.

Als wir uns verabschiedeten, sagte ich zu Misses Hussein: »Ich muss unbedingt das Rezept von Ihren wunderbaren, köstlichen Nudeln haben.« Die Auswirkungen bekam ich übrigens noch am nächsten Tag zu spüren, und zwar als ich auf die Toilette gehen musste. Von manchen Dingen hat man eben zweimal etwas: einmal beim Hineingehen und einmal beim Hinausgehen.

Die indische Küche ist vielfältig. Sie präsentiert quasi den kompletten indischen Subkontinent. Dabei wird eine Vielzahl von Gewürzen verwendet, die als Pulver oder Paste die Grundlage vieler typischer Geschmacksrichtungen verkörpert. Kombiniert mit Safran, Kokosprodukten, Tomatenmark, Zitrone oder einfachem Essig, Joghurt, Brühe und Linsenpüree, entstehen sehr schmackhafte, aber oft auch extrem scharfe Gerichte. Eines der bekanntesten Gerichte nennen die Inder einfach nur Curry. Dabei ist nicht etwa das Gewürz gemeint, sondern eine Soße aus Kartoffeln, Gemüse, Fisch oder Fleisch und diversen Beilagen wie Reis oder Fladenbrot.

Das beliebteste Gericht der indischen Küche ist jedoch das Fish Head Curry, zu Deutsch: Fischkopf-Curry. Die Geschmacksrichtung kann, je nach Koch, sehr unterschiedlich sein, somit also auch unterschiedlich scharf. Für den europäischen Gaumen ist Fish Head Curry extrem gewöhnungsbedürftig. Ich empfehle es daher nur den ganz hartgesottenen Leckermäulern. In Malaysia hat man ohnehin die Qual der Wahl. Selbst deftiges deutsches Essen, das die Asiaten besonders lieben, ist in speziellen Restaurants zu finden.

Rheinländische Töne

In einem Viertel, das Bangsar heißt und das ebenfalls ganz in der Nähe unserer Wohnung lag, fand am Wochenende das wahre Nachtleben der City statt. Abgesehen von den vielen Hotelbars mitten in der Stadt zog es immer mehr Leute nach Bangsar, auf die *heimliche* Partymeile. Hier war übrigens auch der wöchentlich stattfindende Night-Market, wo ich mein Gemüse und Obst kaufte. Und genau dort, in Bangsar, gibt es ein Kneipen-Restaurant, das ein Frankfurter mit seiner deutschen Partnerin betreibt und das dementsprechend House Frankfurt heißt. Hier war immer etwas los. Fußballweltmeisterschaft, Karneval, leckeres deutsches Essen, frisches Bier vom Fass, deftige deutsche Küche, das 1.000-Freibier-Fest usw.
Kurzum: Deutschland traf sich in Kuala Lumpur bei Peter, im House Frankfurt. Natürlich lag dort auch das KL-Post-Magazin aus. Wer neben gutem Essen Neuigkeiten aus und über die deutschsprachige Community erfahren wollte, ging ins House Frankfurt.
Einmal im Monat veranstalteten die beiden Betreiber Peter und Daniela ein Schweinshax'n-Essen. Dann war die Bude gerammelt voll. Aber nicht etwa von Deutschen. Das auch. Chinesen, so weit das Auge reichte. Sie saßen an den Tischen und belagerten sogar die Bar, um sich dem köstlichen deutschen Essen genüsslich hinzugeben.
Die kleinen Chinesen stopften die Haxe nur so in sich hinein und man wunderte sich, wie sie das schafften. Die Haxen, die im House Frankfurt serviert wurden, waren riesige Brocken, dazu gab es hausgemachtes Kartoffelpüree und Sauerkraut. Alle Teller waren immer ratzeputz leer.
Eines Tages, wir saßen gemütlich im House Frankfurt an der Bar, hörte ich plötzlich rheinländische Töne. Eine weibliche Stimme sagte: »Dat kannste äwa laut sare. Do losse me de Dom net en Kölle, sondern do kütt der no Kuala Lumpur.«
Übersetzung für Nicht-Rheinländer: Dann lassen wir den Dom nicht in Köln, sondern dann kommt der nach Kuala Lumpur.
Ich drehte meinen Kopf in die Richtung, aus der diese Stimme kam und erblickte eine aufgepeppte Mittfünfzigerin. Blond, ansprechend geschminkt, mit einer Kölschen Klappe wie sie im Buche steht. Dabei war sie vielleicht nicht größer als 1,60 m.

Als waschechte Rheinländerin ließ ich es mir natürlich nicht nehmen, darauf zu erwidern: »Un wenn dann dat Trömmelsche jeht, do sto'me all parat.«
Übersetzung: Und wenn dann die kleine Trommel gespielt wird, dann stehen wir alle parat.
Die Frau blickte sofort zu mir herüber und begann laut und kräftig zu lachen. »Hey, wer bös du dann?«, fragte sie.
Übersetzung: Hallo? Wer sind Sie denn?
Gerda und ihr äußerst sympathischer Mann Ben lebten zu dieser Zeit schon fast sieben Jahre in K.L. Sie war das ganze Gegenteil ihres Mannes. Ben war bescheiden und sehr gebildet. Er beeindruckte mich immer wieder mit seinem Wissen und war sozusagen ein wandelndes Lexikon, und ein Gentleman par excellence.
Gerda, die wir später heimlich »Goldcard-Lady« nannten (den Namen hatte sich mein Mann für sie ausgedacht), wohnte immer nur in den »besten Hotels« und natürlich in der »teuersten Suite«. Sie kaufte sich selbstverständlich die »edelsten Klamotten«, den »seltensten Schmuck« und aß immer nur das »allerbeste Essen«. Und am liebsten verkehrte sie in der sogenannten High-Society, woraus sie jedoch jedes Mal einen »Staatsempfang« machte, wenn sie eingeladen war. Der Satz, den sie bei uns zur Goldcard-Lady gemacht hatte, war ihr Standardsatz in allen Lebenslagen: »Un da han isch ming Joldcat hinjelescht un all sin jeschprunge.«
Übersetzung: Und da habe ich meine Goldkarte hingelegt und alle sind gesprungen. Mit ihrer rheinländischen, direkten Art verpasste sie so manchem Gesprächspartner eine Maulsperre. Manchmal hat es gepasst, aber häufig nicht.
Trotz allem hatte Gerda die Begabung, Menschen zusammenzubringen. Sie war eine Künstlerin und ihre Tischdekorationen waren immer eine wahre Augenweide. Ihre Wohnung hatte sie mit selbstgemalten Bildern ausgestattet und die Einrichtung war ein einziges Kunstwerk. Gerda verstand es, verschiedene Materialien in Kombination mit den entsprechenden Farben kuknstvoll zu einem Bild zu vereinen.
Seit unserer ersten Begegnung im House Frankfurt trafen wir uns ab und zu mit den beiden. So auch wieder eines Abends. Ben war gerade von einer Geschäftsreise aus Mumbai, dem früheren Bombay, zurückgekehrt, zu der ihn Gerda begleitet hatte.

»Wie war es denn?«, fragte ich sie voller Neugier.
»Niiiie wieder!«, brauste Gerda sofort auf. »Und wenn, dann nur mit einem Hubschrauber, der mich direkt im Taj Mahal absetzt. Ein wunderschönes, prachtvolles 5 Sterne-Hotel. Das Beste in ganz Bombay.«
Gerda begann ihren Redeschwall und war nicht mehr zu stoppen. In allen Einzelheiten berichtete sie über Bombay: Von Gestank in allen Ecken, herumliegenden Toten, kaum asphaltierten Straßen, überall nur festgetretener Lehm. Von tausenden Taxis, deren Fahrer, ohne in den Rückspiegel zu schauen, einfach rückwärts über Menschen fahren, die auf der Straße liegen. Von eingeklappten Außenspiegeln an jedem Auto, da man diese sonst schon fünf Sekunden später abgefahren wären. Dass man sich ein völlig falsches Bild machen würde von dieser zappeligen, erbärmlichen Metropole mit ihren schockierenden Gegensätzen: Purer Luxus im Gegensatz zu bitterster Armut. Überall fürchterliche Gerüche, Qualm, Feuer und bettelnde Menschen, sobald man an einer rot geschalteten Ampel stehenbleiben müsse.
»Warum hast du denn nicht deine Goldcard gezückt und gesagt, sie sollen hier mal aufräumen und saubermachen? Aber dalli!«, unterbrach mein Mann foppend ihren Redefluss.

Einige Monate später lud uns Gerda, nachdem sie ununterbrochen von ihrer Kochkunst berichtetet hatte, zum Abendessen ein. Sie würde ihre absolute Spezialität kochen, hatte sie gesagt: Frikadellen![*)]
[*)] Für Nichtrheinländer: Buletten oder Fleischbällchen.
[*)] Für Intellektuelle: Beef Tartar.
Ihre Frikadellen seien die besten der Welt. Ben, den ich bis dahin für absolut integer gehalten hatte, untermauerte die Kochkunst seiner Gattin kräftig. Gespannt auf das, was da kommen würde, gingen wir hin.
Während wir hungrig und erwartungsvoll an einem wunderschön gedeckten Tisch saßen, brachte die Superköchin die Frikadellen. Dazu gab es Kartoffeln und Gemüse. Wie daheim. Uns lief schon das sprichwörtliche Wasser im Mund zusammen, ohne zu ahnen, dass wir es nach dem ersten Bissen aber auch dringend nötig haben würden – das Wasser. Mein Mann warf mir einen vielsagenden Seitenblick zu. Stundenlang kauten wir auf pupstrockenen, weltklasse Frikadellen herum, die wir immer wieder mit viel Wein und Bier herunterspülen mussten.

»Und? Wie sin'se, meine eschten rheinländischen Frikadelle?«, fragte Gerda nach einer Weile ungeduldig. »Ich han se nisch mal abjeschmeckt. Mach isch nie. Isch schmeck beim Koche nie et Esse ab. Brauch isch net. Schmeckt imma.« Nachdem ich dreimal trocken heruntergeschluckt hatte, sagte ich: »Exzellent.«

Die »Ex«zellenzen

Längst vergessen war die staubige Frikadellen-Nacht, als uns ein ganz besonderes Event ereilte. Hoher Besuch hatte sich angekündigt. Der Kanzler kam nach Kuala Lumpur.
Das deutsche Medieninteresse am Besuch des damaligen Bundeskanzlers Gerhard Schröder, am 11. und 12. Mai 2003 in Kuala Lumpur, war allerdings eher gedämpft. Umso mehr freute sich unsere kleine Redaktion auf die Berichterstattung über diesen hohen Besucher. Zumal es überhaupt das erste Mal war, dass ein deutscher Regierungschef Malaysia besuchte.
Regulär werden Kanzlers auf Auslandsreisen von einem großen Pressetross begleitet. Häufig setzt man dafür sogar ein zweites Flugzeug ein. Doch aufgrund der damals grassierenden Viruserkrankung SARS wurde der zweite Flieger ganz gestrichen. Das war sicher sehr ungewohnt für den Medienmann Schröder, der doch unter anderem auch nach Asien gereist war, um Werbung für Deutschland und Europa zu machen.
Umso mehr hatte er sich vielleicht darüber gefreut, dass die malaysische Presse seinem Besuch nun größere Beachtung schenkte als erwartet. In einem ersten einstündigen Gespräch zwischen dem damaligen amtierende Premierminister Dr. Mahathir Mohamed, Ex-Bundeskanzler Gerhard Schröder und Außenminister Datuk Seri Syed Hamid Albar ging es um die Handelsbeziehungen zwischen Deutschland und Malaysia, um den Irak, den Nahen Osten und den Terrorismus.
»Europa muss eine Rolle spielen. Europa mehr als Deutschland. Europa muss wahrgenommen werden. Europa ist kein Modell für alle, aber vielleicht eine Idee«, hatte Schröder gesagt. Aus Angst vor SARS sei leider der größte Teil der Delegation in Deutschland geblieben. Laut WHO sei SARS unter Kontrolle, hatte der Kanzler versichert. Man könne die Angst der Leute verstehen. Eine totale Absage wäre zudem überaus schlimm gewesen. Das verbiete schon die Höflichkeit, gerade einem asiatischen Land gegenüber, hatte Schröder ernst betont. Die war ihm zu diesem Zeitpunkt allerdings abhanden gekommen, die asiatische Höflichkeit. Nämlich bei seinem Eintreffen im Hotel ShangriLa in Kuala Lumpur.
Dort hatten traditionell gekleidete, malaysische Schönheiten stundenlang mit Blumen gewartet, die sie ihm beim Eintreten in das Hotel überreichen wollten. Man hatte extra den roten Teppich aus dem Keller geholt und aus-

gelegt. Und sobald der deutsche Staatsgast auch nur einen Zeh auf den roten Teppich setzen würde, sollten sie ihm die Blumen überreichen und den landestypischen Gruß Selamat Datang zurufen. Alles war hundertmal geübt worden, tagelang.

Jürgen Staks, der damalige deutsche Botschafter in Malaysia, hatte den Kanzler und seine Delegation am International Airport in Kuala Lumpur mit allen Staatsehren empfangen. 40 Kinder der Deutschen Schule hatten in brüllender Hitze Fähnchen schwenkend dagestanden und den Tross begrüßt. Im Konvoi war die Delegation zum Hotel gefahren.

Dann hielt endlich die Staatskarosse vor dem Eingang des noblen Hotels. Jeder ordnete sich noch einmal und stand parat. Die Kollegen vom ZDF aus Singapur schalteten ihre Kamera ein, andere Journalisten zückten die Aufnahmegeräte und ich meinen Schreibblock. Mitarbeiter des Auswärtigen Amtes in Berlin rannten geschäftig hin und her, damit auch ja alles perfekt funktionieren sollte. Keine Fehler.

Alles tutti paletti.

Schröder stieg aus der Limousine, trat auf den roten Teppich, zwei Glastüren öffneten sich vollautomatisch und die malaysischen Schönheiten brachten sich augenblicklich in Stellung und ... husch, husch: Vorbei war er, der Kanzler. Ohne das bildschöne Begrüßungskomitee auch nur eines einzigen Blickes zu würdigen; ohne die wundervollen Blumen in Empfang zu nehmen, die sie noch immer verdattert in Position hielten; ohne den landestypischen Gruß Selamat Datang erwidert zu haben. Ein hörbares Raunen erfüllte die große Eingangshalle des Hotels.

Dabei hätte sich Gerhard Schröder in aller Ruhe umschauen können. Gattin Doris war daheim geblieben. Schade. Sie hätte bestimmt ihre helle Freude an den farbenprächtigen Kleidern und den wunderschönen Blumen des Begrüßungskomitees gehabt. Schade, schade, schade.

Diese Kanzlerreise sollte ein klares Signal zur Festigung der Beziehungen zwischen Deutschland und Malaysia setzen. Und dann das! Mir wurde die Bedeutung des gerade in Mode gekommenen Wortes Fremdschäm mehr als bewusst.

Wenn sich mein Mann so verhalten hätte, dem hätte ich aber was geflüstert. Berater hin, Berater her. Ein »Gut'naaaabend« sagt sogar jedes Mainzel-Männchen.

Wenn er doch wenigsten »Ich liebe Euch alle« gerufen hätte, so wie damals Boris Becker, als er noch jung und unbedarft gewesen war im Umgang mit der Öffentlichkeit, und im Umgang mit seiner Popularität, obwohl sich viele darüber lustig gemacht hatten, was ich persönlich überhaupt nicht nachvollziehen konnte. Ich fand diese Reaktion sogar überzogen.
Begleitet wurde der damalige Kanzler vom ehemaligen Wirtschaftsminister Wolfgang Clement und Dr. Heinrich von Pierer, der seinerzeit Vorsitzender des Vorstandes der Siemens AG und Vorsitzender des Asien-Pazifik-Ausschusses der Deutschen Wirtschaft war.
Kurz nach 21 Uhr gab Schröder noch ein Pressemeeting. In gemütlicher Runde saßen etwa zehn Medienvertreter im Gartenpavillon des Hotels. Ich auch, und zwar hatte ich mich direkt vor Wolfgang Clement bequem in einem Rattansessel niedergelassen. Es gab keine Tische. Wir saßen wie in einer Spielgruppe zusammen. Schröder referierte über seinen Asienbesuch, während kühle Getränke und Erdnüsse gereicht wurden. Wolfgang Clement griff in eine Glasschale und füllte sich eine Hand voll mit Nüssen. Ein paar davon fielen auf den Boden. Ohne groß darüber nachzudenken, hob er sie wieder auf, blickte mir wie ertappt direkt in die Augen und steckte die Nüsse verschmitzt lächelnd in seinen Mund. Mit einer vielsagenden Handbewegung gab ich ihm zu verstehen: Och, Dreck reinigt den Magen, alles okay.
Während Schröder weiter über seinen Besuch parlierte, amüsierte ich mich mit meinem Gegenüber köstlich über heruntergefallene Erdnüsse.
Für das straffe Asienprogramm hielt er sich übrigens mit Sport fit und joggte schon gegen sechs Uhr in der Frühe, bei leichtem Regen durch die Stadt. Auch dafür hatte er meine volle Bewunderung.
Damit der Kanzler und seine Delegation pünktlich zu allen Terminen erscheinen konnten, wurden alle notwendigen Straßen und Highways durchgehend gesperrt. Das bedeutete in Kuala Lumpur: Oberchaos pur. Nichts ging mehr.
Das waren wir ja schon gewohnt. Besonders während der Monsunzeit ist Verkehrschaos an der Tagesordnung. Sobald auch nur ein einziges, winziges Tröpfen vom Himmel fällt, steht der Verkehr still. Für Stunden.

Der größte Teil der Begleitung des Kanzlers bestand übrigens aus Kriminalräten, Kriminalhauptkommissaren, Kriminaloberkommissaren, Polizeihauptmeistern, Polizeiobermeistern und natürlich der Flugzeugbesatzung.
Aha. Deshalb hatte uns also das Finanzamt einen utopischen Veranlagungsbescheid mit noch utopischeren Verspätungszinsen zur sofortigen Begleichung zugeschickt. Schließlich musste diese Reise doch finanziert werden. Ohne Moos nix los.

Wiedersehen macht Freude

Ich hatte inzwischen einen Verlag für mein zweites Buch gefunden und vereinbarte ein persönliches Gespräch mit dem Verleger. Also flog ich zum ersten Mal, seit wir ausgewandert waren, in die Heimat zurück. Natürlich war ich etwas nervös. Außerdem war mir der Umgang mit dem Euro nicht vertraut. Aber das war nicht der Grund.
Ich fieberte vielmehr der Tatsache entgegen, dass ich ein paar alte Freunde wiedersehen würde, die ich natürlich per E-Mail über mein Kommen in Kenntnis gesetzt hatte.
Das Wetter in Deutschland begrüßte mich mit Sprühregen und Temperaturen, die bei mir sofort große Vorfreude auf meine Rückreise ausbrechen ließen. Am Flughafen Tegel sprang ich in ein Taxi. Das Taxameter zeigte drei Euro 60. »Ach«, dachte ich für einen Moment, nach allem was mir über die Einführung des Euros berichtet worden war, »so schlimm ist das ja gar nicht.«
Wenn ich in K.L. in ein Taxi einstieg, waren dort auch schon zwei Ringgit auf der Uhr. Ohne wirklich darüber nachgedacht zu haben, dass dies umgerechnet nur 40 Euro-Cent sind, saß ich zitternd vor Kälte in dem Taxi und amüsierte mich über den Berliner Dialekt des Fahrers.
Am Zielort angekommen, blätterte ich zwölf Euro hin. In diesem Moment fiel es mir wie Schuppen aus den Haaren. Das sind immerhin fast 450 Kilometer.
Pah, dafür kann ich in K.L. tagelang mit dem Taxi fahren, ja sogar von K.L. bis nach Singapur.
Der nächste Euro-Schock traf mich beim Abendessen. Für einen simplen Salat, auf dem ein paar gebratene Hühnchenfetzen lagen und für eine kleine Flasche Wasser musste ich 19 Euro bezahlen. Im Supermarkt sah ich Preise, die mir das Entsetzen ins Gesicht meißelten. Der Preis für ein Kilo Tomaten war mit drei Euro 20 Euro ausgewiesen.
Hallo? Das sind umgerechnet sechs Mark 40. Soviel habe ich zu DM-Zeiten nirgendwo bezahlt. Dabei sprachen Fachleute davon, *die Preise seien wie vor der Währungsumstellung. Entweder habe ich etwas falsch verstanden oder man will die deutsche Bevölkerung für blöd verkaufen.*
Ich konnte doch noch Eins und Eins zusammenzählen, oder etwa nicht? Hatten mich die Cheap-Cheap-Preise (billig, billig) in Malaysia etwa schon

verdorben? Aber nein. Mein Gedächtnis funktionierte noch ganz gut und es war auch keine reine Empfindung. Es war eine unumstößliche Tatsache, dass der Euro nicht umsonst Teuro genannt wurde. Ich rechnete alles in D-Mark um, was ich kaufte oder bezahlen musste. An den Euro konnte ich mich nicht gewöhnen. Schon gar nicht in dieser kurzen Zeit.

Tini, eine meiner langjährigsten Freundinnen, hatte extra für meinen Deutschlandbesuch ein Abendessen in ihrer Wohnung organisiert, von dem ich nichts wusste. Eine kleine Überraschungsparty also. Viele waren gekommen und Tini hatte alles wunderschön hergerichtet. Es war himmlisch. Wir hatten eine Menge zu erzählen und plauderten bis in die frühen Morgenstunden. Dabei war es mir so vorgekommen, als ob ich überhaupt nicht weg gewesen war. Trotz E-Mails, die mich hin und wieder erreicht hatten, gab es viele Neuigkeiten. Die meisten News waren jedoch nicht positiv.

Ich saß da und traute mich eigentlich nicht wirklich zu erzählen, wie gut es mir in K.L. ging, dass alles so günstig sei und wie glücklich ich dort war.

Meine Erzählungen beschränkten sich auf alltägliche Dinge, wie zum Beispiel das Einkaufen in einem Supermarkt, wenn man Schweineschnitzel oder Leberwurst kaufen will. Das ist in einem moslemischen Land nämlich gar nicht so einfach. Natürlich gibt es auch dort die uns bekannten Fleischtheken. Aber sie sind vom übrigen Laden abgetrennt und haben einen separaten Eingang. Nur dort ist der Verkauf von Schweinefleisch erlaubt.

Hinter den Theken würden niemals Moslems stehen, die Schweinefleisch, selbst wenn es in Plastiktüten verpackt ist, auf gar keinen Fall anfassen.

Sogar die Bezahlung der gekauften Schweinefleischwaren erledigt der Kunde in diesem separierten Areal.

An den normalen Kassen, an denen der übrige Einkauf bezahlt wird, stehen moslemische Kassiererinnen und zeigen nur mit dem Finger auf das verpackte Schweinefleisch: man soll es im Einkaufswagen belassen.

In den Shopping-Malls, Restaurants oder Büros trägt das Personal überwiegend Firmenkleidung, zu der nicht selten ein Käppi gehört, mit dem Logo der jeweiligen Firma darauf. Alle sind gleich gekleidet. So wie an den Schulen. Dort ist Schulkleidung Pflicht.

Die Kassiererinnen sehen recht amüsant aus, da sie das Käppi über das Kopftuch gestülpt haben. Bei Mopedfahrerinnen ist der Anblick ähnlich. Sie tragen ein Kopftuch und darüber ist der Helm gestülpt.

Das Kopftuchtragen ist in den letzten Jahren in Malaysia immer populärer geworden. Noch vor 20 Jahren hat man kaum Kopftuch tragende Frauen gesehen.
»Musst du eigentlich bei offiziellen Veranstaltungen auch ein Kopftuch tragen«, wurde ich gefragt. »Nein. Allerdings sieht man es, bei offiziellen Veranstaltungen nicht gerne, wenn Frauen ohne geschlossene Schuhe oder arm- und beinfrei erscheinen, oder die Farbe Gelb tragen. Die ist bei Empfängen nur dem König und der Königin vorbehalten.«

Der nette Abend mit den vielen Gesprächen hinterließ bei mir, trotz meiner Verliebtheit in Malaysia, einen Hauch von Sehnsucht. Das unbekümmerte Plaudern in meiner Muttersprache vermisste ich in meiner exotischen Heimat zuweilen sehr. Es gibt kein deutschsprachiges Fernsehen und die Deutsche Welle sendet in Malaysia nur in Englisch.
Die Tage mit meinen Freunden in Berlin genoss ich. Aber das Wetter und der Teuro ließen mich nach dieser Woche wieder glücklich und zufrieden meine Maschine nach K.L. besteigen.

Der Besuch

Der erste Besuch aus Deutschland kündigte sich schon kurz nach meiner Rückkehr in K.L. an. Sabine, eine Freundin, die wir schon seit 20 Jahren kannten, kam. Ihr Ehemann Karl war der beste Freund meines Mannes gewesen. Leider war er ein paar Jahre zuvor verstorben.

Von anderen Deutschen hatte ich immer wieder gehört, dass Besuche aus der Heimat nicht selten in einem Desaster enden würden. Die Storys könnten Bücher füllen. Eine Kollegin berichtete sogar in allen Einzelheiten von ihrem letzten Erlebnis, nachdem ich freudig verkündet hatte: Wir bekommen unseren ersten Besuch aus der Heimat.

»Ha«, stieß sie, offensichtlich noch immer unter Schock stehend, laut hervor. »Dann freu dich schon mal.« Sie erzählte von einem jungen Ehepaar, das sich für drei Wochen bei ihr eingenistet hatte. Anfänglich sei sie ja noch mit großer Freude in die Rolle der überaus fürsorglichen Haushälterin, Reiseleiterin und Entertainerin geschlüpft. Aber schon nach wenigen Tagen war diese Freude wegen andauernder Beschwerden in Rauch und Asche aufgegangen: Das Bett sei zu hart, die Klimaanlage zu kalt, das Essen zu scharf, die Taxis zu schmuddelig, der Friseur ein Stümper, das Wetter zu heiß und die Sonne zu hell. »Die will ich nie wieder sehen«, hatte sie voller Empörung ausgerufen.

Oh je. Das hört sich alles gar nicht gut an.

Dabei war ihre Story, wie gesagt, nur der Anfang all der Besuchergeschichten, die ich noch zu hören bekam. Und immer wieder die Sätze: »Na dann: viel Spaß!«, oder »Am besten, du sagst zu allem nur Ja und Amen.«

Meine Nachbarin Tracy hatte berichtet, dass ihr Besuch schon nach zwei Tagen alles besser wusste als sie selbst und gut gemeinte Ratschläge in den Wind geschrieben wurden. Als dann die Handtasche des Besuchs geklaut wurde, war Tracy auch noch daran schuld. Kurzum: Der Besucher aus der Heimat wurde mir als das dunkle, unberechenbare Wesen offeriert. Professor Grzimek hätte ihn wahrscheinlich so beschrieben:

»Besucher/altgriechisch: Gast (xénos). Er ist ein gefräßiger, neugieriger Homo Sapiens, der sich von allem ernährt, das sich beim Gastgeber im Kühlschrank oder im Vorratsraum befindet. Der Tagesbedarf eines Besuchers an Nahrung wird mit bis zu drei Kilogramm angegeben. Er kann mürrisch und nörglerisch sein. Es gibt weibliche und männliche Exemplare.

Bei den Weibchen konnte ein Legeapparat nachgewiesen werden. Das männliche Exemplar besitzt das passende Begattungsorgan. Es ist bewiesen, dass die Männchen durch spezielle Geruchsstoffe, und zwar durch Pheromone (altgriechisch: Pherein »überbringen«, »übermitteln«, »erregen« und hormon »bewegen«), von den weiblichen Exemplaren angelockt werden. Es sind Duftstoffe, die der biochemischen Kommunikation zwischen Lebewesen einer Spezies dienen. Das Männchen ist in der Regel maulfaul. Das Weibchen ganz und gar nicht. Ein Besuch, der vom Besucher ausgeführt wird, ist das vorübergehende Aufsuchen des Aufenthaltsortes einer oder mehrerer Personen oder das vorübergehende Aufsuchen eines Ortes oder einer Institution durch einen oder mehrere Besucher auf eigene Initiative. Ist der Besucher eingeladen, spricht man von einem Gast. Üblich ist dies bei Dienstleistungsbetrieben wie Restaurants oder Hotels, in denen Besucher immer als Gäste bezeichnet werden, um die grundsätzliche Erwünschtheit ihres Besuchs zu betonen.«

Bis auf eine einzige Ausnahme kann ich die mir beschriebenen Auswirkungen der Besuche unserer Gäste absolut nicht bestätigen. Sabine war der vorbildlichste Gast, den man sich wünschen konnte. Sie erfreute sich an den kleinsten Kleinigkeiten und war vor lauter Begeisterung kaum noch zu halten. Es machte uns unendlich viel Spaß und Freude, sie bei uns zu haben und ihr viele Ecken von K.L. zu zeigen. Sie öffnete uns sogar wieder die Augen für Dinge, die wir mittlerweile schon als völlig normal angesehen hatten.

Dezember 2004

Die Wochen und Monate zogen im Eiltempo an uns vorüber. Es war der 26. Dezember 2004, früh am Morgen. In Deutschland schlief noch alles oder war vielleicht gerade erst ins Bett gegangen.
Während der Winterzeit beträgt der Zeitunterschied zu Malaysia plus sieben Stunden, im Sommer plus sechs Stunden. Daher waren wir immer sieben Stunden früher im neuen Jahr als unsere Familie in Deutschland. Die hatte sich mittlerweile schon daran gewöhnt, uns am Silvestertag punkt 17 Uhr ein Frohes Neues Jahr zu wünschen.
An besagtem 26. Dezember, gegen 7.30 Uhr, saß ich in K.L. gemütlich und sommerlich bekleidet in einem bequemen Rattansessel auf dem Balkon. Ich hatte gerade das Frühstück hergerichtet. Meistens gab es ein exotisches Obstfrühstück. Dunkles Brot war selten auf dem Tisch, da es so etwas Herrliches in ganz K.L. so gut wie gar nicht gab. Nur Weißbrot. Da wiegerten wir uns. Hin und wieder hatte sich mein Mann die Zeit genommen und selbst Brot gebacken, ein schönes dunkles Brot. Er konnte das inzwischen ziemlich gut und ich glaube, jeder Brotbäcker hätte ihm attestiert: Besser könnte ich es auch nicht.
Während ich auf dem Balkon saß, schlummerte mein Herzblatt noch tief und fest in seinem Bett. Es war Sonntag und eigentlich hätte auch ich ausschlafen können. Aber irgendetwas hatte mich aus dem Bett gescheucht. Ein Alptraum? Innere Unruhe? Ich wusste es nicht.
Genüsslich trank ich meinen Kaffee mit Milch und Zucker und genoss die herrliche Stille, die ab und zu von exotischem Vogelschreien oder hektischem Affengebrüll aus dem Dschungel unterbrochen wurde. Die Luft war klar. Aus der Ferne hörte ich das anschwellende Geräusch einer Stadt, die gerade dabei war aufzuwachen. Viele Geschäfte öffnen erst gegen zehn Uhr.
Kater Snoopy und Katze Penny leisteten mir Gesellschaft und okkupierten jeweils einen Sessel. Es war also eine gemütliche, kleine Runde. Plötzlich wurde die Stille durch anhaltendes Bellen eines Hundes aus der Nachbarschaft gestört. Es folgte ein zweites, ein drittes, und immer mehr Hunde begannen, in das Bellgetöse einzustimmen. Aus dem Dschungel drang aufgeregtes Vogelschreien und Affenbrüllen zu mir herüber, das immer lauter und hektischer wurde. Snoopy und Penny sprangen wie vom wilden Affen

gebissen auf und liefen ins Apartment hinein. Ich blickte auf meine Armbanduhr. Es war 7.55 Uhr.
Keine fünf Minuten später verstummte der Krawall abrupt, so, als ob jemand auf einen Off-Schalter gedrückt hätte. Aus dem Dschungel war kein Tönchen mehr zu hören. Einen Wimpernschlag später verspürte ich ein leichtes Vibrieren in meinem Kopf.
Huch, ein kleiner Schwindelanfall am frühen Morgen? Vielleicht sollte ich mal ausspannen.
Mittlerweile war ich Chefredakteurin der KL-Post und machte zusätzlich auch noch das Layout. Alleine. 60 Seiten. Monat für Monat. Dazu Außentermine en masse, Einladungen am laufenden Band, Interviews im Drei-Stunden-Takt und ich schrieb auch weiterhin Artikel.
Das Vibrieren in meinem Kopf schien sich bis auf den Frühstückstisch zu übertragen. Dachte ich jedenfalls. Der flimmerte nämlich auch.
Holla! Ich sollte wirklich etwas kürzer treten.
Einen Moment später war es wieder vorbei. Ohne mir weitere Gedanken zu machen, genoss ich die wunderbare Morgensonne und die wiederhergestellte Stille, die sich jedoch wenige Stunden später als die vielzitierte Ruhe vor dem Sturm entpuppen sollte.
Am frühen Nachmittag ging es los. Unser Telefon stand nicht mehr still. Halb Deutschland schien bei uns anzurufen. Es zog sich fast über eine Woche hin. Unter den Anrufern waren Bekannte, zu denen wir seit Jahren keinen Kontakt mehr gehabt hatten. Die Erste, die anrief, war Sabine.
»Hallo, wie geht es euch? Ist alles okay?«
»Ja. Alles prima. Und wie geht es dir, Bine? Ist sicher kalt in Deutschland, oder?«
»Wir waren ziemlich erschrocken, als wir gerade die Nachrichten gehört haben.«
»Wieso? Was ist denn passiert, Bine?«
»Nah. Wisst ihr das denn nicht?«

Am 26. Dezember 2004, um 7.59 Uhr Ortszeit, während ich ahnungslos auf dem Balkon saß, ereignete sich ganz in unserer Nähe das stärkste Seebeben, das jemals registriert worden war und löste eine riesige Flutwelle aus: ein Tsunami. Wer könnte diese schreckliche Katastrophe wohl jemals vergessen.

Ohne Vorwarnung, bei strahlend blauem Himmel, wurden Strände, die zu den schönsten dieser Welt zählen, von riesigen Flutwellen einfach weggespült. Darunter waren bekannte Touristenstrände auf Sri Lanka, Sumatra und Phuket, die ich alle schon besucht hatte.
Das gewaltige Erdbeben im Indischen Ozean mit Epizentrum vor Sumatra kostete mehr als 200.000 Menschen das Leben. Diejenigen, die diese noch nie da gewesene Naturkatastrophe überlebt hatten, standen vor einem Nichts. Eine der größten Hilfsaktionen, an der sich fast alle Nationen beteiligten, startete.
Helfer aus allen Teilen der Welt suchten in der nicht beschreibbaren Zerstörung nach Leben. Eine Realität, die irreal schien, die für keinen menschlichen Verstand greifbar und für keine Fernseh- oder Fotokamera dokumentierbar war. All das spielte sich sozusagen vor unserer Haustür ab. In einer eilig einberufenen Redaktionskonferenz beschlossen wir, uns an der beispiellosen Hilfsaktion sofort zu beteiligen. Über einen persönlichen Kontakt gelang es mir wenige Tage später, eine direkte Verbindung nach Sri Lanka herzustellen. Von dort wurde uns mitgeteilt, was die Überlebenden am dringendsten benötigten. Es war kein Geld. Es waren Unmengen von Medikamenten, Verbandsmaterial, Desinfektionssprays, Pflaster, etc.
Wir plünderten das gesamte KL-Post-Guthaben, riefen zu Spenden auf und kauften alles, was man uns anhand einer Liste aufgeschrieben hatte. Darunter befanden sich spezielle Arzneimittel, die wir nicht einfach so in einer Apotheke kaufen konnten. Eine schriftliche Genehmigung eines Facharztes war dafür notwendig. Tagelang suchten wir fieberhaft nach einem Arzt, der uns diese Erlaubnis ausstellen durfte. Wertvolle Zeit verstrich. Nach fünf Tagen war es endlich soweit. Wir waren im Besitz der speziellen, dringend benötigten Medikamente. Allerdings standen wir vor einem neuen Problem. Diese Medizin durfte nur in Kühlboxen verschickt werden.
Sofort hängte ich mich ans Telefon und rief den Chef eines deutschen Transportunternehmens mit Sitz in K.L. an.»Könnt ihr uns die Sachen in Kühlboxen nach Sri Lanka schaffen?«
»Kein Problem. Das machen wir. Und die Kosten übernehmen wir auch noch.«
»Wunderbar. Tausend Dank.«

Einen Tag später waren unsere medizinischen Hilfsgüter auf dem Weg nach Sri Lanka und erreichten ihr Ziel, direkt dort, wo sie händeringend benötigt wurden.

Mir war klar, es war nur der viel zitierte Tropfen auf dem heißen Stein. Aber es gab mir ein gutes Gefühl, unseren Nachbarn in irgendeiner Form geholfen zu haben. Wir konnten absolut sicher sein, unsere Hilfe war wirklich angekommen, was man von so manch anderen Gegenständen und Geldspenden nicht sagen konnte.

Eine Kollegin aus unserem Team, Gisela Lammers, reiste ein paar Monate später in das Katastrophengebiet, um sich persönlich einen Eindruck zu verschaffen. Natürlich war sie nicht mit leeren Händen geflogen.

Gisela hatte in ihrem Heimatort in der Nähe von Frankfurt zu einer privaten Spendenaktion aufgerufen. Eine stolze Summe war zusammen gekommen. 40.000 Euro. Davon kaufte sie Boote inklusive Motor und Netz für die Fischer im Dorf Ambalangoda, in Sri Lanka. Die hatten alles verloren und die Boote brauchten sie dringend, um ihren Lebensunterhalt zu verdienen. Denn aus dem großen Topf der Spendengelder hatte sie bisher so gut wie keinen Cent erreicht. Gisela berichtete uns von korrupten Behörden, ratlosen Politikern, traumatisierten Menschen und bewegenden Momenten. Von herumstehenden Hilfslieferungen, die nicht ausgepackt am Flughafen lagerten und nur gegen Zahlung eines Handgelds ausgeliefert werden würden. Ein Teil der weltweit zusammengetragenen Spendengelder sei einfach verschwunden. Wie viel? Das wusste niemand! Wohin? Auch nicht!

Die Kinder von Taman Seputeh

Wir wohnten nun schon seit über drei Jahren in Taman Seputeh, einem beschaulichen Stadtteil von Kuala Lumpur, etwas außerhalb vom Großstadtgetümmel. Hier ging es gemütlich und fast schon familiär zu. Eines Tages wurde die friedvolle Stille dieses Viertels jäh gestört. Es geschah in der Nachbarschaft ...

Während sie in das Mikrofon sprach, war sie die tapferste Frau der Welt. Ihre Stimme vibrierte. Es war totenstill in der Aula, die bis auf den letzten der 350 Plätze die sie fassen konnte, besetzt war. Alle Augen waren starr auf die Rednerin gerichtet. Niemand wagte zu husten, sich zu räuspern oder eine geräuschvolle Bewegung zu machen. Nur hier und da unterbrach ein gedämpftes Schluchzen die Rede der Frau, die in das Mikrofon sprach. Sarina Ghandi sprach leise. Ihre rot verweinten Augen blickten scheinbar ins Leere. Was sie sagte, klang, als hätte sie es bis zur Perfektion geübt. Doch ihre Sätze waren weder aufgeschrieben noch einstudiert worden. Sie kamen aus der Tiefe ihres vor Trauer barbarisch schmerzenden Herzens.
Jede Mutter in diesem Saal bewunderte sie für das, was sie da gerade tat. Die Väter, viele von ihnen gestandene Manager großer Unternehmen, zollten ihr Respekt und allergrößte Hochachtung. Die Kinder lauschten achtsam und die meisten von ihnen begriffen erst jetzt, vielleicht zum ersten Mal in ihrem jungen Leben überhaupt, dass alles endlich ist; dass sich das Leben von heute auf morgen auf brutale Weise, ohne die geringste Vorankündigung, schlagartig verändern kann.
Die Menschen, die in tiefer leiser Trauer miteinander verbunden waren, gehörten zur International School in Kuala Lumpur. Sarina Ghandi war die Mutter zweier Schüler dieser Schule: Samuel und Nasran Ghandi, sieben und neun Jahre alt. Sie wurden auf bestialische Weise ermordet.

Sarina Ghandi sprach über ihre Söhne; wie wunderbar sie gewesen waren, fleißig und liebevoll. Sie erzählte heitere Episoden aus dem Leben ihrer Kinder und klammerte sich mit jedem Wort an Details ihrer Erinnerungen, so, als ob sie damit ihre Jungs lebendig halten könnte. Sie hatte Angst aufzuhören, weil sie dachte, die Stille würde sie umbringen und ihr berstend schmerzendes Herz zerreißen.

Drei Tage zuvor, fast um die gleiche Zeit ...

Sarina stand im Schlafzimmer vor einem Spiegel und begutachtete ihr Outfit. Sie war voller Vorfreude auf das für den Abend verabredete Dinner mit ihrem Mann Clark und dem befreundeten Ehepaar, Margaret und Steven aus der Nachbarschaft. Sarina trug ein weißes Kleid auf dem übergroße dunkelrote Rosen eingestickt waren. Die schwarzen langen Haare hatte sie elegant hochgesteckt und kunstvoll mit weißen Jasminblüten und ein paar Perlen dekoriert. Als verheiratete Inderin schmückte sie sich gern mit Rosen und Jasmin, da es in ihrer Kultur allen zeigt, dass sie in glücklicher Ehe lebt.
Samuel und Nasran standen im Türrahmen und betrachteten bewundernd ihre Mutter. »Und dass ihr mir keine Dummheiten macht, während wir zum Dinner sind«, sagte sie zu den beiden. Ein flüchtiges Schmunzeln huschte ihr über die vollen Lippen, denn sie wusste, sie konnte sich auf ihre Söhne verlassen.

Clark Ghandi wurde in London geboren. Seine Eltern stammten aus Bavani, nahe Chennai, im Süden Indiens. In den 60er-Jahren emigrierten sie nach England. Mit Anfang zwanzig lernte Clark die Inderin Sarina kennen, die in einem Waisenhaus als Kinderschwester arbeitete. Sie verliebten sich sofort ineinander und heirateten kurz darauf.
Als Samuel und dann später Nasran geboren wurden, war ihr Glück perfekt. Obwohl Clark in London aufgewachsen war und studiert hatte, zelebrierten sie die indische Kultur als Bestandteil ihres täglichen Lebens.
Für indische Familien bedeutet die Geburt eines männlichen Nachkommen gleichzeitig eine gesicherte Altersversorgung. Für indische junge Männer ist es eine Selbstverständlichkeit ihre Eltern im Alter zu versorgen. Hingegen wird die Geburt einer Tochter, die später einmal heiratet, eher als abträglich angesehen. Die Ausrichtung einer Hochzeit kostet die Familie viel Geld.
Daher erfüllte es Sarina mit großem Stolz, dass sie zwei Söhne zur Welt gebracht hatte. Das glückliche Elternpaar tat alles Erdenkliche für die Zukunft und spätere Ausbildung ihrer Jungs. Gleich nach der Geburt hatten sie für jeden ihrer Sprösslinge ein Sparkonto angelegt. Darauf zahlten sie

Monat für Monat einen beachtlichen Betrag ein, damit die Jungs eines Tages auf ein Elitekolleg gehen können.
Eines Tages erhielt Clark ein lukratives Job-Angebot aus Malaysia. Die junge Familie zog nach Kuala Lumpur, in den idyllischen Distrikt Taman Seputeh. Da waren Nasran ein Jahr und Samuel drei Jahre alt.

Während Sarina prüfend in den Spiegel blickte, kam die Hausangestellte Ari, ins Schlafzimmer. »Mam', Sie sehen toll aus.«
»Gefällt es dir, Ari?«
»Ja – sehr sogar.«
Ari lebte bei den Ghandis mit im Haus und hatte dort ihr eigenes Zimmer. Sie war Haushälterin und Kinderfrau zugleich. Die Beziehung zwischen Sarina und Ari hatte sich in den letzten Jahren mehr und mehr intensiviert, sie war sogar freundschaftlich zu nennen. Ari vertraute ihrer Mam' persönliche Probleme an und Sarina holte sich oft genug auch von Ari einen Rat.
Die beiden Jungs respektierten und liebten ihre Ari. Sie fühlten sich unter ihren Fittichen sehr wohl, auch wenn es schon mal Ärger gab.
»Ari ...«, sagte Sarina, während sie noch immer mit ihrem Outfit beschäftigt war. »Schick die Jungs bitte heute etwas früher ins Bett. Samuel schreibt morgen eine Klausur.«
»Mach ich, Mam'«, antworte Ari, die gerade dabei war, die gebügelte Wäsche in den Schrank zu legen.
Etwas später kam Clark aus dem Büro und sprang in aller Eile unter die Dusche. Danach fuhren sie mit einem Taxi in das verabredete Fischrestaurant, in der Nähe des Flughafens, wo Margaret und Steven schon auf sie warteten. Nicht nur das es dort die besten Köstlichkeiten aus dem Meer gab, es lag für Clark sozusagen auf dem Weg. Denn er musste gegen Mitternacht nach London fliegen. Dort hatte er am nächsten Tag einen Geschäftstermin. In drei Tagen würde er zurück sein. Somit verband man also das Angenehme mit dem Beruflichen.
Bis kurz vor Mitternacht saßen sie in gemütlicher Runde beisammen. Dann fuhr Clark zum Flughafen und Sarina mit Margaret und Steven wieder nach Hause zurück, nach Taman Seputeh.
Während das Auto mit Sarina, Margaret und Steven vor der Villa hielt, saß Clark schon in einem Sitz der Malaysian Airlines und hatte es sich bequem gemacht.

Die Ghandis bewohnten in Taman Seputeh ein Einfamilienhaus, zu dem ein Wachhäuschen und dementsprechend ein Wachmann gehörte. Faisal arbeitete schon seit drei Jahren als Security-Guard für die Familie. Er war freundlich und zuvorkommend und er mochte die beiden Jungs sehr. Manchmal spielte er Fußball mit ihnen. Der eher unauffällige Mann war nicht verheiratet. Seine Eltern und die drei Geschwister waren vor zehn Jahren bei einem schweren Busunglück ums Leben gekommen.
Sarina stieg lachend aus dem Auto und verabschiedete sich von ihren Freunden. »Bitte wartet noch, bis ich im Haus bin.«
Als sie am Wachhäuschen vorbei kam, warf sie einen kurzen Blick hinein und wollte Faisal eine »Gute Nacht« wünschen. Das Häuschen war leer. Sarina wunderte sich. Schnellen Schrittes ging sie den kurzen, beleuchteten Weg bis zur Haustür entlang und blieb sekundenspäter abrupt stehen. Die schwere Eichentür stand offen.
Das Auto der Freunde stand mit laufendem Motor auf der Straße.
Sarina betrat den Flur. Es roch merkwürdig. Auf dem Fußboden erblickte sie überall Blutspuren. Ein eisiger Schrei drang durch die heruntergekurbelte Fensterscheibe in das Innere des wartenden Wagens.
In diesem Moment hob die Maschine mit Clark an Bord gerade vom Boden ab. In 12 Stunden würde sie auf dem Flughafen Heathrow wieder landen.
Sarina steuerte geradewegs auf die Küche zu, den Blutspuren folgend, stieß sie hastig die Tür auf. Am ganzen Körper zitternd starrte sie auf eine große Blutlache mitten in der Küche. Schleifspuren zogen sich bis zu einer zweiten Tür, die von der Küche zum Garten führte. Margaret und Steven kamen ins Haus gerannt und standen direkt hinter ihr. »Oh mein Gott«, hauchte Margaret entsetzt.
»Faisaaal! Ariii!«, schrie Sarina. »Was ist hier passiert?« Sie folgte der Schleifspur, öffnete die Tür zum Garten und trat hinaus. Margaret und Steven folgten ihr.
Die Gartenbeleuchtung gab Entsetzliches frei. Neben einem Busch fanden sie einen leblosen Körper, mit dem Gesicht auf dem Boden. Steven drehte ihn um. Es war Ari, die Haushälterin. Ihr Nachthemd war zerrissen und über und über mit Blut verschmiert.
Sarina begann zu schreien und schlug die Hände vor das Gesicht. Margaret legte ihre Arme um Sarina und versuchte sie zu beruhigen. Steven nahm

sein Handy. Mit zitternden Fingern wählte er die Nummer der Polizei. »Ich muss zu meinen Jungs«, beeilte sich Sarina zu sagen. Abrupt befreite sie sich aus Margarets Umarmung. »Hoffentlich haben sie davon nichts mitbekommen.«

In großer Eile rannte sie in die Küche zurück, lavierte sich an der Blutlache vorbei und nahm im Flur gleich zwei Stufen auf einmal die Treppe zum ersten Stock empor. Margaret wollte ihr gerade folgen, da entdeckte sie unter einem anderen Busch ein nacktes Kinderbein. Hastig schlug sie die rechte Hand vor den Mund, riss entsetzt ihre Augen auf und deutete mit dem Zeigefinger in diese Richtung. Steven, der in diesem Moment das Telefonat mit der Polizei beendet hatte, drehte sich zu Margaret um und folgte mit seinen Augen ihrem Zeigefinger. Dann sah er es auch. Aus dem Haus hörten sie Sarinas verzweifelte Rufe: »Nasraaan! Saaamuel! Wo seid ihr?« Sie riss ein Fenster zur Gartenseite auf und blickte hinunter: »Margaret! Die Jungs sind nicht in ihren Betten!« In Bruchteilen von Sekunden entwirrte Sarina Margarets entsetzten Gesichtsausdruck. Sie erblickte den ausgestreckten Zeigefinger, der noch immer in die Richtung deutete, aus der das nackte Kinderbein unter dem Busch hervorlugte.

»N E I I I N!«, stieß Sarina voller Entsetzen hervor. Es war mehr ein Schrei, als ein Wort. Ein Schrei, der fast nichts Menschliches mehr an sich hatte. In diesem Moment wusste sie es. Sie spürte es, intuitiv – ein von Gott gegebener Mutterinstinkt.

Als die Polizei eintraf, lag Sarina im Gras neben ihren beiden Söhnen. Sie hatte keine Kraft mehr zu weinen oder zu schreien. Jegliches Leben schien aus ihrem Körper verschwunden zu sein, so, wie es aus den toten Körpern von Samuel und Nasran geschehen war.

Der brutale Mörder hatte mit einem Messer so lange auf Ari, Samuel und Nasran eingestochen, bis sie kein Lebenszeichen mehr von sich gegeben hatten. Danach hatte er die leblosen Körper in den Garten geschleift und in die Büsche geworfen.

Kurz bevor die Maschine der Malaysian Airlines mit Clark an Board das Landemanöver einleitete, um etwas später auf dem Flughafen Heathrow zu landen, schritt der Pilot durch den Gang und steuerte direkt auf Sitz Num-

mer 23A zu. Es mochten vermutlich die schwersten Minuten in seinem Pilotenleben gewesen sein. Er ging zu Clark Ghandi.
Am Flughafen wurde Clark von einem Arzt in Empfang genommen, der ihn mit der nächsten Maschine zurück nach Kuala Lumpur begleitete.
Der Mörder von Ari, Samuel und Nasran war ein unauffälliger Mann gewesen, der seit drei Jahren als Wachmann für die Ghandis gearbeitet und manchmal mit den Jungs Fußball gespielt hatte. Sein Name war Faisal.
Aus Angst war er zu einem dreifachen Mörder geworden.
In jener Nacht war er mit dem Vorsatz, Ari zu vergewaltigen, in das Haus eingedrungen. Ari hatte sich mit aller Kraft gewehrt. Sie hatte verzweifelt um ihr Leben gekämpft und so laut geschrien, wie sie konnte. Vergeblich. Mutig hatten Samuel und Nasran versucht ihr zu helfen. Aber es war zu spät gewesen. Als die beiden Jungs in das Zimmer ihrer Nanni gestürzt kamen, war sie bereits tot. Dieser Anblick kostete Samuel und Nasran das Leben.

Wie es nach einer indischen Sitte üblich ist, wurden die beiden Brüder innerhalb von 24 Stunden beerdigt. Vielleicht half Sarina gerade dieser Umstand, da sie sich noch in einem Schockzustand befand, dass sie nur drei Tage nach den schrecklichen Ereignissen, die ihr Leben von einer Sekunde zur anderen auf grausamste Weise verändert hatte, in der Aula der International School in Kuala Lumpur vor 350 Menschen stehen konnte und von ihren wunderbaren Söhnen erzählte.

Während Sarina mit vibrierender Stimme in ein Mikrofon sprach, ruhten ihre Jungs bereits friedlich in der Erde. »Die meisten von euch ...«, beendete sie allmählich ihre Rede, »haben Samuel und Nasran gut gekannt. Sie waren beide fleißige Schüler und sollten einmal auf ein Kolleg gehen. Dafür legten wir ein Sparkonto an. – Nun sind meine Jungs tot. Sie brauchen das Geld nicht mehr. Trotzdem werden wir auf das Sparkonto weiter Geld einzahlen. Ich möchte daraus einen Samuel und Nasran-Gedenkfond machen. Er wird dem Besten aus den jeweiligen Klassen in die Samuel und Nasran gegangen sind, als Stipendium zur Verfügung gestellt.«
Ein gedämpftes Klatschen erfüllte die Aula. Sarinas Augen liefen über. Sie ließ es einfach geschehen. Noch einmal setzte sie an, etwas zu sagen. Es waren die letzten Worte der tapfersten Frau der Welt, die durch die große

Aula der Schule klangen: »Samuel und Nasran sollen niemals vergessen sein.« Dann ging Sarina mit tief gesenktem Kopf zu ihrem Platz zurück und setzte sich neben Clark, der schon seit drei Tagen kein einziges Wort mehr gesprochen hatte. An einer Orgel saß ein Junge und begann das Ave-Maria zu spielen.

Sechs Monate später verließen Sarina und Clark Ghandi Malaysia und zogen zurück nach England. Im darauffolgenden Winter verspürte Sarina neues Leben in sich. Sie brachte Zwillinge zur Welt, zwei gesunde kräftige Mädchen: Samira und Nasina.

In den Gedenkfond zahlen sie noch heute ein. Das erste Stipendium wird im Sommer 2009 ausgezahlt. Samuel und Nasran, die Kinder von Taman Seputeh, sollen niemals vergessen sein.

Das Geisterhaus

Hin und wieder verspürten wir, obwohl wir das asiatische Essen sehr lieben, Heißhunger auf westliche Küche, z.B. auch auf eine leckere Pizza. Dafür fuhren wir sogar sechs Kilometer weit, zu Pizza-Hut.
Bei einem dieser Hieperausflüge entdeckte ich eine wunderschöne, weiße Villa, an der ein Schild mit der Aufschrift ZU VERMIETEN! hing. Die Villa war ein Traum. Ich verliebte mich sofort in das herrliche Schmuckstück. Sie stand mitten auf einem etwa 1.000 Quadratmeter großen Eckgrundstück und hatte einen pompösen Pool. Rundherum war das Grundstück mit einer weißen, hohen Mauer begrenzt, die jeweils im Abstand von einem Meter mit einem kunstvoll geschmiedeten Zierelement versehen war und in den Farben Schwarz und Gold formvollendet gestrichen war.
Die zweistöckige Villa hatte rechts und links vor dem imposanten Eingang bis zum Dach reichende weiße, mächtige Säulen, breite weiße Sprossenfester und eine ausgedehnte Terrasse, die bis an den Pool heranreichte.
In Gedanken sah ich mich schon mit einem gekühlten Drink in der Hand am Pool liegen. Ich war total begeistert und versuchte, meinen Mann, der die Villa als Protzkasten bezeichnete, auf der Stelle zu überreden, die Telefonnummer auf dem Schild anzurufen.
»Die Villa ist für uns bestimmt nicht bezahlbar«, sagte er emotionslos.
»Das wissen wir erst, wenn du angerufen hast«, entgegnete ich aufgewühlt.
»Außerdem ist sie viel zu groß für uns«, versuchte er es weiter.
»Auch das wissen wir erst, wenn wir sie von innen gesehen haben. – Bitte, ruf an!«
»Katharina!«, betonte er präzise und deutlich jeden Buchstaben aussprechend.
Das kündigt keine Liebeserklärung an.
»Denk doch mal an die laufenden Kosten. Ein so großes Haus, in jedem Zimmer eine Klimaanlage. Der Pool muss ständig gereinigt werden. Wir brauchen einen Gärtner. Ich habe keine Zeit dazu und du auch nicht.«
Natürlich hatte er Recht. In einem Kondominium zu wohnen, brachte unendlich viele Vorteile mit sich. Man musste sich um nichts kümmern. 30 Angestellte sorgten für alles. Um die Außenanlagen, die Sportanlagen, die Sicherheit, die Reinigung, den Pool, Service – einfach alles. Aber ich war

von der Villa wie magisch angezogen und wollte sie unbedingt, zumindest von innen, einmal gesehen haben.

Meine angewandte weibliche Taktik blieb leider ohne Erfolg. Gegen seine Argumente konnte ich einfach nichts entgegensetzen. Trotzdem rief ich am nächsten Tag den Makler an und vereinbarte einen Besichtigungstermin. Am späten Nachmittag holte er mich mit seinem Wagen ab.

Das ist in Malaysia übrigens ganz normal. Der Interessent wird vom Makler abgeholt, zum Objekt gebracht und danach wieder nach Hause gefahren. Ein super Service.

Als ich in die Villa kam, verschlug es mir fast den Atem. Sie war nicht nur von außen wunderschön, auch die Innenausstattung ließ keinen Zweifel daran: Hier hatte sich der Bauherr etwas ganz Besonderes einfallen lassen.

Weißer Marmor auf sämtlichen Fußböden, weiße Holztüren mit eingelassenem Facettenschliff, eine gigantisch große Küche; der Traum einer jeden guten Hausfrau. Die ich zwar nicht bin, aber eine schöne große Küche kann man ja immer gebrauchen. Große, helle Räume. Jedes der drei Schlafzimmer war mit einem eigenen Bad mit direktem Zugang ausgestattet. Die Villa verfügte sogar über einen Kinoraum, der mit sämtlichen notwendigen elektronischen Raffinessen ausgestattet war, die in ein solches Zimmer gehören. Ha! Genau der richtige Raum, um meinen Mann doch noch für eine Besichtigung zu begeistern.

Und der Mietpreis? Tja, der war ebenfalls ein Traum. Er lag knapp 300 Euro über der Miete, die wir für unser kleines Apartment bezahlten. Einfach traumhaft.

Zuerst berichtete ich Marina von der eleganten Villa und dass sie darin ein viel, viel größeres Zimmer haben würde als ihr jetziges. Garantiert.

Als mein Mann am Abend nach Hause kam, schwärmte ich ihm natürlich in funkelnden Farben von der Villa vor. Und genau, wie ich es mir gedacht hatte, zog er bei dem Wort Kinoraum interessiert die Augenbrauen hoch.

Drei Tage später standen wir gemeinsam in meiner Traumvilla. Um es gleich vorwegzunehmen: Alle waren begeistert.

Als wir uns von dem Makler draußen auf der Straße verabschieden wollten, kam der Nachbar von gegenüber herbeigeeilt. Ein Chinese. Er zeigte sich überaus erfreut, dass wir Deutsche waren und vielleicht bald seine Nachbarn werden würden. Sofort zückte er seine Visitenkarte und sagte: »Rufen Sie mich an.« Was ich noch am gleichen Abend, in voller Vorfreude auf eine gute Nachbarschaft, tat. Beiläufig erwähnte er, dass die Villa schon seit neun Jahren leer stehen würde.

»Aber danach sieht sie gar nicht aus«, sagte ich überrascht.

»Der Eigentümer renoviert sie ja auch ab und zu.«

»Wieso steht sie denn schon so lange leer?«, wollte ich wissen.

»Weil die anderen Nachbarn so viel Blödsinn erzählen.«

»Was denn für einen Blödsinn?«

»Sie behaupten, in der Villa spukt es. Ein Geist würde sein Unwesen treiben.«

Ich rief ein paar Kolleginnen an, die schon viele Jahre in K.L. lebten und fragte, ob sie von dieser spukenden Villa in der Nähe von Pizza-Hut gehört hätten.

»Ja!«

»Ja?«

Alle erzählten mir die folgende Story: Ein reicher Malaysier hatte die Villa 1975 gebaut, in der er mit Frau und drei Kindern zehn Jahre lang glücklich und zufrieden gelebt hatte. Eines Tages erhängte sich seine Ehefrau im Schlafzimmer. Man beschwor den Malaysier, aus der Villa auszuziehen, da sich der Geist seiner verstorbenen Ehefrau darin aufhalten würde. Der Mann hielt das für Humbug. Aber nacheinander kamen alle drei Kinder bei einem Unglück ums Leben. Daraufhin ließ der Malaysier die Villa abreißen und baute eine neue, diese meine Villa, in die er aber nicht mehr eingezogen ist.

Ich war fassungslos und machte sofort mit unserem Feng-Shui-Meister einen Termin aus. Zuerst schaute er in meine Karten. »Ja!«, sagte er. »Da steht sehr bald ein Umzug ins Haus. – Aber es ist ein großer Umzug.« Das kann schon sein, dachte ich. Bei all unserem Hausrat, den wir mittlerweile wieder angesammelt hatten, könnte man gut und gerne von einem großen Umzug sprechen.

»Was ist mit dem Geist in der Villa?«, fragte ich.

»Das kann ich aus der Ferne nicht sagen. Ich muss in die Villa gehen.«

»Okay. Morgen früh um zehn Uhr?«

»Passt. Bitte holen Sie mich ab.«

Gesagt, getan. Wir fuhren zur Villa und der Meister schritt durch alle Zimmer. Ich musste draußen warten und durfte nicht mit hinein.

Für den Fall, das der Geist eventuell Besitz von mir ergreifen sollte.

Mir war, ehrlich gesagt, unheimlich zumute. Obwohl ich diesen Dingen nicht abgeneigt gegenüberstehe und mir auch gerne mystische Filme anschaue, aber hautnah damit konfrontiert zu werden, hat eine völlig andere Qualität. *Frottee-Haut* überzog meinen ganzen Körper. Der Meister bestätigte mir: »Tatsächlich. In der Villa wandelt eine unglückliche, verstorbene Seele umher, die keine Ruhe findet.«
Gut. Damit konnte ich umgehen. Das hatten wir ja nun schon von anderen erfahren. Aber der wahre Schocker kam gleich hinterher.
»Es sind aber noch drei weitere Seelen vorhanden«, sagte der Meister. »Junge Seelen.«
Och nö neh.
Meine Traumvilla schien sich in eine Alptraumvilla verwandelt zu haben.
»Können Sie denn etwas dagegen unternehmen?«, fragte ich. Ja, ja – das könne er.
Garantiert und sicher?
Aber sicher!
Wir vereinbarten einen Termin für eine nächtliche Geistaustreibungszeremonie. Ich rief den Makler an und teilte ihm mit, so lange sich Geister in der Villa befänden, würden wir sie nicht mieten wollen.
»Ich verstehe«, sagte er verständnisvoll. Er habe ja auch schon davon gehört. »So? Und wieso haben Sie uns das nicht gleich gesagt?«
Schweigen.
Also auch der Makler glaubte daran und ließ nicht einmal einen winzigen Zweifel aufkommen. Mein Mann amüsierte sich köstlich über die Story. »So ein Quatsch«, sagte er. »Willst du nun in die Villa ziehen oder nicht?«
»Ja. Doch. Schon. Aber ich will sie nicht mit einem Geist teilen, und schon gar nicht mit vier Geistern.«
Bei Vollmond fand die mystische Austreibungszeremonie statt – aber ohne uns. Der Meister hatte mir gesagt, unsere Anwesenheit sei nicht notwendig. Prima. Ich wäre sowieso nicht hingegangen, Marina erst recht nicht und mein Mann schon gar nicht.
Am nächsten Tag kam der Meister zu uns nach Hause und teilte uns den erfolgreichen Ausgang der Geistervertreibung mit. Er hätte zwei Helfer dabei gehabt, ein Zicklein geschlachtet, mit dem Blut mystische Rituale durchgeführt und dann seien alle kurz nach Sonnenaufgang wieder heim-

gegangen. Die Geister, der Meister, das Zicklein und die beiden Helfer. So genau wollte ich es eigentlich gar nicht wissen.

»Alles zusammen kostet Sie 1.700 Ringgit«, sagte er lächelnd.

Was mein Mann dazu gesagt hat, möchte ich hier lieber nicht wiederholen. Ich war zumindest erstmal beruhigt.

Wir beschlossen, noch einmal in die Villa zu gehen, um Maß zu nehmen, bevor wir letztendlich den Mietvertrag unterschreiben würden.

»Eigentlich ...«, nuschelte der Makler am Telefon, hätte er überhaupt keine Zeit für einen weiteren Termin. Schon gar nicht in den nächsten drei Tagen. Mein Mann machte ihm jedoch klar: Wenn nicht heute, dann gar nicht mehr. »Hören Sie«, sagte mein Göttergatte. »Wir haben schon genügend Zeit und Geld vergeudet mit dieser blöden Geisteraustreibung. Also. Was ist jetzt? Ja oder Ja?«

Drei Stunden später trafen wir uns mit dem nuschelnden Makler in der Villa. Zuerst vermaßen wir die Räume im Erdgeschoss. Innenküche, Außenküche, Esszimmer, Wohnzimmer, noch ein Wohnzimmer, Eingangshalle, Vorraum zur Eingangshalle und großes Zimmer mit Bad. »Mein Gott«, rief mein Mann ständig, während er den Zollstock schwang. »Die Zimmer sind so riesig, da werden unsere Möbel wie Puppenspielzeug wirken.«

Wir gingen in den oberen Stock, in dem sich drei große Schlafzimmer mit jeweils einem separaten Bad, einem Fitnessraum und dem Kinoraum befanden. Die gesamte Etage stand unter Wasser. Einen Tag zuvor hatte es in K.L. mal wieder kräftig geregnet. Das Wasser war durch das Dach hinter sämtlichen Einbauschränken in die Zimmer hineingelaufen. Durch die geschlossenen Fenster hörten wir den tobenden Abendverkehr, das Autohupen, LKW-Donnern und Reifenquietschen.

Der Nachbar von gegenüber hatte unser Auto gesehen und kam in die Villa. Freudestrahlend erzählte er uns, dass er wegziehen würde und zwar schon nächsten Monat. Seit kurzem sei es sehr unruhig in dieser Straße geworden. Die anderen Nachbarn würden von extrem gewordener Geisteraktivität berichten, die *er* ja völlig ignoriere, weil es doch gar keine Geister gäbe. Er verkaufe seine Villa. Ob wir die nicht haben wollten.

Nein. Nein. Nein. Wir bleiben da, wo wir sind und haben von Villen erstmal die Nase voll.

Enttäuscht fuhren wir nach Hause. Insgeheim redete ich mir ein, dass die *Geister* alles getan hatten, um uns vor einem Einzug in diese Villa zu warnen – bis hin zum kräftigen Regenguss.

Zwei Tage später reduzierte der Eigentümer noch einmal den Mietpreis der Villa. Wir hätten noch weniger Miete gezahlt als für unser Apartment. Eindringlich versicherte er uns, er würde alles in Ordnung bringen lassen. Nein, danke.

Bitte keine Geisterstorys mehr.

Piercing-Parade

An einem Tag im Jahr sind in Malaysia alle Hindus gleich, egal, welcher Kaste sie angehören und egal, ob Frau oder Mann. Es gibt keine sozialen Unterschiede. Es ist der Tag, an dem die Gläubigen den Gott Murugan, einen der beiden Söhne der obersten Gottheiten Shiva und Parvathi, verehren: das Thaipusam-Fest. Dieses Fest findet immer bei Vollmond statt und wird außerhalb Südindiens noch exzessiver gefeiert als im Ursprungsland.
In Malaysia findet die größte Feier bei den Batu Caves, etwa 13 Kilometer außerhalb von K.L., statt, in einem Berg, in dem sich eine riesige Tropfsteinhöhle befindet. In dieser Höhle haben die Gläubigen einen gewaltigen Hindutempel errichtet. Wer sich den farbenfrohen und kolossalen Tempel anschauen will, muss allerdings eine gute Kondition haben. 272 Stufen gilt es, steil bergauf zu klettern, bis man die Höhle erreicht hat.
Das Thaipusam-Fest beginnt kurz nach Mitternacht mit einer Prozession vom Mariamman-Tempel in Chinatown quer durch die Stadt bis zu den Batu Caves, wo sie gegen sechs Uhr morgens eintrifft.
Wer einen empfindlichen Magen hat, sollte dem Spektakel jedoch lieber fern bleiben.
Ich war der Meinung, dass mein Magen das aushalten würde und mischte mich schon um halb sechs am frühen Morgen unter die Gläubigen, ohne etwas im Bauch zu haben. Nicht einmal einen schnellen Kaffee hatte ich daheim getrunken.
Draußen war es noch dunkel, aber die Straßen waren schon mächtig verstopft. Deshalb parkte ich meinen Wagen etwas außerhalb. Gut zehn Minuten musste ich laufen, bis ich von weitem ein dröhnendes, rhythmisches Trommeln hörte. In der Dunkelheit wirkte es gespenstisch. Nach weiteren fünf Minuten Fußmarsch sah ich aus der Ferne den imposanten Eingang der Höhle. Riesige Scheinwerfer hatten den steilen Treppenaufgang in gleißend grelles Licht gehüllt. Ich ging näher und näher und kam an einen großen Platz vor der Höhle. Tausende waren schon auf den Beinen.
Ringsumher standen Zelte, in denen es alles zu kaufen gab, was der gläubige Hindu benötigt. Die Luft war drückend. Überall roch es nach einer Mischung aus Duftölen, Räucherstäbchen, Holzkohle, schweren Parfums, unterschiedlichsten Körperdüften und Kokosmilch.

In einigen Zelten wurden den Hindus die Köpfe kahl geschoren. Auch kleine Kinder waren darunter. Nach der Kahlscherung stiegen die Gläubigen in den nahegelegenen Fluss oder duschten sich unter den eigens für das Fest hergerichteten, simplen Duschen.

Männer in maisgelben Hosen, mit nacktem, vor Schweiß glänzendem Oberkörper, tanzten sich zu religiösem Gesang und rhythmischem Trommelgedröhn wild in Trance. Der Blick in ihren Augen wirkte scheintot und der Ausdruck ihres Gesichts maskenhaft starr. Einige hatten in ihren Rücken und Oberkörpern Haken und Nadeln in Form eines Speers stecken, an denen zusätzlich Zitronen, Pfauenfedern, Götterbilder, Glöckchen oder hölzerne Bogen befestigt waren. Andere ließen sich an Seilen, die durch an ihren Rücken befestigten Haken gezogen waren, immer wieder nach hinten ziehen.

Aua! Aua! Aua!

Sogar Frauen hatten in ihren Wangen oder Zungen Nadeln oder Speere stecken. Der unbehagliche Anblick dieser überdimensionalen Piercing-Varianten ließ meinen Mund trocken werden. Obwohl kein Tropfen Blut zu sehen war, wurde ich etwas unleidlich, um nicht zu sagen: Mir wurde flau. Schließlich hatte ich noch nichts gefrühstückt.

Die Geräuschkulisse erreichte einen extremen Radau. Das Trommeldröhnen wurde lauter und lauter. Zwischen den Menschenmassen lavierten Gläubige Schalen, in denen sich glühende Kohlen befanden.

Wieso glühende Kohlen? Friert jemand?

Ich wollte den Grund wissen und fragte eine Inderin. Sie erzählte, dass die Kavadi-Träger einen Metalleimer auf dem Kopf balancieren, in dem sich Milch befindet. Damit müssen sie über glühende Kohlen laufen.

Nein, nein – nicht bis sie kocht.

Es ist ein Ritual, um sich innerlich zu reinigen.

Die Luft wurde wärmer und die Gerüche aufdringlicher. Nach einer ganzen Weile begab sich die Piercing-Parade mitten durch die immer größer werdende Menschenmenge die 272 Stufen hinauf zum Tempel. In der Morgendämmerung wirkte die nicht enden wollende Prozession der sich im Trancezustand befindenden, rhythmisch tanzenden, bunt gekleideten und metallgespickten Menschen mehr als unheimlich auf mich.

Ich verspürte eine auffällig angespannte Atmosphäre, die kaum zu beschreiben war. Trotzdem ließ ich mich von dem Menschenstrom in

Richtung Treppe treiben. Angesichts dieser Massen hoffte ich, dass die Statiker, die dieses Treppenbauwerk errichtet hatten, Profis gewesen waren. Und noch mehr hoffte ich, dass die ausführende Baufirma den Statikgesetzen auch ordnungsgemäß gefolgt war.

Die Treppe war in drei Teile gegliedert. Links schoben sich die aufsteigenden Menschenmassen Richtung Tempel, in der Mitte liefen die Kavadi-Träger mit ihren Metalleimern auf dem Kopf und nebst ihren Begleitern hoch und die rechte Seite war für die Absteigenden reserviert.

Der ohnehin schon anstrengende Marsch nach oben wurde durch herumliegende Schuhe, Plastikbeutel und leere Wasserflaschen, die überall auf den Stufen herumlagen, noch erschwert. Auf den größeren Treppenabsätzen standen Helfer des Roten Halbmond und forderten zum Weitergehen auf. Ich stellte mir mal wieder ein Horrorszenario vor.

Wenn jetzt eine Panik ausbricht, dann möchte ich, dass mir sofort Flügel wachsen.

Als ich endlich den Höhleneingang erreicht hatte, war durch die aufgehende Sonne die Temperatur weiter angestiegen und die Gerüche waren noch intensiver geworden. Vor dem Schrein des Gottes Murugan wurden die Piercings abgenommen. In die Wunden rieben sie heilige Asche. Eine indische Priesterin holte die Kavadi-Träger aus ihrer Trance, auf die sich die Gläubigen zwei Wochen lang vorbereitet hatten. Dabei schrien einige heftig, manche bekamen Schaum vor den Mund und verdrehten wild die Augen. Andere schüttelten sich nur. Danach mischten sie sich, als sei nichts gewesen, wieder unter die Menschenmassen, die sich 272 Stufen hinunterbewegten.

Ich stand oben auf der Treppe. Das ständige dröhnende Trommeln in den Ohren blickte ich auf die kunterbunte Menge, die sich weiter nach oben in Richtung Höhle drängte. Der Strom an Bussen, der immer neue Gläubige brachte, riss nicht ab. Es kamen immer mehr. Der echte Wahnsinn.

Nach der Prozession erhält jeder Pilger am Ausgang eine warme Mahlzeit, die von Freiwilligen gekocht und verteilt wird. Als ich wieder heil unten angekommen war, aß ich etwas Reis mit Hühnchen, damit sich mein Magen beruhigen konnte.

Auch die noch so kleinste freie Stelle rund um das gesamte Areal war belagert. Selbst auf dem Highway saßen die Menschen auf den Leitplanken und aßen, während sich weitere Busse einen Weg durch die Massen bahnten. Ich setzte mich mit meinem Styroporteller zwischen die Menge und konnte deutlich spüren, dass die Atmosphäre hier unten gelöster und lockerer war als vor der Gipfelbesteigung.

Obwohl das Fest erst vor einigen Stunden begonnen hatte – es dauert in der Regel zwei Tage – blickte ich fassungslos auf Müllberge, die beängstigende Ausmaße angenommen hatten. Es war ein Ereignis, das ich garantiert so schnell nicht vergessen werde.

Unforgettable

Ein paar intensive Wochen lagen hinter mir. Gemeinsam mit dem Redaktionsteam hatte ich ein Go-Kart-Rennen mit allem drum und dran organisiert. Die Botschafter aus der Schweiz, Österreich und Deutschland hatten das Rennen eröffnet. Ohne Zwischenfälle hatten sie selbst ein paar Runden auf den kleinen Flitzern gedreht. Die Sponsoren waren mit dem Event zufrieden gewesen, die Besucher auch und das Wetter hatte uns ebenfalls keinen Strich durch die Rechnung gemacht. Schließlich war Regenzeit und das Rennen zog sich einen ganzen Tag lag hin.
Kurzum, das erste KL-Post Gokart-Rennen in Kuala Lumpur war erfolgreich über die sprichwörtliche Bühne gelaufen und die Teilnehmer hatte ansehnliche Preise eingeheimst.
Erschöpft, aber zufrieden saß ich am Abend gemütlich draußen auf dem Balkon und lauschte dem Grillenzirpen. Es war 21 Uhr und wir hatten noch immer 28 Grad. Während mein Mann Rotwein in die Gläser goss und Marina unter der Dusche stand, klingelte es an der Wohnungstür. Tanja, meine australische Freundin aus der achten Etage, stand mit einem voll beladenen Tablett selbstgemachter Cevapcici im Eingang. Das hatte sie von ihrer Mutter gelernt. Ihre Eltern stammten ursprünglich auch Kroatien. In den 60er Jahren waren sie nach Australien emigriert. Tanja und ihr Bruder wurden in Australien geboren. »Hey, Tanja«, rief ich erfreut. »Das ist aber eine Überraschung. Deine Cevapcici kommen wie gerufen.«
Wir plauderten, tranken Rotwein und aßen die köstlichen Cevapcici. Irgendwann sagte Tanja: »Meine Freunde aus Singapur sind jetzt auch nach K.L. gezogen. Die müsst ihr unbedingt kennen lernen. Sie heißt Ankel und ist auch eine Deutsche.« Unsere Konversation fand natürlich auf Englisch statt. Deshalb fragte ich noch einmal nach: »Ankel? – Du meinst sicher Anke.«
»Anke? – Nö, sie heißt Ankel«, erwiderte Tanja.
Schon am darauffolgenden Sonntag lernten wir bei einem gemeinsamen Brunch *Anke* kennen. Anke entpuppte sich als Familienname und wir trafen zum ersten Mal Beatrice und Alexander Ankel.
Von da an waren wir fast unzertrennlich und verbrachten viele gemeinsame Stunden mit unseren neuen Freunden Bea und Alexi und ihren drei Kindern Eliana, Sophia und Milena.

Eines Tages beschlossen wir, einen echten Dschungeltrip zu unternehmen. Ich hatte von einem Chinesen namens Ho Lee gehört, der sich mitten in der Wildnis ein Stück Dschungel gekauft hatte und dort mutterseelenallein in einer selbstgebauten Hütte leben sollte. Den wollten wir besuchen. Der Weg dorthin wäre nicht ungefährlich, hatte man mir gesagt.

Damit wir uns auch nicht verirren konnten, bat ich Tilman Schröder (den erfahrenen Tourguide aus der Glühwürmchenstory), uns zu begleiten. Außerdem besaß Tilman einen robusten, dschungeltauglichen Geländewagen. Wir nicht. Aber die Ankels. Jedoch passten wir nicht alle in den Ankel-Jeep.

Morgens um halb acht traf sich unsere kleine Abenteurergruppe, die immerhin aus zwölf Personen bestand, am vereinbarten Platz mitten in der Stadt. Fünf Ankels, drei Bachmans und vier Schröders.

Dort checkte Tilman die Ausrüstung auf alle Eventualitäten, die einem in der Abgeschiedenheit jeglicher Zivilisation widerfahren konnten.

Ausgestattet mit genügend Proviant, reichlich Wasser, Plastikgeschirr, Mückenspray, Verbandskasten, Taschenlampen, Dschungelmesser und Ersatzkleidung, machten wir uns zu einem großen Abenteuer auf, das keiner von uns so schnell wieder vergessen sollte.

Nachdem wir gut eine Stunde über die malaysischen Highways gefahren waren, verließ unsere Minikarawane den festen Asphalt und bog nach rechts in einen ziemlich buckligen Weg ein. Kurz darauf befanden wir uns mitten im Dschungel. Die Sonne blinzelte ab und zu durch dichte Palmblätter hindurch. Der einigermaßen befahrbare Weg wurde mehr und mehr zu einem chaotischen Pfad und führte uns bergauf. Stellenweise war er so schmal, dass sich die Jeeps nur mit aller Vorsicht im Schneckentempo fortbewegen konnten.

Wir wurden mächtig hin und her gerüttelt, da sich dicke Steinbrocken auf dem mittlerweile schwer befahrbaren Pfad befanden. Rechts ging es steil bergab. Dort unten verlief ein reißender Bach, in dem große Felsbrocken lagen, um die sich das abwärts strömende Wasser peitschend schlängelte.

Es ging immer höher hinauf. Die Jeeps, aber ganz besonders seine Insassen, wurden immer wilder durchgeschüttelt, bis wir nach etwa 45 Minuten Super-Turbo-Schleudergang endlich eine Lichtung erreichten.

Gott sei Dank. Ich glaube, sonst hätten wir alle mit einer Gehirnerschütterung und Wirbelsäulenstauchung die nächsten Wochen im Krankenhaus verbracht.
Oben auf der Lichtung führte ein abschüssiger Weg nach links in ein nahezu unwegsames Gelände. »Ich glaube, hier müssen wir runter«, rief Tilman aus dem offenen Autofenster nach hinten zum zweiten Jeep.
Ach du liebes bisschen. Sicherheitshalber mache ich schon mal meine Augen zu. Außerdem, was heißt hier: Ich glaube?
Es ging bergab. Aber wie! Ich wagte einen Blick aus dem Seitenfenster. Vor uns, weiter unten, stand eine Hütte. Das musste sie sein, die simple Behausung von Mister Ho Lee. Die Autos stoppten endlich und wir stiegen aus.
Nach diesem zentrifugalen Ausflug musste ich sofort auf die Toilette. Während ich mich noch nach einem geeigneten Plätzchen, irgendwo zwischen Büschen und Sträuchern, umschaute, rief mir Bea von der Hütte aus zu: »Du, der hat sogar ein stilles Örtchen.«
Mister Ho Lee hatte nicht nur eine richtige Toilette mit Waschbecken und fließendem Wasser aus dem Hahn. Er war sogar Besitzer eines kleinen Kraftwerks, mit dem er seinen eigenen Strom erzeugen konnte, den er für seine Hütte und das Treibhaus, das er ebenfalls gebaut hatte, benötigte. Unglaublich.
Dieses kleine Kraftwerk war der Hit. Ho Lee hatte sich aus Zinkeimern und ein paar Autofelgen, an dem die Eimer befestigt waren, ein Wasserrad gebaut. Durch sein Grundstück verlief ein kleiner Bach, in dem er das Wasserrad mit viel Erfindungsreichtum angebracht hatte. Das Ganze funktionierte so: Zunächst hatte er sich das Prinzip eines Wasserkraftwerkes zunutze gemacht, indem er den an seiner Hütte vorbeifließenden, zwar nicht gerade reißenden, aber dennoch strömenden Bach, sachte aufstauen ließ. Aus der handgemauerten Staumauer ragte ein Abflussrohr. Das Wasser sprudelte in die Zinkeimer, die sternförmig an eine alte Autofelge geschweißt waren, und zwar an die Achsen. Am Ende der Felge saß eine Keilriemenscheibe. Der Keilriemen trieb eine oberhalb gelegene, zweite Achse an, die die langsamen Drehbewegungen des Wassereimerschaufelrads in schnellere Drehbewegungen übersetzte. Das reichte aus, um am Ende dieser altbewährten Kraftübertragungskette eine Lichtmaschine in

Gang zu setzen. Diese gesammelte Energie lud einen Satz Autobatterien so weit auf, dass Mr. Ho abends ein Licht aufging.
Ob ein deutscher Stromkonzern das wohl erlaubt hätte?
Wie auch immer. Die vielen Jahre, die Ho Lee bei Siemens Malaysia beschäftigt gewesen war, hatten ihre elektrischen Spuren hinterlassen.
Übrigens, das aus den Eimern des Ho'schen Wasserkraftwerkes fließende Wasser wurde, bevor es wieder im Fluss landete, vorher zum Gewächshaus umgeleitet, um die dort ebenfalls selbst gebaute Sprinkleranlage zu betreiben. Sie versorgte das angepflanzte Gemüse per Zeitschaltuhr mit dem notwendigen Nass. Das Gewächshaus diente ihm als ganz privater Garten Eden. Er hatte Tomaten, Salat, Gurken und Kräuter angepflanzt.
Ho Lee freute sich mächtig über seine unerwarteten Gäste. Er war völlig aus dem sprichwörtlichen Häuschen, beziehungsweise seiner Hütte. Seit Monaten hatte er keine Menschenseele mehr gesehen oder gar gesprochen. Sein Englisch war gut. Daher war er also in der Lage, uns einen Einblick in seine überaus interessante, wundersame, abgeschiedene und glückliche kleine Welt zu ermöglichen. Alle drei, vier Monate machte er sich auf in die Stadt, um ein paar notwendige Dinge zu kaufen. Reis, Öl, etwas Werkzeug, Glühbirnen usw.
Vor der primitiven Hütte, die auf Stelzen stand, hatte er einen Grillplatz gebaut. Es war ein simples Erdloch, um das einige Ziegelsteine gelegt waren und auf denen oben ein Rost lag. Die Hütte bestand aus vier Holzwänden, die er sich aus dünnen Baumstämmen zusammen gezimmert hatte. Auf einer Seite der Holzwände, nämlich auf der Windseite, war ein großes Loch, das als Fenster und gleichzeitig als Klimaanlage diente. Davor hing eine Bambusmatte, die den Regen abhalten sollte. Aber bei den kräftigen Wolkenbrüchen, die während der Monsunzeit herunterprasseln können, war sie eigentlich völlig nutzlos. Zumindest hielt sie die eindringenden heißen Sonnenstrahlen etwas ab.
Um in die Behausung zu gelangen, musste man vier steil angebrachte Balken heraufklettern, die rechts und links von zwei weiteren Balken gestützt wurden. Auf dem Fußboden lagen ein paar Matratzen aufeinandergestapelt. Über einem weißen Plastikstuhl hingen Kleidungsstücke, Ho Lees Kleiderschrank also. Darunter lagen Flip-Flops und in einer anderen Ecke Turnschuhe. Die meiste Zeit trug Ho Lee jedoch gar keine Schuhe. Er lief barfuß, selbst durch das struppige und stachlige Dickicht des Dschungels.

Ho Lee führte uns in sein Gewächshaus. Sensationell. Die Konstruktion war aus Aluminium. Eine Klimaanlage lief. Als Glas diente ihm milchige, dicke Plastikfolie. Mit Hilfe einer Zeitschaltuhr bewässerte er punktgenau sein Gemüse. Den Strom dazu produzierte das kleine Kraftwerk. Die winzigen Tomaten schmeckten köstlich. Obwohl seine nächste Ernte ganz offensichtlich nicht viel hergeben würde, bestand er höflich, aber unaufhörlich darauf, dass wir sie probieren sollten, seine leckeren Tomaten.
Es war Mittagszeit. Wir hatten Hunger. Die Männer holten schwere Kühlboxen aus den Jeeps, in denen sich unsere mitgebrachten Fressalien befanden. In einer zweiten Kühlbox lagerten, herrlich gekühlt, die Getränke.
Vor der Hütte stand ein selbstgezimmerter großer Holztisch mit Bänken davor, auf dem wir unsere Mitbringsel ausbreiteten. Tilman trommelte die Kinder zusammen und ging mit ihnen in den Dschungel, um Holz zu sammeln. Mich erinnerte das augenblicklich an das Märchen Hänsel und Gretel. Während ich der kleinen Gruppe noch gedankenverloren nachschaute, sagte Ho Lee zu mir: »Ich hole frische Fische.«
Frische Fische? Hier im Dschungel? Wie will er denn das machen?
Eine ganze Weile später, Ho Lee suchte irgendwo im Dschungel noch immer nach frischen Fischen, kam Tilman mit den Kindern und einer Menge Holz zurück. Der Grill wurde in Gang gesetzt und das Feuer brannte nach wenigen Minuten wie Zunder.
Dann kam Ho Lee zurück, mit frischen, drallen Fischen. Etwa 100 Meter aufwärts von seiner Hütte entfernt, befand sich eine Fischfarm, die wir uns später näher anschauen wollten.
Direkt neben Ho Lees Schlaf- und Wohnzimmer hatte er sich eine winzige Küche gebaut. Alles offen, versteht sich, aber mit einem simplen Dach darüber. Sie besaß sogar ein richtiges Spülbecken, eine Arbeitsfläche und fließend kaltes Wasser aus dem Hahn. Ho Lee begann die Fische zu putzen. Interessiert stellte ich mich mit Bea dazu. »Komm, Ho Lee«, sagte Bea, »ich mach' das.«
Fachmännisch putzte sie die Fische und nahm sie aus. Sie hatte meine volle Bewunderung und meine uneingeschränkte Aufmerksamkeit.
In der Zwischenzeit rührte Ho Lee eine geheimnisvolle Paste und eine rätselhafte Kräuterfüllung an. Die Füllung sollte Bea in die Fische stopfen und sie danach mit der Paste bestreichen. Zum Schluss wurde jeder einzel-

ne Fisch in eine Alufolie gewickelt und fest verschlossen. Dabei half ich Bea. Das war ja keine große Sache.
In Teamwork präparierten wir also die Fische auf der hölzernen Ablage. Bei uns heißt das Küchenarbeitsfläche. Plötzlich sah ich, wie sich oben auf der Paste ein heller Puder niederlegte, der von oder aus einem Balken rieselte und etwa 35 Zentimeter über der Arbeitsfläche hing. Dieser Querbalken diente Ho Lee als Abstellregal für diverse Gewürztöpfchen. »Bea«, sagte ich im Flüsterton zu ihr. »Was ist denn das?« Sie fixierte mit ihren Augen die Stelle des Gebälks, aus der es rieselte. »Du«, flüsterte sie zurück. »Ich glaube, ... das sind Holzspäne. Da ist der Wurm drin.«
Wir blickten uns vielsagend an und bekamen einen ordentlichen Lachanfall. Minutenlang konnten wir uns kaum beruhigen. Noch immer geschüttelt vor Lachen, fügte Bea nach einer Weile in einzeln ausgestoßenen Worten hinzu: »Macht ... aber ... nix ... Kommt ... doch ... sowieso ... alles ... auf ... den Grill.«
Die gegrillten Fische schmeckten a la bonne heure, mit oder ohne Holzspäne. Nach dem Essen legten sich einige von uns in die Hütte auf die Matratzen zum Mittagsschläfchen. Andere erkundeten die Gegend. Ho Lee war in seinem Gewächshaus verschwunden.
Inzwischen hatte sich der Himmel zugezogen und ein angenehmer Wind war aufgekommen. Für einen Dschungelmarsch genau das richtige Wetter. Wir trommelten alle zusammen. Unsere kleine Gruppe versammelte sich um den Holztisch vor der Hütte. Nun sollte es mit unserem Dschungeltrip endlich losgehen. Jeder schnürte noch einmal seine Schuhe fest, Käppis wurden aufgesetzt, das Survival-Equipment in die Rucksäcke gesteckt, Wasserflaschen eingepackt und dann marschierten wir los.
Nach zwanzig Minuten Marsch erreichten wir einen Schlammbach. Den galt es zu überspringen. Frei nach dem Motto »Alles was mich nicht umbringt, macht mich noch stärker«, setzte ich zum Sprung an. Sekunden später landete ich im Matsch.
Na toll.
Hinter mir wieherte alles vor Lachen. Der nächste Kandidat war mein Mann. Platsch. Landung im Matsch. Wieder krümmten sich alle und johlten haltlos. Meinen Göttergatten hatte es allerdings etwas schlimmer erwischt. Er sah ziemlich matschig aus. Als ich ihn so von oben bis unten

anschaute, begann ich ebenfalls zu lachen. Nun war Marina an der Reihe. Bingo. Matschlandung.

Ho Lee konnte sich die Bruchlandungen nicht mehr länger mit ansehen und kletterte in den Schlamm, um dem Rest der Truppe Hilfestellung zu geben. Plötzlich versank er bis zum Bauchnabel in dem Morast, der die Konsistenz von Pudding hatte. Ho Lee hatte wohl ein Loch erwischt. Alle kugelten sich mal wieder vor Lachen.

Der kleine Mann schaffte es, sich ohne Hilfe aus dem Sumpf herauszuziehen, während auf seinem Gesicht die ganze Zeit ein breites Lächeln lag. Ho Lee sah aus wie ein eingelegter Hering. »Das trocknet wieder«, sagte er grienend. »Dann klopfe ich alles ab. Außerdem ist dieser Matsch ein guter Schutz gegen Mückenstiche.«

Aha. Wieder etwas gelernt. Wozu haben wir dann eigentlich das Mückenspray mitgenommen?

Als wir sozusagen das Basislager der Trekking-Tour erreicht hatten, waren alle ziemlich außer Puste. Bei 90 Prozent Luftfeuchtigkeit und 28 Grad Celsius war das auch kein Wunder.

Ho Lee hatte uns in ein Gebiet geführt, in dem offensichtlich organisierte Dschungeltouren durchgeführt werden. Dort sollten wir Kletterlaien, an professionellem Equipment tarzangleich an Lianen durch den Dschungel schwingen. Ich war natürlich mal wieder die Erste. In diesem Moment erkannte ich den geflügelten Satz »Leute seid nicht feige, lasst mich zuerst hinter den Baum!« in seiner ursprünglichen Bedeutung. »Alles, was ihr tun müsst«, sagte Tilman pragmatisch, »ist, zum richtigen Zeitpunkt loslassen und abspringen.« Mutig umklammerte ich eine Liane und schwang mich zum nächsten Baum. Der exotische Fahrtwind entlockte mir einen lauten Ur-Schrei: »Uuuhhhhaaaaaa.«

Herrlich. Geschafft. Galant war ich auf einer Plattform gelandet, die eigens für diesen Zweck errichtet worden war. Damit hatte ich den anderen die Harmlosigkeit dieser babyleichten Übung signalisiert.

Alexi verzog das Gesicht zur Entschlossenheit und griff willensstark nach einer Liane. Aus Sicherheitsgründen lag vor der Zielpalme ein Sandsack, da konnte nichts passieren. Und schon surrte er juchzend davon ... an mir vorbei ... bis er nicht mehr zu sehen war.

Nach endlos langen Sekunden vernahmen wir einen nicht überhörbaren dumpfen Schlag. Bedenklich blickte sich der Rest unserer Gruppe an. »Ist wohl vor den Baum geklatscht«, rief ich ihnen zu.
Der oder die Nächste bitte. Auf geht's. Mit Tempo durch den Dschungel. Was für ein Erlebnis. Eliana, Sophia und Milena hatten den allergrößten Spaß. Nacheinander schwebten sie ein. Punktlandung. Respekt!
Tilman erklärte den nächsten Schritt: nach Tarzan käme nun Spiderman. Also klettern. Rauf und runter. Runter und rauf.
Irgendwann kamen wir an einen niedrigen Bachlauf. Nun hieß es: Schuhe ausziehen und durchwaten. Aber nach einer ganzen Weile, die wir durch das milchige Wasser gestakst waren, sich zig Blutegel an unseren Füßen und Fesseln festgesaugt hatten, ging es nicht mehr weiter. Also zurück, marsch, marsch. Auf der Hälfte der Strecke wurden wir von einem kräftigen, tropischen Regenschauer überrascht.
»Herrlich«, rief mein Mann sichtlich erfreut. »Da kann ich mich ja duschen und den getrockneten Schlamm loswerden.«
Wir sangen und tanzten durch den Monsunregen, von dem auch unsere Unterwäsche nicht verschont blieb. *I'm singing in the rain. I'm dancing in the rain ...* wurde zum Ohrwurm und der Weg durch das gewaltige Nass immer rutschiger. Diejenigen, die bis dahin noch keine Vollkörperberührung mit dem schlammigen Boden gemacht hatten, landeten – nicht gerade graziös – nun doch auf selbigem. Außer Bea, die, wie durch ein Wunder, man könnte es auch Körperbeherrschung nennen, nicht ein einziges Mal mit der Dschungelerde in Berührung gekommen war. Außer mit ihren Füßen natürlich.
Der morastige Rückweg führte uns an der Fischfarm vorbei, direkt auf Ho Lees Hütte zu, die wir aus der Ferne schon sehen konnten. Er war abschüssig, der sumpfige Pfad und daher mit aller Vorsicht zu genießen. Der Boden unter unseren Füßen wurde immer rutschiger. Wie eine kleine Prozession watschelten wir im Gänsemarsch gemach hintereinander her den Weg hinunter. Bea war die letzte in der Reihe.
Mittlerweile hatten wir aufgehört zu singen, da sich insgeheim jeder nach einer ergiebigen Dusche sehnte. Plötzlich vernahmen wir einen lauten Rums, begleitet von einer leichten Erschütterung des Erdreichs, die man unter den Füßen spüren konnte. Abrupt drehten wir uns alle gleichzeitig um. Mit etwa zwei Kilometern pro Stunde kam Bea in halb liegender Po-

sition auf dem Hosenboden an uns vorbeigeschlingert und johlte freudig. Alles kugelte sich mal wieder vor Lachen.

Als wir an der Hütte angekommen waren, sahen wir alle so aus, als ob wir eine gewaltige Schlammschlacht veranstaltet hätten. Aber nicht nur das. Bea hatte sich bei ihrer Rutschpartie beide Ellenbogen aufgeschlagen. Marina beim Sprung über den schlammigen Fluss das linke Schienbein aufgeschürft. Mein Mann das rechte Knie *und* das rechte Armgelenk. Mitten auf Alexis Stirn prangte eine dralle Beule. Tilman hatte beide Arme zerkratzt. Ho Lee noch immer ein paar Blutegel an seinen Fesseln und meinereiner eine nicht unerhebliche Anzahl von leichten Schürfwunden über den ganzen Körper verteilt. Eliana, Sophia und Milena waren mit ein paar winzigen Kratzern davongekommen.

Zerschunden und erschöpft, aber überaus glücklich, kraxelten wir unter Stöhnen im Zeitlupentempo in die Geländewagen und machten uns nach einem erlebnisreichen, lustigen und abenteuerlichen Dschungeltrip auf den Heimweg. Noch einmal freuten wir uns über den Schleudergang in den Jeeps und erreichten kurz vor Mitternacht K.L.

Unforgettable!

Das Krankenhaus und der Rollstuhl

Das Knie meines Mannes wollte und wollte nicht besser werden. Nach fünf Tagen bestand ich darauf, dass er einen Termin im Gleneagles-Hospital machen sollte, um dem Grund dafür auf die Spur zu kommen.
Das Gleneagles-Hospital genießt einen ausgezeichneten Ruf und wird überwiegend nur von Expats aufgesucht. Eigentlich wirkt es eher wie ein Hotel. Nicht einmal der Eingang lässt vermuten, dass es sich dabei um ein Krankenhaus handelt. Zwei Burschen in roten Sakkos, schwarzer Hose und weißen Handschuhen stehen als Empfangskomitee vor dem Portal und begleiten die gesunden oder kranken Besucher ins Innere des Gebäudes.
Hinter einer Rezeption stehen gepflegt aussehende, junge Frauen in dunkelblauen Kostümen mit goldenen Knopfreihen auf dem Jackett und begrüßen jeden sehr freundlich. Es geht wahrhaftig zu wie in einem Hotel. Das Gepäck der an- oder abreisenden Kranken wird auf einem Kofferwagen aus Messing mit rotem Teppichbelag darauf – genau auf solchen, wie man sie aus einem Hotel kennt – zum Ausgang oder auf die Zimmer geschoben. Es gibt nur Einzelzimmer.
Pastellfarbene Übergardinen mit passender Tagesdecke für das Bett, Stehlampe, Telefon, freundlich wirkende Bildern an den Wänden, ein separates Badezimmer mit allem Drum und Dran, und eine geschmackvoll eingerichtete Sitzecke, vermitteln den Eindruck, es handele sich um ein Zimmer in einem 5 Sterne-Hotel. Man fühlt sich fast wie im Urlaub. Dieses Gefühl wird durch das angenehme, warme Klima in K.L. sogar noch verstärkt.
Kein Wunder also, dass wir uns nicht des Eindrucks erwehren konnten, hier würde man einfach viel schneller gesund werden als in Deutschland.
Das Hotelambiente wird auch nicht dadurch gestört, dass die Kranken, wie in amerikanischen Krankenhausserien zu sehen ist, grundsätzlich mit dem Rollstuhl von einem Punkt zum nächsten geschoben werden. Sobald ein Patient mit irgendeiner Verletzung ins Gleneagles-Hospital kommt – und sei es nur, dass er sich beim Tomatenschneiden eine Fingerkuppe gekürzt hat, wird er als Erstes in einen Rollstuhl verfrachtet. Ob er will oder nicht.
Als im Ausland arbeitende Deutsche waren wir über eine spezielle Krankenversicherung abgesichert, die uns zusammen monatlich gerade mal 280 Euro kostete und so gut wie fast alles bezahlte.

Dass man uns mehrfach wegen angeblich vermisster Beiträge die Kündigung angedroht hatte, da man versuchte, diese Beiträge im Turnus von vier bis fünf Monaten von einem Konto einzuziehen, das es schon seit drei Jahren nicht mehr gab, obwohl wir die Kontoänderung immer und immer wieder schriftlich mitgeteilt hatten; oder wir bei jeder Einreichung von Arztrechnungen und dergleichen hunderte von Papieren mit Daten und Fakten versehen mussten, die noch aus der Zeit kurz nach unserer Geburt stammten, ist eine andere Geschichte.
Ich werde den Namen der Versicherung aber nicht nennen, da ich auf gar keinen Fall Werbung für diesen Chaosverein machen möchte. In der Regel erledigen sich diese Dinge ohnehin von selbst. Mittlerweile haben wir eine neue Versicherung gefunden, die das hält, was ihre Broschüre auch verspricht.
Auf alle Fälle fuhr ich meinen Mann am nächsten Tag nach Büroschluss in besagtes Krankenhaus. Es war übrigens unser erster Besuch dort. Daher wussten wir auch noch nichts über den Abladeservice direkt vor dem Eingangsportal. Aus diesem Grunde steuerte ich unser Auto auf einen angrenzenden, großen Parkplatz, gut fünf Minuten Fußweg vom Haupteingang entfernt. Es war schon dunkel.
Ich parkte den Wagen und wir marschierten los. Zehn Schritte weiter, schrie mein Mann plötzlich wild auf und lag auch schon auf dem Boden. Mit seinem gesunden Bein hing er in einem Kanalloch, dem der Deckel fehlte.
Hatte man vergessen, wieder draufzulegen.
Kurz darauf saß er in einem Rollstuhl und sollte zum Röntgen gebracht werden. Sein Fuß war in allerkürzester Zeit so sehr angeschwollen, dass ich dachte, er würde gleich platzen. Das verunfallte Bein hing waagerecht in der Luft, gestützt von einem Metallhalter, der am Rollstuhl befestigt war. Eine ältere, sehr kräftige Krankenschwester bemühte sich nachdrücklich, den fahrenden Stuhl zu manövrieren. Das Gefährt schien ganz offensichtlich extrem bockig zu sein. An der nächsten Kurve donnerte sie es, ausgerechnet mit dem abstehenden Bein, gegen einen Pfeiler. Johlendes Schmerzgebrüll erschütterte den gesamten Flur der Röntgenabteilung. Wenn der Fuß bis dahin nicht gebrochen war, dann war er es wohl jetzt.

Schwester *Dragonia* entschuldigte sich immer und immer wieder und war fast einem Weinanfall nahe. Ich beruhigte abwechselnd meinen Mann und die Schwester.

Das Röntgenbild zeigte keinen Bruch. Der Orthopäde verpasste ihm einen Stützverband, empfahl kühle Umschläge und verschrieb Medikamente gegen die Schmerzen und die Schwellung. Das war alles. Wir fuhren wieder nach Haus und stellten daheim fest, dass wir ganz vergessen hatten zu erwähnen, weshalb wir eigentlich ins Krankenhaus gefahren waren.

Die Bettruhe und die Medikamente hatten augenscheinlich ganze Arbeit geleistet. Nach zwei Wochen waren das Knie und der Fuß wieder in Ordnung.

Kaum ging es meinem Mann wieder gut, begann ein Zahn in meinem Unterkiefer zu murren.

Ich hasse Zahnarztbesuche.

Die höllischen Schmerzen ließen mich diesen Hass jedoch ganz schnell vergessen und so raste ich mit wehenden Fahnen zu einem Zahnarzt, den mir eine Freundin wärmstens empfohlen hatte.

Noch die Praxisklinke in der Hand, teilte ich Sean Poul, meinem neuen Zahnarzt, mit, er müsse mir unbedingt eine Vollnarkose geben, da ich sonst bei der kleinsten Kleinigkeit vom Stuhl springen würde. »Ach«, sagte Sean beruhigend, »das brauchst du nicht. Ich gebe dir vor der Behandlung eine Wunderpille.«

»Wunderpille?«, fragte ich interessiert.

»Ja. Ein Medikament, das dich in einen entzückenden *Schlaf* versetzt.«

»Na gut«, antwortete ich mutig, ohne nachzufragen, um welches Medikament es sich handeln würde. »So lange ich nichts spüre und mir die Angst nicht die Kehle zuschnürt, soll es mir recht sein.«

Zwei Tage später ging ich erneut zu Sean, dieses Mal begleitete mich meine Freundin Elisabeth.

Elisabeth Kuscher lebt schon seit über 20 Jahren im Ausland. Die gebürtige Österreicherin, zu der wir manchmal Sissi sagten, wurde in Bad Ischl geboren. Im Ausland wohnt sie überwiegend in Hotels, da ihr Mann Leo ein gefragter Hotelmanager ist.

2002 erteilte ihr das Schicksal einen kräftigen Hieb. Sissi erlitt einen schweren Schlaganfall, der durch ein geplatztes Aneurysma in ihrem Kopf ausgelöst wurde. Überlebenschance: gleich null. Medizinische Hilfe: fast unmöglich.

Dass Elisabeth überhaupt überleben konnte, verdankt sie den Ärzten im Gleneagles-Hospital in Kuala Lumpur. Sie war drei Minuten tot. Aber dennoch. Sissi schaffte es. Als sie eingeliefert wurde, wollte man sie eigentlich gar nicht mehr operieren. Ein befreundeter Arzt und Herzspezialist, der bei ihrer Einlieferung zufällig anwesend war, kümmerte sich sofort um sie. »Ich kenne diese Frau«, hatte er gesagt. »Sie ist ein Energiebündel. Wenn es *eine* schafft, dann Elisabeth Kuscher.«

Sissi wurde operiert. Ein fünfköpfiges Chirurgenteam öffnete in einer mehrstündigen Operation ihren Kopf. Nur elf Tage später konnte sie das Krankenhaus schon wieder verlassen. Seither ist Elisabeth linksseitig gelähmt und sitzt vorwiegend im Rollstuhl.

Ich habe mich während meiner Zeit in K.L. jede Woche mit ihr getroffen. Der Mittwoch war unser Tag, an dem wir viel unternommen haben oder manchmal auch nur plauderten und unendlichen Spaß hatten.

2005 ging Elisabeth sogar auf den Laufsteg: als Model, mit vielen anderen Schlaganfallpatienten. Anlässlich des zehnten Jahrestages der »National Stroke Association of Malaysia«, kurz NASAM genannt (Nationaler Verband für Schlaganfallpatienten), veranstaltete die Organisation ein Wohltätigkeitsdinner im Hotel »Palace Of The Golden Horses«. Neben ständigen Sammelaktionen fließen die Einnahmen dem Verein zu, um so anderen Schlaganfall-Patienten helfen zu können, die wie häufig in Malaysia, keinen Krankenversicherungsschutz besitzen.

Angefangen hatte alles 1995 in einer Garage. Die Gründerin und heutige Vorsitzende der NASAM, Janet Yeo, hatte selbst einen schweren Schlaganfall erlitten. Alles was sie in der Rehabilitation gelernt hatte, wollte sie an ihre Leidensgenossen, die kein Geld für eine teure Therapie hatten, weitergeben. Einmal wöchentlich traf sich eine kleine Gruppe in der Garage von Janet Yeo, um von ihr zu lernen.

Bis heute hat NASAM in Malaysia sechs Rehabilitationszentren errichtet. Langfristig wollen sie in jeder Stadt ein Zentrum eröffnen. Das ist in Malaysia dringend notwendig. Schätzungsweise 40.000 neue Fälle jährlich zählt NASAM und nur wenigen kann geholfen werden. Die Rehabilitation von Schlaganfallpatienten ist langwierig und kostspielig. Prävention ist erschwinglicher. Daher hat NASAM ein weiteres, großes Ziel: Prävention.

Mit einer großangelegten Kampagne sollen Informationen über die ersten Anzeichen eines Schlaganfalls in das Bewusstsein der Menschen gebracht werden. Seit ihrem eigenen Schlaganfall, engagiert sich auch Elisabeth unermüdlich für NASAM. Mit ansteckender Begeisterung und fortwährender Fröhlichkeit versuchte sie allen, die sie vor ihrem Schlaganfall kannten, die Scheu vor ihrem neuen Leben zu nehmen und andere zu trösten. So auch mich, als wir gemeinsam in Seans Wartezimmer saßen. »Katharina, du wirst nichts spüren. Das verspreche ich dir«, sagte sie nachdrücklich. »Ich bekomme diese Zauberpille immer, wenn Sean bei mir etwas machen muss.«

Die Tür zum Wartezimmer ging auf und Sean kam herein. Übrigens, Sean ist ein überaus attraktiver, junger Mann, der in London studiert hat. Er reichte mir ein Glas Wasser und die Wunderpille. »Angenehme Träume, my Dear«, sagte er mit einem spitzbübischen Lächeln. »Wir sehen uns in zehn Minuten wieder.« Ich schluckte die Pille hinunter, spülte mit etwas Wasser nach und wartete auf das, was da kommen mochte.

Mit einem Mal spürte ich, wie mich Sean in einen Behandlungsraum trug und in den Zahnarztstuhl legte. Ich fühlte mich absolut wohl und gut aufgehoben. Während der ganzen Zeit konnte ich hören, dass Elisabeth und Sean miteinander sprachen. Sogar, über was sie redeten. Ich realisierte auch, dass er irgendetwas an meinen Zähnen machte und ich hörte die üblichen Geräusche, die man in einer Zahnarztpraxis ungern vernimmt. Aber ich verspürte keinen Schmerz.

Genial!

Nach einer ganzen Weile realisierte ich, dass Leo ins Zimmer gekommen war. Mein Mann war für ein paar Tage geschäftlich in Dubai.

Mein Mann war immer geschäftlich irgendwo auf dieser Welt, wenn ich einen wichtigen Termin, einen lebensbedrohenden medizinischen Eingriff oder Geburtstag hatte. Daran war ich mittlerweile schon gewöhnt.

Sean setzte mich in Elisabeths Rollstuhl und Leo schob mich aus der Praxis. Elisabeth ging tapfer, auf ihren Stock gestützt, nebenher. Aus meiner Handtasche, die Sean mir auf den Schoß gelegt hatte, kramte ich eine Sonnenbrille heraus, setzte sie nonchalant auf und schlug in weitem Bogen mein großes Umhängetuch über die linke Schulter.

Wusch.

Sozusagen aus der Ferne, bemerkte ich, dass sich Leo und Elisabeth im Aufzug königlich amüsierten.
Etwa über mich??
Aber das war mir so was von egal. Ich lachte mit und fühlte mich unendlich zufrieden. Während sich die beiden noch immer köstlich über meine elegante Divenhaltung in diesem Rollstuhl amüsierten, klingelte es aus meiner Handtasche. Mein Handy. Angestrengt versuchte ich, einen Blick auf das Display zu werfen und sagte: »Aha ... der geniale Gatte ruft an.«

Elisabeth und Leo haben mir später erzählt, diese Situation sei SO komisch, fast schon filmreif gewesen, dass sie sich noch wochenlang darüber amüsiert hätten. Ich hingegen war SO glücklich über den schmerzlosen und friedvollen Zahneingriff, dass ich von nun an nur noch zu Sean ging.

Blinde Inder

... und zu einer wunderbaren Ganzkörpermassage. Das machten wir schon immer, seit wir in K.L. wohnten. Fast jede Woche!
In Brickfields, ein Distrikt der unweit unseres Apartments lag, bietet die malaysische Regierung blinden Menschen eine phantastische Möglichkeit, finanziell unabhängig zu sein. Denn ein sogenanntes soziales Netz, das behinderte Menschen auffängt, wie wir es aus Deutschland kennen, gibt es in Malaysia nicht. In Brickfields leben und arbeiten blinde Menschen, die zu Masseuren ausgebildet wurden. Es gibt zig dieser Massage-Institute. Diese Institute sind jedoch optisch von denen die wir aus Deutschland kennen sehr weit entfernt. Es handelt sich um sehr einfach ausgestattete Kabinen, in denen eine Liege steht. Geschäftstüchtige Inhaber bieten sogar Familien- oder Gruppenmassagen an. Bis zu fünf Massageliegen stehen dicht an dicht in einer Kabine, die nur durch einen Vorhang voneinander getrennt sind.
So kann man klar und deutlich hören, wenn die anderen vor Schmerz stöhnen.
Der Begriff Blind Inder ist geprägt aus der Umgebung. Brickfields ist ein Viertel, in dem überwiegend Inder leben, aber mehrheitlich Chinesen als Masseure arbeiten. Daher schaut man anfänglich etwas komisch drein, wenn man zu den blinden Indern geht, aber von Chinesen massiert wird.
Wie Gott uns schuf, legt man sich auf die Liege. Ich hatte kein Problem damit. Sie konnten mich ja nicht sehen. Zudem brennt in der Kabine keine einzige Lampe, es ist stockfinster.
Mein Mann und ich bevorzugten eine Zweierkabine. So konnten wir während der Massage Dinge besprechen, zu denen wir tagsüber nicht gekommen waren. Manchmal ließen wir uns auch lautstark über Politik aus oder diskutierten über familiäre Missverständnisse.
Das kommt in den besten Familien vor.
Die Masseure konnten uns ja nicht verstehen.
In der Regel genossen wir allerdings stillschweigend unsere herrliche Ganzkörpermassage in vollen Zügen. Zwei Stunden lang, von oben bis unten und von vorne und hinten, kneteten, drückten und quetschten die Masseure unsere nackten Körper. Zum Schluss gab es immer eine Tasse

grünen Tee. Er soll die gelösten Giftstoffe, die sich zwischen den Muskelfasern befinden, aus dem Körper schwemmen.

In Deutschland hätten wir uns, außer aus gesundheitlichen Gründen, einen solchen Wohlfühlservice nicht jede Woche leisten können. Nicht mal alle zwei Wochen. Aber in Brickfields kostete eine Zwei-Stunden-Massage pro Person umgerechnet elf Euro.

Wenn wir Besuch aus Deutschland hatten, nahmen wir unsere Gäste natürlich mit zur Massage. Dann buchten wir eine Vierer- oder Fünferkabine, je nachdem, wie groß unsere Gruppe war. Keine Frage, dass diese Gruppenmassage nicht nur als gesundheitliche Maßnahme ein köstliches Vergnügen war.

Während die Masseure unsere Körper quetschten und verwamsten, diagnostizierten sie auch körperliche Unstimmigkeiten. Die blinden Masseure waren in der Lage, uns auf den Kopf zuzusagen, womit man gerade gesundheitliche Probleme hatte.

Ich fühlte mich eines Tages nicht wohl. Ständige Müdigkeit und Hals- und Kopfschmerzen waren meine Leiden. Während der wöchentlichen Massage sagte Sam, einer der Masseure, bei dem wir meistens buchten: »Mit deiner Schilddrüse stimmt etwas nicht. Geh bitte zum Arzt und lass das untersuchen.«

Ich ging. Im Gleneagles-Hospital stellte man fest, ich hatte vier kalte Knoten und eine extreme Störung in der Schilddrüse.

Auch eine Blasenentzündung meines Mannes stellte Sam während der Massage fest. Sam war der Beste. Er erstaunte uns immer wieder, auch mit seinem Wissen. Er interessierte sich für die deutsche Geschichte und wusste zu jeder Zeit, was in Deutschland gerade los war. Manchmal informierte er uns über Dinge, von denen wir bis zu diesem Zeitpunkt noch gar nichts gehört hatten. Ein Blick ins Internet bestätigte es immer. Sam war von Geburt an blind, wie auch seine Frau. Sie hatten einen gemeinsamen Sohn, der jedoch über seine volle Sehkraft verfügte. Mit Sam haben wir viel gelacht und so manch Interessantes von ihm erfahren.

Eines Tages erzählte er uns von einer Reise, die er nach Indonesien gemacht hatte. Es hätte ziemlichen Ärger mit der Fluggesellschaft gegeben. »Die wollten mir keinen Fensterplatz geben«, erzählte Sam.

Da wir mit ihm und seiner Blindheit immer offen umgegangen sind, fragte mein Mann: »Wieso wolltest du denn einen Fensterplatz haben, Sam? Du kannst doch nichts sehen.«

»Ja schon, Sir«, antwortete Sam lachend. »Aber ich muss ja trotzdem den vollen Preis für den Sitz bezahlen. Also können sie mir doch auch einen Fensterplatz geben.«

Er hatte viel Humor und war immer gut gelaunt. Genau wie Mister Kenny, der Chef des Massagesalons, der ebenfalls blind war. Kenny liebte deutsche Kunden und freute sich sehr, wenn wir kamen. Auf jeden Scherz wusste er immer eine passende Antwort. Mister Kenny beschäftigte 23 Masseure. Darunter auch Frauen.

Eines Tages probierte ich eine Massage der Frauen aus. Da ich bis dahin immer von einem Mann massiert worden war, versprach ich mir mehr Sanftheit. Emily, die Masseurin, war eine kleine, kräftige Chinesin. Sie trug einen Faltenrock, der ihr bis zu den Knien reichte. Um die Taille hatte sie eine Gürteltasche gebunden, in der sich ihr Handy und ein paar andere notwendige Utensilien befanden. Emily hockte auf der Liege und saß über mir. Kräftig knetete sie meinen Rücken. Dabei stieß ihr Faltenrock ununterbrochen auf meine Oberschenkel und den Po. Der Stoff des Faltenrocks war unangenehm kratzig. Nach einer ganzen Weile empfand ich die kratzende Zusatzmassage sehr störend. Daher fragte ich sie höflich, ob sie das nicht abstellen könne. Emily verstand kein Englisch. Also musste ich bis zum Schluss der Massage, die eineinhalb Stunden dauerte, ihren schürfenden und piekenden Faltenrock auf meiner Haut ertragen. Eine Massage bei ihr hätte ich ohnehin nicht mehr gebucht, auch wenn sie keinen Faltenrock getragen hätte. Der Grund für meine Weigerung war folgender: Für Chinesen ist es ganz normal, ihre überflüssige Luft, nach oben und unten geräuschvoll aus ihrem Körper entweichen zu lassen. Sie empfinden dabei keine Scham. Emily auch nicht. Nicht einmal während meiner Massage.

Taxi – Taxi

Wie gesagt, ein Chinese nimmt sich bei der Entleerung seiner überflüssigen Körperluft nicht galant oder vornehm zurück. Das gilt auch für chinesische Taxifahrer.
Einmal war es so schlimm, dass ich demonstrativ beide Fenster im Fond des Wagens herunterkurbeln musste. Der Taxifahrer drehte sich um und sagte, ich solle die Fenster wieder schließen. Daraufhin antwortete ich auf Deutsch: »Ja, gerne. Wenn Sie Ihre Öffnungen auch schließen!« Marina, die neben mir saß und sich schon die Nase zugehalten hatte, bekam einen Lachanfall. Überhaupt haben wir mit Taxifahrern viele Episoden erlebt, denn meine Einkäufe erledigte ich meistens mit dem Taxi. Sie stehen wie eine Armada vor den Malls und warten auf Kundschaft. Wenn es allerdings regnet, weigern sie sich zu fahren.
Ich war mal wieder mit Tüten und Taschen bepackt und sprang in ein Taxi, das ordnungsgemäß als erstes in einer langen Reihe stand, die rechts und links mit Blumenkübeln abgesperrt war. Somit konnte beispielsweise das fünfte Taxi in der Schlange keinen Fahrgast befördern, da es ja nicht über die Blumenkübel fliegen konnte. Also musste man in das erste Taxi in der Reihe einsteigen, egal ob der Fahrer einem passte oder nicht.
Es begann augenblicklich zu regnen, als ich die Autotür zugeschlagen hatte. Der Fahrer drehte sich um und sagte: »Ich fahre jetzt nicht mehr.« Der Regen platschte heftig auf die Windschutzscheibe. Ich sah ihn an und sagte: »Please. Go.«
»Nein«, antworte der Taxifahrer. »Ich fahre Sie nicht.« Die hinter uns wartenden Taxen begannen aufgeregt zu hupen.
Obwohl ich wusste, dass man in Asien nicht öffentlich seine Fassung verliert, geriet ich außer Kontrolle. Ich hatte mich in der Mall über eine Verkäuferin geärgert und war also ohnehin noch ziemlich geladen. Kräftig schlug ich mit der flachen Hand dreimal auf die Rückenlehne des Sitzes, auf dem er saß und polterte lauthals los: »Go! Go! Go! Quick! Quick!«
Aber genau in diesem Ton.
Es hatte funktioniert. Der Taxifahrer setzte sich mürrisch in Bewegung. Mittlerweile war der Regen zu einem heftigen Guss herangewachsen. Kaum war das Taxi losgefahren, kroch ein äußerst unangenehmer Benzingeruch in meine Nase. Ich sah nach vorne auf das Armaturenbrett. Dort,

wo eigentlich das Radio und ein Taxameter gewesen wären, klaffte ein großes Loch. Ich konnte bis in den Innenraum des Motors schauen. Einen Wimpernschlag später blickte ich nach unten auf meine Füße. Meine Augen weiteten sich auf Kiwigröße. Durch ein Loch, direkt unter seinem Sitz, sah ich geradewegs auf das Straßenpflaster. Und dann ... meine Augen weiteten sich noch einmal, aber diesmal auf Kokosnussgröße, erblickte ich eine fette, eklige, riesengroße Kakerlake, die geradewegs gemächlich über meinen linken Fuß bummelte.
Ääähhhhhhhh!!!
Das geschieht dir recht, beschimpfte ich mich. Es ist die Strafe dafür, dass du den armen Taxifahrer angemacht hast. Stillschweigend bat ich um Vergebung und schwor, mich nie wieder so zu verhalten. Als mich der Taxifahrer an meinem Zielort abgesetzt hatte, gab ich ihm ein dickes Trinkgeld und lächelte ihn entschuldigend an. Es tat mir aufrichtig Leid.
Meine *Selbstzüchtigung* war jedoch nur von kurzer Dauer. Ein paar Tage später erreichte unsere Redaktion eine offizielle Einladung zu einem Lunch mit der Gattin des persischen Botschafters in die Privatgemächer des Ehepaares. Als es soweit war, rief ich ein Taxi. Dem Anschein nach war es wohl aus dem letzten Jahrhundert. Aber egal. Wir wollten ja keine Rallye gewinnen, sondern zum Lunch in die Residenz des persischen Botschafters. Meine Tochter begleitete mich. Das Botschaftsbüro hatte uns eine Wegbeschreibung zugefaxt.
Prima. So kann nichts schief gehen.
Die Verkehrsführung in K.L. ist, bei all meiner Liebe zu diesem Land, harmlos ausgedrückt, eine echte Katastrophe. DER Weg, der einen ans Ziel führt, steht in krassem Gegensatz zu DEM Weg, der wieder nach Hause führt und mit logischem Denken landet man garantiert im Dschungel.
Wir waren also im Besitz einer hochgeschätzten Wegbeschreibung und freuten uns auf eine interessante Begegnung. Unser Taxifahrer war ein Chinese, der aber nur ein paar Brocken Englisch sprach. Stolz präsentierten wir ihm die Zeichnung. Er nickte und gab uns zu verstehen, dass er genau wüsste, wo das sei. Auf der Zeichnung sah es so aus, als läge das von uns begehrte Ziel nicht weit von den Twin-Towers entfernt. Mir erschien das auch logisch. Denn in der Nähe der beiden Türme befinden sich fast alle Botschaften. In weniger als 30 Minuten hätten wir da sein müssen.

Nach einer ganzen Weile klingelte mein Handy. Meine Kollegin Inge war am anderen Ende der Leitung. Sie war völlig verzweifelt.

»Mein Taxi fährt mich schon seit einer drei viertel Stunde durch Niemandsland. Ich weiß gar nicht mehr, wo wir sind. Hast du eine Ahnung, wo diese Residenz ist«, fragte sie kläglich.

»Laut der Zeichnung müsste sie ganz in der Nähe der Türme sein. Aber wir werden gleich dort sein. Ich rufe dich dann an.«

Nach 45 Minuten saßen wir noch immer in dem vor Altersschwäche brüllenden Taxi. Hinter uns verschwanden die Twin-Towers mehr und mehr und wirkten nur noch wie eine Souvenirausgabe, die man an jeder Straßenecke kaufen konnte. Mein Handy hatte inzwischen siebzehn Mal gebimmelt. Alle Kolleginnen kutschierten frustriert und einem gefährlichen Schreianfall nahe, irgendwo in der Stadt umher oder waren so wie wir schon in der Nähe der Batu-Caves gelandet, die 13 Kilometer außerhalb von K.L. liegen.

Immer wieder gab ich dem Taxifahrer zu verstehen, dass wir falsch sein müssten. Aber er ließ sich nicht beirren und steuerte seine Karre zielstrebig über den Highway.

Dann tauchten die Batu-Caves vor uns auf. Nach einer geschlagenen Stunde, die wir zähneknirschend in dem Taxi verbracht und immer wieder ein versöhnliches Gespräch mit dem Fahrer gesucht hatten, riss mir endgültig der Geduldsfaden.

»Stopp«, schrie ich. »Halten Sie sofort an! Wir steigen hier aus.«

Der Taxifahrer murmelte etwas, das wir nicht verstanden und fuhr munter weiter. Ich wiederholte meine Anweisung etwas lauter: »Stopp. Halten Sie an! Sofort! Wir wollen aussteigen.«

Marina, die von Natur aus eine sehr ruhige Person ist, begann ebenfalls ihre Nerven zu verlieren: »Hören Sie nicht?! Halten Sie an. Sofort!«, schrie mein Kind. So hatte ich sie bis dahin noch nie erlebt.

Wieder brummte der Taxifahrer etwas in seinen sprichwörtlichen Bart, stoppte aber noch immer nicht den Wagen. Links neben uns erblickte ich ein Polizeiauto. Ich donnerte mit meinen Fäusten gegen die Scheibe und schrie lauthals: »Halloooo!!! Wir werden gerade entfüüührt!!! Bitte helfen Sie uns. Halloo. Wir werden entführt.«

Marina warf mir augenblicklich einen verständnislosen Blick zu und konterte gereizt: »Die können uns doch gar nicht hören.«

Das Taxi raste mit 80 Sachen an den vermeintlichen Befreiern vorbei. Im gleichen Moment begann der Taxifahrer ebenfalls zu brüllen. Oh mein Gott, dachte ich. Jetzt wird es heikel. Wenn ein Chinese brüllt ...
In dem Taxi ging es zu wie auf einer Protestkundgebung. Marina schrie, ich schrie, der Taxifahrer schrie und das Auto *schrie* – vor Altersschwäche. Während wir noch alle schrien, steuerte der Taxifahrer seine Klapperkiste in eine Seitenstraße, fuhr knapp fünf Meter einen Berg hinauf und dann stoppte er. Augenblicklich war es mucksmäuschenstill in dem Auto.
»Hier«, sagte er außer Puste. »Das ist die Adresse.«
Ich blickte aus dem Fenster. Vor mir tauchte Inge auf. Sie war ebenfalls gerade erst angekommen. Dann sah ich eine zweite und eine dritte Kollegin. Sie alle winkten uns zu. Es gab also gar keinen Zweifel mehr. Wir waren tatsächlich angekommen. In diesem Moment dachte ich: Erde, tu dich auf und verschling mich!
Heiser vor lauter Schreien entschuldigte ich mich mehrfach bei dem Taxifahrer und bezahlte ihm das Doppelte des Fahrpreises. Dieser Ausrutscher war mir mehr als peinlich. Deshalb ging ich auch am nächsten Abend mit gesenktem Haupt in den Thean Hou Tempel, um für den Fahrer zu beten und mich für meine Sünden zu entschuldigen. Ich schwor, nie, nie wieder die Fassung zu verlieren.
Mein einziger Trost war, dass es auch den anderen Kolleginnen nicht besser ergangen war. Die Zeichnung, die uns das Botschaftsbüro geschickt hatte, war genau so eine Katastrophe wie die gesamte Verkehrsführung in K.L. Viele Straßen verfügen nicht einmal über einen Namen. Sie heißen einfach Street 3, Street 17, Straße 246. Die gibt es jedoch zig Mal in K.L. Manche Straßen, etwas außerhalb der City, haben überhaupt keine Straßenschilder.
Bis auf eine einzige Ausnahme sind wir jedoch immer an unser Ziel gekommen, meist per Taxi.

Queen Elisabeth II

Als Zeichen der ernsthaften Absicht, von nun an im Umgang mit diversen Taxifahrern Geduld, Sanftmut und Ruhe walten zu lassen, übten wir täglich. Deshalb beschlossen wir am darauffolgenden Sonntag – obwohl unser Auto im hauseigenen Parkhaus stand – mit dem Taxi einen Ausflug zu unternehmen. Übung macht bekanntlich den Meister. Unterwegs exerzierten wir galant höfliche Freundlichkeit, versorgten den Fahrer mit Keksen und tauschten sogar unsere Telefonnummern mit ihm aus.

Unser Sonntagsausflug führte uns zum High-Tea nach Carcosa in eine Grünanlage, die Lake Garden genannt wird, und nur 15 Minuten von unserer Wohnung entfernt lag. Für den Anfang unserer Taxi-Fahrt-Übungen sollte das genügen.

Carcosa Seri Negara ist eine historische Oase der Stille und Beschaulichkeit inmitten einer schrillen, lauten und hektischen Großstadt, direkt im Lake Garden gelegen. Dort stehen zwei stattlich gebaute Kolonialvillen: Carcosa und Seri Negara, zwei Namen, die später zu einem zusammengefügt wurden, wie man unschwer erkennen kann.

Dass die britische Kolonialregierung 1904 ausgerechnet diesen Platz wählte, verwundert nicht. Die beiden hochherrschaftlichen Villen stehen auf einer Anhöhe, umgeben von tropischem Regenwald und mit weitreichendem phantastischen Blick über Kuala Lumpur.

Beide Villen dienten ursprünglich als vornehmer Wohnsitz für den höchsten britischen Verwaltungsbeamten in Malaysia. Die ehemalige Residenz beherbergte schon so hochkarätige Persönlichkeiten wie Queen Elisabeth II, Nelson Mandela oder auch Yassir Arafat.

Während der Commonwealth-Sitzung 1989 residierte ihre Majestät, Königin Elizabeth II, gemeinsam mit Prinz Philip in den aristokratischen Gebäuden.

Sir Frank Swettenham, der von einem neuen Bündnis bestimmte Vertreter der britischen Regierung, begann 1896 seine Regentschaft an den See-Gärten in Kuala Lumpur. Der Name Carcosa wurde von Swettenham höchst persönlich ausgewählt. Vermutlich erfolgte diese Namenswahl auf Italienisch, denn Cara Cosa heißt auf Deutsch *Liebes Ding*. Die Schwestervilla neben dem Lieben Ding, das Königshaus, wurde am Hang errichtet. Es sollte den Gouverneur sowie andere erlauchte Gäste der malaysischen

Bündnisangehörigen standesgemäß unterbringen. Das Königshaus wurde später in Seri Negara umbenannt, was soviel wie *Schönes Land* bedeutet.
Kurz vor der malaysischen Unabhängigkeit, die im September 1956 unmittelbar bevorstand, verschenkte der damalige Chefminister von Malaysia, Tunku Abdul Rahman, als Zeichen des Wohlwollens *Liebes Ding* und *Schones Land* an die britische Regierung. Sie wurden lange Zeit zum Wohnsitz für eine Reihe hoher britischer Beamte.
1987 gab man den 40 Morgen umfassenden Landsitz jedoch wieder an die malaysische Regierung zurück. Zwei Jahre später, nach umfangreichen Renovierungsarbeiten, eröffnete die epochale Stätte der Ruhe und Muße wieder ihre Pforten und rühmt sich seither, das historisch bedeutendste Kolonialhotel in ganz Kuala Lumpur zu sein.
Im Innern haben die Gebäude eine Reihe von Veränderungen erfahren, die beispielsweise die Farbe der Räume, die Größe der Zimmer und die Funktionalität der Banketträume betreffen. Aber äußerlich präsentieren sich die Villen im Originalzustand.
Eines der berühmten Markenzeichen von Carcosa ist der *englisch afternoon tea*, serviert im eleganten Salon oder auf der bezaubernden Veranda, die sich um die gesamte Villa zieht und einen herrlichen Blick auf die wunderschöne, gepflegte Gartenanlage freigibt. Originalgetreu nach dem Stil von Sir Frank Swettenham wird dort täglich für jedermann der legendäre High-Tea zelebriert.
Eigentlich mache ich mir nicht viel aus Tee, aber diese berühmte High-Tea-Atmosphäre wollte ich unbedingt kennenlernen.
Ohne Komplikationen hielt das Taxi vor dem imposanten Säuleneingang. Kurz darauf lagen wir auf weichen Kissen in tiefliegenden, breiten Rattansesseln und genossen auf der Terrasse die köstlichen Tees, Sandwiches, heißes Gebäck, Kuchen und frische Erdbeeren. Ein Butler in weißer Livree und weißen Handschuhen servierte in vornehmer Zurückhaltung und ohne die feine Stille zu stören, den Inbegriff der englischen Teekultur: angedickte Sahne und selbstgemachte Erdbeermarmelade.
Die Carcosa-Atmosphäre verzauberte uns vom ersten Augenblick an. Romantisch beschreibt es nicht einmal halb so gut. Später ließen wir uns die Suiten und Gästezimmer zeigen und machten eine ausgiebige Tour durch das gesamte Hotelareal.

Marvin, der Assistent der Hotelleitung, war charmant und höflich. »Wenn diese Wände erzählen könnten ...«, sagte ich gedankenverloren zu ihm, als wir in der Fürsten-Suite standen. »Dann würde so manch brisantes Geheimnis gelüftet werden«, antwortete er spontan und sah mich seltsam an. »Wir haben nämlich einen Hausgeist«, flüsterte er mir noch schnell zu.
»Wirklich?«
»Ja. Gerade vor zwei Wochen ist es einem unserer Köche wieder passiert.«
»Was passiert?«
Mein Mann sah mich mit athletischem Augenrollen an und ging nach draußen auf die Terrasse der Suite. Marina stellte sich dicht neben mich und umklammerte in gruseliger Erwartung meinen Arm.
»Erzählen Sie weiter, Marvin«, forderte ich ihn auf.
»Nein, besser nicht. Ihr Mann scheint so etwas nicht gerne zu hören.«
»Aber ich«, sagte ich wie aus der Pistole geschossen.
»Also gut. – Hier soll sich der Geist eines achtjährigen Mädchens aufhalten. Sie war mit ihren Eltern in den Ferien, hier in der Carcosa-Villa. Eines Abends waren die Eltern ausgegangen und hatten die Tochter mit der Nanny allein gelassen. Als sie spät in der Nacht zurückkamen, lag das Mädchen tot auf dem Boden. Erwürgt. Man hat nie herausbekommen, was geschehen war. Die Nanny war spurlos verschwunden und ist auch nie wieder aufgetaucht. – Na ja, der Geist des kleinen Mädchens spukt seit dem hier herum. Kürzlich hat einer unserer Köche sie gesehen.«
»Richtig gesehen? – Ich meine ... wie denn *gesehen*?«
»Eine schemenhafte Kindergestalt hat unten in der Halle gestanden.«
Marina drückte meinen Arm fester.
»Und dann?«
»Nichts. Sie verschwand gleich wieder. Aber der Koch hat sich furchtbar erschrocken. Er hat am ganzen Körper gezittert. Ehrlich. Ich habe es selbst gesehen. Wir mussten ihm einen Schnaps geben. Er ist schon der Fünfte, dem das passiert ist, seit ich hier bin.«
»Und wie lange bist du schon hier, Marvin?«
»Seit drei Jahren. Aber schon weit vor meiner Zeit haben Mitarbeiter immer wieder von dem Kindergeist berichtet. Unser Sommelier mag überhaupt nicht gerne in den Keller gehen.«
»Das kann ich gut verstehen. Glaubst du die Geistergeschichte?«

»Schwer zu sagen. Mir ist ja noch nie einer begegnet. Aber ich habe den Koch gesehen ... und ehrlich gesagt, so etwas kann man nicht vortäuschen.«

»Vielleicht hat es der Koch aber auch nur auf einen Schnaps abgesehen«, sagte ich augenzwinkernd, obwohl mir nicht wirklich zum Scherzen zu Mute war. Marvin lachte schallend.

Bis zum Sonnenuntergang saßen wir relaxt auf der Terrasse und genossen die entspannte Atmosphäre.

Die Heimfahrt per Taxi verlief übrigens wieder sehr ruhig. Wahrscheinlich aufgrund unserer friedvollen Ausstrahlung, die auf den Taxifahrer übergegangen war. Er fuhr gemächlich und aufmerksam und nicht wie die meisten Taxis, die durch die Straßen rasten, als sei der Teufel hinter ihnen her. Wir befanden, es war ein guter Start unseres Taxifahrer-Geduldstrainings.

Hund – Nein danke!

Fünf Tage vor meinem Geburtstag überreichte mir mein Mann ein Kuvert, in dem sich zu meiner großen Freude zwei Flugtickets für drei Tage nach Saigon befanden. Mein Geburtstagsgeschenk. Schon am nächsten Tag gegen Mittag ging unsere Maschine. Eine tolle Überraschung. Ich freute mich diebisch. Auf der Dachterrasse des gebuchten Hotels, in einem Viertel, das Cholon heißt, wollten wir in meinen Geburtstag hineinfeiern. So hatte sich mein Herzblatt das gedacht.

Saigon ist ganz anders als Kuala Lumpur. Es gibt kaum Hochhäuser und auf den Straßen bewegen sich fast ausschließlich Fahrräder und Mopeds. Trotz des chaotischen Gewimmels an den Kreuzungen verläuft das Chaos recht geordnet. Die Frauen sitzen, gekleidet im typischen Saigon-Dress, mit einem spitz zulaufenden Strohhut auf dem Kopf, anmutig und graziös auf ihren Rädern.

Das typische Saigon-Kleid, Aodai genannt, ist überwiegend am Hals hoch geschlossen und reicht von der Länge her bis hinunter ans Schienbein. Darunter trägt man eine weite lange Schlabberhose, passend zum Kleid natürlich. Diese typische Landestracht sieht sehr elegant aus und macht optisch superschlank. Ich ließ mir natürlich umgehend nach unserer Ankunft in einer nahegelegenen Schneiderei ein solches Kleid nähen. Schon am nächsten Abend sollte die erste Anprobe sein und am darauf folgenden Tag würde es fix und fertig in meinem Schrank hängen, mit perfektem Timing für meine Geburtstagsfeier.

Vorher ließen wir uns von einem privaten Tourguide ein paar interessante Plätze und Sehenswürdigkeiten zeigen.

Saigon heißt offiziell gar nicht Saigon, sondern Ho-Chi-Minh-Stadt. Sie wurde, mit der Machtübernahme Mitte der 70er Jahre, nach dem gleichnamigen Gründer der Kommunistischen Partei Vietnams benannt: Ho Chi Minh.

Das war mit Sicherheit seine eigene Idee.

Im Ausland ist sie jedoch nach wie vor unter ihrem alten Namen *Saigon* bekannt. Übersetzt bedeutet Ho Chi Minh übrigens »Hoch, mit dem klaren Willen«. Allerdings hat sich der neue Name nie wirklich durchsetzen können, weil er vielleicht zu nüchtern und zu hart klingt. Bang. Bang. Bang: HO – CHI – MINH.

Dagegen klingt Saigon sehr melodisch, fast wie Musik: Saaaiiiigoooon. Sie wird auch die »Perle des fernen Ostens« genannt. Über sechs Millionen Menschen beherbergt die Stadt, die nördlich des Mekong-Deltas am Westufer des Saigon-Flusses liegt.

Als Ende des 18. Jahrhunderts in China die Ming-Dynastie gestürzt wurde, flohen viele Mingtreue Chinesen nach Vietnam, um sich dort anzusiedeln und in Frieden ihre Geschäfte aufzubauen. In Cholon, dem 5. Bezirk von insgesamt 19 Stadtbezirken, ist die China-Town von Ho-Chi-Minh-Stadt. Ursprünglich war Cholon – zu Deutsch: »großer Markt«, eine Stadt für sich allein. Durch den hohen Zuzug der Flüchtlinge ist sie jedoch mit dem früheren Saigon verschmolzen.

Allein in Cholon leben mehr als eine halbe Million Chinesen, die mit ihren chinesischen Apotheken, Restaurants und Geschäften das Straßenbild geprägt haben. Es gibt kaum Hochhäuser. Cholon ist der Stadtteil mit den meisten geschäftlichen Aktivitäten. China-Town schläft nie, auch nicht bei Nacht. Es herrscht ein faszinierendes Treiben.

In einem scheinbaren Chaos von Rikschas, die dort allerdings Cyclo heißen und *seeclo* ausgesprochen werden, gibt es so ziemlich alles zu kaufen, was man sich vorstellen kann. Gewürze, alle erdenklichen Früchte, Räucherstäbchen, Plastikschüsseln, Jade-Schmuck und Wackel-Dackel, die fast in jedem Auto unaufhörlich mit dem Kopf wackeln.

Um die Jahrhundertwende war Cholon ein verruchtes Vergnügungsviertel, wo Prostitution und der Konsum von Opium nur zwei von vielen Lustbarkeiten waren, die angeboten wurden.

Saigon, also Ho-Chi-Minh-Stadt, hat sich mittlerweile zu einem bedeutenden wirtschaftlichen und industriellen Zentrum von Vietnam entwickelt. Dynamisch, lebendig und immer bereit, seine Besucher freundlich zu empfangen. Die Harmonie zwischen der modernen und der gotischen Architektur und das allseits bezaubernde Lächeln der Saigoner verzauberten mich sofort.

Um ihre Macht als Kolonialherren zu symbolisieren, ließen die Franzosen für den Bau ihrer berühmten Kathedrale sämtliches Material aus Frankreich importieren. Sie ist heute, neben dem Sitz des Erzbischofs von Saigon, eines DER katholischen Zentren des Landes.

Eine zweifellos beeindruckende und zugleich beängstigende Sehenswürdigkeit ist das Cu-Chi Tunnelsystem, das vietnamesische Partisanen gebaut und in dem sie sich fast zehn Jahre lang (1965 bis 1975) versteckt gehalten hatten. Der Vietnamkrieg hat den gigantischen Tunnelbau berühmt gemacht.

Die ersten Tunnel entstanden 1948. In den 60er Jahren gruben nordvietnamesische Guerillas immer weiter und tiefer, bis das spektakuläre unterirdische System auf die beachtliche Länge von 200 Kilometern (!) auf drei Ebenen ausgebaut war.

Unsere Fahrt von Saigon zum Tunnelsystem dauerte mit dem Taxi knapp 90 Minuten. Um in die unterirdische Stadt zu gelangen, mussten wir uns ziemlich klein machen und konnten nur in gebückter Haltung laufen. Denn die Gebäude sind mit Tunneln von nur 80 Zentimetern Höhe und 60 Zentimetern Breite verbunden. Zur Außenwelt gelangten die Widerstandskämpfer ausschließlich durch Klapptüren, die mit Laub und Gras bewachsen waren. Die Eingänge hatten sie durch primitive, aber wirkungsvolle Fallen gesichert.

Wir sahen richtige Städte, die unter der Erde errichtet worden waren: mit Schlafzimmern, Versammlungsräumen, Luftschutzbunkern, Büros, Lazaretten und rauchlosen Küchen.

Es war tatsächlich noch etwas zu spüren von dem ungeheuerlichen Leid und den Leiden des 30-jährigen Vietnamkriegs, die Peter Scholl-Latour in seinem Buch »Der Tod im Reisfeld: 30 Jahre Krieg in Indochina« auf eindrucksvolle Weise beschrieben hat. Darin etikettiert er Ho-Chi-Mingh-Stadt als die eleganteste und kultivierteste Stadt Asiens in jener Ära. Das Buch ist ein Resultat seiner vielen Aufenthalte in Asien. Scholl-Latour hat darin seine Eindrücke aus der Zeit zwischen 1945 und 1979 festgehalten.

Im Vergleich zu vielen erfolgreichen Hollywood-Verfilmungen über den Vietnam-Krieg ist dieses Buch ein bedeutungsvolles und historisches Dokument. Es geht ausführlich auf die drei Indochinakriege und das Leid der Menschen ein und darauf, dass es um mehr ging als nur um das unglückliche militärische Engagement der USA.

Neben einem Kriegsmuseum, in dem die Kriegsverbrechen dokumentiert sind, die am vietnamesischen Volk begangen worden sind, befindet sich in der quirligen Stadt ein weiterer Nachweis aus jener Zeit: die ehemalige US-Botschaft. Obwohl sie längst leer steht, ist sie noch immer von einer hohen Mauer mit Stacheldraht umgeben. Das fensterlose Gebäude wirkt unheimlich. Bei seinem Anblick ruft es einem sofort die dramatischen

Fernsehbilder von der Flucht der Amerikaner aus Saigon ins Gedächtnis zurück.

Es braucht keine besondere Vorstellungskraft, um zu erahnen, wie das gefährliche Leben unter der Erde während dieses Krieges gewesen sein musste. Als ich da unten in einem der langen Tunnel stand, überfiel mich ein beklemmendes Gefühl in der Brust. Ich war fasziniert und erschrocken zugleich.

Wieder draußen angekommen, wird der Besucher abrupt in die Realität zurückkatapultiert: Gegenstände, die im Guerillakrieg verwendet wurden, gibt es draußen als Souvenirs zu kaufen.

Am nächsten Tag widmete ich mich dem Können der Seidenmalerei auf echter Seide, aus der die wunderschönen Saigon-Kleider genäht werden. Diese Form der Malerei, bei der überwiegend Naturtinte verwendet wird, ist eine hohe und vornehme Kunst. Landschaften, Blumen, Sonne, Mond und Sterne sind beliebte Motive, die sich in der Fröhlichkeit der Vietnamesen widerspiegeln. Diese sind ein lebhaftes Volk und daher wird auch schon mal morgens ab fünf Uhr munter auf der Straße ununterbrochen geklingelt oder gehupt.

Taxifahrten sind ebenfalls ein Erlebnis, da kaum jemand Englisch spricht. Aber das macht fast gar nichts. Denn im ganzen Land stößt man auf massenhaft freundliche, fröhliche und zufriedene Menschen, deren offenes Lachen ansteckend ist.

Saigon ist eine quirlige Großstadt mit prallen Märkten, wuselnden kleinen Vietnamesen, bunten Landschaften, fremdartigen Gerüchen und köstlichem Essen, das uns in einen wahren Delikatessentaumel verfallen ließ: Reizüberflutung pur. Die angebotenen Speisen werden in Form von Kunstwerken serviert. Eine Mango, die wie ein kleiner Igel anmutet. Eine Melone, aus der ein Gesicht gezaubert wird und eine Ananas, die einem tropischen Vogel gleicht. Das Geld heißt Dong. Leicht zu merken. Aber ich habe trotzdem immer Dinger gesagt.

In den typisch französischen Cafés gibt es Croissants, süß oder pikant und natürlich Crépe und Café au lait. Kein Wunder: Unter dem Vorwand, französische Missionare würden unter Kaiser Tu Duc verfolgt werden, gelang der französischen Armee im Februar 1859 die Einnahme von Saigon. Im daraus resultierenden Vertrag von Saigon wurde die Stadt zur Hauptstadt der französischen Kolonie Chochinchina erklärt.

Das architektonische Erscheinungsbild und seinen Charme verdankt das heutige Saigon vor allem den französischen Kolonisten. Manche Straße heißen beispielsweise Boulevard de la Somme oder Rue Rousseau.

Die Franzosen legten Sumpfgebiete trocken und schütteten Kanäle zu. Außer, dass zahlreiche Cafés und Boutiquen eröffnet wurden, entstanden auffallende Modellbeispiele französischer Architektur.

Die Lebensbedingungen der Vietnamesen waren jedoch während der französischen Kolonialherrschaft nicht gerade als rosig zu bezeichnen. Trotzdem verglich es der englische Schriftsteller Somerset Maugham, der Saigon in den 30er Jahren besuchte hatte, mit einer kleinen Provinzstadt in Südfrankreich und beschrieb sie als unbekümmerte und fröhliche Kleinstadt.

Saigon kam eigentlich nie wirklich zur Ruhe. Nachdem der Zweite Weltkrieg auch Südostasien erreicht hatte, nahmen am 28. Juli 1941 japanische Truppen die Stadt ein. Erst vier Jahre später vereinbarten Japan und die Alliierten einen Waffenstillstand. Viet-Minh-Guerillas begannen sofort mit der Machtübernahme. Der Prozess dauerte nur zehn Tage und ging als Augustrevolution in die vietnamesische Geschichte ein, der mit der Befreiung Saigons am 28. August 1945 abgeschlossen war. Ho Chi Minh nutzte die neu gewonnene Freiheit und rief in Hanoi wenig später die Unabhängigkeit Vietnams aus.

Trotzdem war damit nicht die Ruhe eingekehrt in Saigon. Es folgte der Vietnamkrieg. Zehntausende US-Soldaten waren ab 1965 in Saigon stationiert. Die lokale Wirtschaft profitierte – aber auch die ausufernde Prostitution.

Die Kriegsjahre forderten einen gewaltigen Tribut. Mehrere Millionen Menschen flohen vor den extremen Flächenbombardements der Amerikaner in den ländlichen Regionen in die relativ sichere Stadt Saigon.

Im Sommer 1963 kam es zu einer blutigen Niederlage buddhistischer Mönche und Demonstranten, die sich in ihrem Frieden gestört gefühlt hatten. Die Tragödie gipfelte in Selbstverbrennungen von Mönchen und führte zur Buddhistenkrise.

Aber auch danach kam Saigon nicht zur Ruhe. Es folgte die kommunistische Machtübernahme Mitte der 70er Jahre. Panzer der nordvietnamesischen Streitkräfte und ihrer Verbündeten durchbrachen die Umzäunung

des Präsidentenpalastes in Saigon und hissten die Flagge Nordvietnams auf dem Dach des Gebäudes. Damit war der Vietnamkrieg offiziell beendet.
Seit 1990 ist Vietnam auch für Touristen geöffnet und erlebte seither eine große Veränderung. Doi Moi hat sich die kommunistische Partei auf die Fahne geschrieben, was soviel bedeutet wie »neues Denken und Handeln«. Sie meint damit die Kombination von freier Marktwirtschaft und sozialistischen Modellen: Unter roter Fahne mit gelbem Stern reich werden.
Saigon ist wahrlich eine kulinarische Metropole. Das Essen in den Restaurants, mit einheimischer Küche ist mehr als vortrefflich und von exzellenter Qualität. Die Preise sind sogar für die einheimische Bevölkerung erschwinglich. Allerdings nicht das Dinieren in einem Spezialitätenrestaurant. Hier müsste eine vietnamesische Familie für ein gemeinsames Essen so viel zahlen, wie sie in einem Monat verdient. So verhält es sich übrigens auch mit einer ganz anderen vietnamesischen Spezialität.
In Vietnam gilt der Hund nämlich nicht als bester Freund des Menschen, sondern als Nahrungsmittel.
Ohhhh Gott, oh Gott!
Allerdings ist diese Tatsache nicht unumstritten. In einigen Gegenden, speziell im Süden, die als eine etwas wohlhabendere Gegend gilt, haftet dem Hunde-Menü noch immer der angestaubte Ruf des Arme-Leute-Essens an. Das Verzehren von Hundefleisch ist jedoch alles andere als ein Zeichen für die mögliche Armut der Vietnamesen. Ganz im Gegenteil: Hund gilt als Spezialität und ist für Einheimische nicht gerade günstig zu erwerben.
Angeblich sollen die *Speise-Hunde* aus speziellen Züchtungen kommen, nämlich speziell für den Verzehr gezüchtet. Ob das stimmt?
Keine Ahnung. Ich will es auch gar nicht wissen. Und ich will so etwas auch nicht probieren und schon gar nicht essen. Hund kommt mir nicht auf den Tisch.
In ländlichen Gegenden halten sich viele Familien zwar einen Wachhund – der wird auch nicht gegessen – aber die überflüssigen Welpen schon. Man verkauft sie an Restaurants.
Entsetzlich!
Es geht zu wie in Deutschland beim Bauern, der Stallhasen züchtet, damit sie als Sonntagsbraten auf dem gedeckten Tisch landen. Das Hundefleisch soll sehr proteinreich sein und stärkend wirken.

In Hanoi sind Hunderestaurants an vielen Ecken zu finden, ein Restaurant neben dem anderen. Schon von weitem schreien die Angestellten den Touristen zu: »Dog. Dog. Good for you.«
Damit das Hundefleisch vor dem Kochen oder Braten noch zarter wird, werden die Hunde vor dem Schlachten angeblich geprügelt. Der Adrenalinschub würde das Fleisch zarter machen. Das wollte ich natürlich genau wissen und fragte nach. Wirklich bestätigt hat das aber keiner.
Ich glaube, sonst wäre ich auch mit einer Kalaschnikow wieder gekommen.
Dabei soll Hundefleisch nach gar nichts schmecken, nur nach den Zutaten, mit denen es zubereitet wird. Bei aller Faszination für dieses Land, aber das ist weiß Gott nichts für mich.
Zugegeben, auf einem Schlachthof in Deutschland geht es bestimmt auch nicht sanftmütig zu, im Sinne von: »Komm mal her, du armes Schweinchen, ich leg dich jetzt etwas schlafen, ja? Bist du damit einverstanden?«
Aber ein Hund?!
Never ever!
Selbst meine langjährige Erfahrung im exotischen Ausland vieles zu akzeptieren, das skurril und manchmal auch abenteuerlich ist, kann an meiner Einstellung zum Verzehr von Hundefleisch nichts ändern.
In Saigon sieht man kaum Hunderestaurants. Aber dafür erlangt dort der Begriff *asiatische Großstadt* wahrhaftige Bedeutung. Auf den teilweise achtspurigen Straßen tummelt sich ein unbeschreibliches Gewimmel von Taxis, Mopeds, Bussen und Rikschas. Man hat das Gefühl die offensichtlich Trillionen Fahrradfahrer müssten jede Sekunde eine Massenkarambolage verursachen. Tun sie aber nicht.
Während unserer Erkundungstour sahen wir einen Mann, der hinten auf dem Sozius seines Mopeds einen großen hohen Kühlschrank (die amerikanische XXL-Version), transportierte. Das gigantisch große Teil hielt er rücklings nur mit der linken Hand an einem Seil fest.
Wenn der damit nach hinten kippt, dachte ich besorgt, *dann liegt der doch wie ein Maikäfer auf dem Rücken oben auf dem Kühlschrank – mit samt seinem Fahrrad.*
Das kommt jedoch so gut wie gar nicht vor. Denn wahre Zweiradakrobaten tun sich auf, wenn man mit dem Taxi eine Erkundungsfahrt unternimmt und aus dem Fenster blickt. Acht Hühnerkäfige (jeder so groß wie ein Bierkasten mit jeweils drei Hühnern drin und in Zweierreihen nebenein-

ander aufgetürmt), sämtliche Autoersatzteile, die man sich vorstellen kann, mehrere Holzstühle aufeinander, halbe Wohnungseinrichtungen, King-Size-Bed-Matratzen oder Rasenmäher transportieren sie so oft kilometerweit, begleitet von ununterbrochenem Hupen sämtlicher Verkehrsteilnehmer: Ein Sound, der diese Stadt prägt. Eine Stadt, die kein Ort zum Relaxen oder gar In-sich-gehen ist.

Einen Tag vor meinem Geburtstag kamen wir am frühen Abend erschöpft von unserer Tour ins Hotel zurück. Wir hatten eine Menge gesehen und erlebt. In zwei Tagen würde es wieder nach K.L. zurückgehen. Mein Aodai hing fix und fertig im Kleiderschrank und wartete darauf, ausgeführt zu werden. Für 20 Uhr hatten wir auf der Dachterrasse des Hotels einen Tisch bestellt. Es war gerade 18 Uhr. Daher beschlossen wir, uns noch etwas gemütlich für ein paar Minuten aufs Bett zu legen und uns zu entspannen, bevor wir uns in Schale werfen wollten. Duschen, Haare föhnen, schminken usw.

Gemütlich lagen wir mit ausgestreckten Beinen auf den kühlen Laken und sahen in den Fernseher. Plötzlich klingelte das Handy meines Mannes. Etwas genervt ging er ran. Sein Gesicht bekam blitzartig eine fahle Farbe. Er schmiss mir das Handy zu und sagte wie versteinert: »Ich verstehe das nicht.«

Irritiert griff ich nach dem Handy und lauschte. Unsere Tochter war am anderen Ende der Leitung. »Was ist los, mein Schatz?«, fragte ich. »Oma Helene ist gestern Abend ins Krankenhaus gekommen.« Oma Helene sagte sie zu meiner Schwiegermutter, die in Berlin lebte.

»Was ist denn passiert? – Wie geht es ihr?«

Marina fing an zu weinen und antwortete so rücksichtsvoll wie es nur irgendwie ging: »Lissy passt jetzt auf sie auf – im Himmel.«

Meine Schwiegermutter hatte seit mehr als 25 Jahren alleine gelebt. Sie wollte das so. Nun war sie, einen Tag vor meinem Geburtstag, gestorben, im Alter von 87 Jahren. Sechs Monate zuvor hatte mein Mann sie das letzte Mal gesehen.

Auch das gehört zum Leben der Ausgewanderten und zum Dasein Daheimgebliebener. Einen plötzlichen Schicksalsschlag zu verkraften und aus der Ferne alles Notwendige eilends in die Wege zu leiten.

Wir brachen unsere Reise sofort ab und flogen am nächsten Tag zurück nach K.L. Von unterwegs telefonierten wir unentwegt und buchten Flüge

für den darauffolgenden Tag nach Berlin. 18 Stunden später saßen wir erneut in einer Maschine. Es war März und noch immer kalt in Deutschland. Unsere Wintermäntel hatten wir im Koffer. Während das Flugzeug schon gut zwei Stunden in der Luft war, brach zwei Reihen links neben uns ein Tumult aus. Ein Fluggast beschwerte sich lautstark: Er habe gehört, die Koffer seien nicht im Flieger. Wir spitzten die Ohren und baten den Stuart, der aufgescheucht durch diesen Aufstand, kurz darauf an unseren Sitzen vorbeikam, uns Auskunft zu geben. Mein Mann erklärte ihm, dass sich in unserem Koffer wichtige Dokumente für die Beerdigung seiner Mutter befinden würden.
Nachdem meine Schwiegermutter zwei Jahre zuvor in ein Senioren-Stift gekommen war und ihre Wohnung aufgelöst wurde, hatten wir sämtliche Dokumente an uns genommen.
Der Stuart zeigte sich mitfühlend und versprach uns, sich umgehend um die Angelegenheit zu kümmern.
Es vergingen zwei Stunden, ohne dass wir irgendeine Nachricht bekamen. Wir wussten also nicht, ob sich die Koffer im Flieger befanden oder nicht. Entnervt ließ mein Mann den Stuart wieder kommen. Der schickte uns den Piloten, der zuerst pietätvoll sein Beileid bekundete und uns dann versicherte, er sei über unsere spezielle Angelegenheit informiert worden. Aber er wisse wirklich nicht, wo sich das Gepäck zurzeit befinden würde. Auf alle Fälle nicht in dieser Maschine. Das stünde fest.
Da mein Mann in K.L. seinen Flugschein gemacht hatte, war er über gewisse beförderungstechnische Flugangelegenheiten natürlich voll im Bilde. Ruhig und gelassen sagte er zum Piloten: »Bitte verzeihen Sie, aber als Kapitän dieser Maschine wissen Sie genau, dass Sie gar keine Freigabeerlaubnis bekommen, bevor nicht gecheckt wurde, wo sich Ihre Ladung befindet.« In diesem Moment bewunderte ich mein Herzblatt maßlos.
Augenblicklich wurden wir wie das schwedische Königspaar behandelt. Im Turnus von dreißig Minuten kamen abwechselnd der Chef-Stuart und der Kapitän vorbei und informierten uns darüber, wo sich das Gepäck gerade befinden würde. Man machte uns allerdings keine Hoffnung, dass es gleichzeitig mit uns in Berlin ankommen würde. Mit viel Glück vielleicht am nächsten Tag.

In Berlin lag Schnee. Ich hatte nur eine Strickjacke dabei. Mein Mann einen langärmeligen, dünnen Pullover. Alles andere befand sich in unserem Gepäck.

Die letzte Information kurz vor unserer Landung in Frankfurt war die, dass das gesamte Gepäck vor einer Stunde in Bangkok aufgefunden worden wäre und sich schon auf dem Wege nach Frankfurt befände.

Wieso Bangkok? Wir haben einen Direktflug von Kuala Lumpur nach Frankfurt gebucht. Hat sich das Gepäck etwa selbständig gemacht und ist eigenmächtig nach Bangkok geflogen? Tz. Tz. Tz.

In Frankfurt wurden wir von zwei freundlichen Stewardessen der Lufthansa in Empfang genommen und in die Exklusiv-Lounge geführt, obwohl wir gar nicht First Class geflogen waren, nicht mal Business. Sondern Holzklasse, ganz normal.

Hier erhielten wir weitere Informationen, wo unser Gepäck gerade herumschwirrte. Das nutzte uns zu diesem Zeitpunkt jedoch sehr wenig. Mir war schon innerhalb des Flughafengebäudes superkalt. Wie würde es erst draußen sein? Es war früher Morgen.

Drei Stunden später flogen wir nach Berlin. Dort erhielten wir als erstes von der Lufthansa einen Scheck über 300 Euro. Dafür sollten wir uns Unterwäsche, Pullover, Socken, Waschzeug usw. kaufen und zwei Wintermäntel. Nett. Sehr nett. Aber für 300 Euro gibt es keine zwei Wintermäntel und die Version Eins für Zwei ist noch nicht erfunden worden.

Gegen 22 Uhr kam unser Gepäck endlich an.

Da wir schon von K.L. aus mit einem Berliner Beerdigungsinstitut Kontakt aufgenommen hatten, saßen wir am nächsten Morgen vor einem Bestatter und alles nahm seinen geordneten, wenn auch traurigen Gang.

Obwohl der Arzt meiner Schwiegermutter meinem Mann versichert hatte »Sie wären zu spät gekommen, selbst wenn Sie nur zehn Minuten weit weg gewohnt hätten«, litt er lange Zeit darunter, dass er seine Mutter nicht noch einmal lebend gesehen hatte. In dieser Zeit bedauerte ich es umso mehr, dass mich meine Eltern in all den Jahren nicht ein einziges Mal in Malaysia besucht hatten. Wir hatten uns seither nur einmal gesehen, telefonierten aber alle zwei Wochen miteinander. Natürlich ist es nicht so wie einen geliebten Menschen in die Arme zu nehmen, ihn zu spüren und ihm Dinge zu sagen, die man am Telefon nicht sagt.

Ich hätte meinen Eltern so gerne gezeigt, wie wir im fernen, exotischen Ausland lebten. Aber sie scheuten auch weiterhin den langen Flug und so blieb es bei den Telefonaten.

Frauenthema

Verehrte männliche Leser. Dieses Kapitel ist für Sie garantiert superlangweilig. Sie kennen das doch bestimmt, wenn Frauen über Frauenthemen plaudern. Ich würde es Ihnen nicht übel nehmen, wenn Sie dieses Kapitel jetzt überschlagen.
Nein? Nicht?
Gut.
Aber behaupten Sie hinterher bitte nicht, ich hätte Sie nicht vorgewarnt.

Bevor ich nach Kuala Lumpur ging, hatte ich nicht die geringste Vorstellung, was mich dort erwarten würde. Schon gar nicht, wie das Leben als Ausländer in einem fremden, exotischen Land sein könnte. Ich vertraute auf meine positive Grundeinstellung und dachte: »Es wird schon alles ganz normal zugehen.«
Wie in jeder, also auch in der fremden Kultur, muss der Mensch aber auch hin und wieder zum Zahnarzt, zum Gynäkologen, vielleicht zum Orthopäden, Anwalt oder Friseur.
Solange man keinen dieser Fachleute benötigt, ist es müßig, darüber nachzudenken, was einen erwartet und wie es sein könnte. Jedenfalls war das bei mir so. Aber eines Tages musste es sein. Gerade für mich als Frau war der Umstand, zu einem chinesischen, indischen oder arabischen Frauenarzt gehen zu müssen, ehrlich gesagt, von einem gleichfalls exotischen Gefühl begleitet. Natürlich war mir klar, dass es Ärzte sein mussten wie alle anderen auch. Aber trotzdem.
Mein erster Besuch bei einem malaysischen Gynäkologen entpuppte sich als ein unvermutetes Erlebnis.
Elisabeth hatte mir ihren Frauenarzt empfohlen und mich gleichzeitig vorgewarnt. »Er ist ein Spezialist. Wirklich. Aber lach nicht, wenn du ihn siehst«, hatte sie gesagt. »Und zieh einen Rock an. Das ist hier ein Muss.«
Ich vereinbarte einen Termin. Genau, wie Elisabeth gesagt hatte, wies mich die Sprechstundenhilfe darauf hin, in einem Rock zu erscheinen.
Die Praxis war freundlich eingerichtet und das Wartezimmer sah fast wie ein Wohnzimmer aus: zwei gemütliche Sofas, ein flacher Tisch, auf dem Magazine lagen, ein frischer Blumenstrauß, eine Stehlampe, Bilder an den Wänden und behagliche Vorhänge. Die Sprechstundenhilfe saß an einer

winzigen Rezeption und hatte ein weißes Häubchen auf dem Kopf. Ich schmunzelte in mich hinein. So etwas kannte ich nur aus amerikanischen Krankenhausserien, da haben Krankenschwestern auch meistens ein Häubchen auf dem Kopf.

Ich meldete mich an und setzte mich auf eines der bequemen Sofas. Außer mir war kein weiterer Patient zu sehen, deshalb musste ich auch nicht lange warten. Nach fünf Minuten erschien Dr. Samy. »Oh je«, dachte ich, »auch noch ein Inder«. Das hatte ich ganz vergessen, Elisabeth zu fragen.

Ist doch egal. Ein Inder, ein Engländer, ein Chinese oder ein Deutscher. Sind doch alles Ärzte. Die sehen so etwas täglich.

Dr. Samy hatte in England studiert und war schätzungsweise 60 Jahre alt. Der Arzt war kleiner als ich, was auf meine Größe bezogen allerdings keine Besonderheit ist. Er hatte extrem dunkle Haut und auffallend dunkle Augen, in denen das Weiß noch weißer erschien. Bei jeder sich bietenden Gelegenheit setzte er seinen Charme ein und scherzte.

Auf Dr. Samys Kopf thronte zwar kein Turban, aber dafür ein *Headdress* (wig), ein simpler Fiffy, der offensichtlich mindestens hundert Mal in der Kochwäsche gelandet war.

Das war es also, was Elisabeth mit »Lach nicht, wenn du ihn siehst!« gemeint hatte.

Natürlich musste ich mir gewaltsam den ständigen Drang nach einem breiten Schmunzeln verkneifen. Denn während Dr. Samy mit mir sprach, wanderte seine rechte Hand immer wieder zu der Perücke, um sie zurechtzurücken. Es sah wirklich komisch aus.

Kurz darauf kam eine Arzthelferin. »Ah«, sagte Dr. Samy freundlich zu ihr. »Da bist du ja endlich. Dann können wir jetzt anfangen.«

Später erfuhr ich, dass ohne eine zweite Person im Behandlungsraum, per Gesetz bei Patientinnen, keine Untersuchung durchgeführt werden darf.

Die Helferin schob mich in einen stockdunklen Behandlungsraum, der nicht mal ein Fenster hatte. Die einzige Lichtquelle war der flimmernde Bildschirm eines Computers, der in einer Ecke stand. »Bitte behalten Sie Ihren Rock an und ziehen Sie nur ihren Slip aus. Danach legen Sie sich auf den Behandlungsstuhl«, flüsterte sie mir zu. Ich tat, was sie mir gesagt hatte. Dann bedeckte sie meinen ganzen Körper der Länge nach mit einer dünnen Decke. Nur mein Kopf war noch frei.

Mir ist aber wirklich nicht kalt. Kann sie die Decke nicht wieder wegnehmen?
Dr. Samy kam herein und ich dachte, jetzt wird sie die Decke bestimmt wieder entfernen. Aber, falsch gedacht. Die komplette Untersuchung fand, mit Hilfe eines Ultraschallgerätes, unter der Decke statt, wobei Dr. Samys Kopf über der Decke war und er das Innere meines Körpers an einem Bildschirm verfolgte. Selbst die Helferin hat mich nicht eine Sekunde unbekleidet gesehen. Die anschließende Brustuntersuchung lief genau so ab. Ich bekam eine dünne Decke über die Schultern gelegt und Dr. Samy tastete unter dem leichten Tuch meine Brüste ab. Diese Art der ärztlichen Untersuchung ist in Malaysia nicht unüblich, aber nach unseren Vorstellungen mittlerweile nicht mehr zeitgemäß. Für mich war es eine neue, wenn auch ulkige Erfahrung.
Ein Jahr später ging ich zu einer Frauenärztin, einer Chinesin. Sie war supermodern eingerichtet und besaß die neuste Technik. Dort ging es zu wie in Deutschland auch. Keine Decke und keine dunkle Kammer. Auch sie erklärte mir, dass sie keine Untersuchung ohne eine Helferin im Raum durchführen darf.
Bei moslemischen Frauen ist diese Regelung noch strenger. Sie darf nur in Anwesenheit ihres Ehemannes untersucht werden.
Uups. Da hab ich ja noch mal Glück gehabt.

Indes hatte ich mit dem Gang zu einem vermeintlichen Fachfriseur, der mir blonde Strähnen verpassen sollte, weniger Glück.
In Malaysia einen Friseur zu finden, der auf blonde Strähnen spezialisiert ist, könnte man auch mit einem Lotteriespiel vergleichen. In meinem kleinen chinesischen Friseurladen gleich um die Ecke gab es das Verfahren nicht. Die Besitzerin hatte mir erzählt, dass es vor einigen Jahren, als das Blondieren von Haarsträhnen auch in Südostasien populär wurde, große Probleme gegeben hatte. In der ersten Zeit hätten die Kundinnen, die sich dieser eigentlich simplen Sache unterziehen wollten, ein chemisches *Hair cut* erfahren. Nach dem Strähnenfärben seien die Haare weg gewesen. Aufgelöst. Pulverisiert.
Die dunklen, fast nachtschwarzen und dicken Haare der Asiaten benötigen eine andere Behandlung und vermutlich einen höheren Prozentsatz an Bleiche, bevor sie überhaupt blond werden. Da es sehr viele unzufriedene,

empörte, weinende und kahlköpfige Kunden gegeben hatte, haben die namhaften Weltfirmen die Produktion der Chemikalien, speziell für den asiatischen Markt, auf eine niedrigere Prozentzahl umgestellt. Dementsprechend war es nicht einfach, einen Friseur zu finden, der in dieser Disziplin ein Zertifikat besagter Weltfirmen besaß. Daher erkundigte sich meinereiner, nach Inaugenscheinnahme diverser Resultate (also bei anderen blondgesträhnten Frauen), nach der erfolgversprechenden Adresse.

Ich war mal wieder fällig für einen Friseurbesuch. Strähnen. Blonde Strähnen. Wie gesagt, in Malaysia kein einfaches Unterfangen. Daher war ich auch für den Ratschlag einer Bekannten sehr dankbar. In einer Shopping Mall in Bangsar sollte ich mein Glück versuchen. Für 120 Ringgit, das sind umgerechnet 25 Euro, würde man mir dort die besten Strähnen machen, die es in ganz Kuala Lumpur geben würde. Also rief ich bei dem Salon an und vereinbarte einen Termin. Punkt elf Uhr an einem Sonntag traf ich verabredungsgemäß beim empfohlenen Friseur ein. Mein Mann war über diesen sonntäglichen Termin alles andere als begeistert. »Sonntags«, hatte er ruppig betont. »Wieso ausgerechnet sonntags? Unser schönes Wochenende.«

»Es war der früheste Termin, den ich bekommen konnte. Und das nur, weil eine Kundin abgesagt hat.«

Versöhnlich machte ich ihm klar, dass dies DER Strähnchenfriseur in ganz K.L. sei und ich darüber mehr als happy, bei DEM überhaupt so schnell einen Termin bekommen zu haben. Die Warteliste sei auf Monate ausgebucht, schummelte ich ihm vor. Mit einem liebevollen Augenaufschlag fügte ich noch hinzu: »Ich bin doch in zwei Stunden wieder zurück.«

Gespannt saß ich also beim Superfriseur und wartete auf das, was da kommen möge. Ein Blick auf die Preisliste verriet mir allerdings: Für 120 Ringgit gibt's hier keine Strähnen. »Strähnen: 180 Ringgit«, war zu lesen.

Der mir zugewiesene Hairstylist begann mit seinem Werk. Nachdem er etwa zehn Prozent meiner Strähnen in H2O gelegt hatte, säuselte der nette Jüngling kaum hörbar und zuckersüß: »Sorry Madam, just a moment please.«

Um die Wartezeit zu überbrücken, brachten mir freundlich lächelnde Mädchen ein paar Zeitungen. Nachdem ich 35 Minuten mit angefangenen

Strähnen im Haar gewartet und alle Zeitungen durchgeblättert hatte und auch der Tee getrunken war, wurde es mir zu bunt.
Ich stand auf und hielt ungeduldig Ausschau nach dem jungen Spund. Irgendwo hinten im Salon erwischte ich ihn, beim Schneiden irgendwelcher Haare.
Okay, okay Katharina, sagte ich beruhigend zu mir, das dauert sicher nicht mehr lange. Bleib cool, du bist hier in Asien.
Selbstgezüchtigt stierte ich beharrlich auf das Tun meines mir zugewiesenen Friseurs. Weitere zehn Minuten lang. Fertig. Endlich fertig. Nach exakt 45 Minuten, die ich bis dahin gewartet hatte, verabschiedete er den Kunden.
Was wohl aus meinen angefangenen Strähnen geworden sein mochte, die ich schon ebenso lange auf dem Kopf hatte?
In freudiger Erwartung, jetzt endlich wieder an der Reihe zu sein, ging ich zu meinem Stuhl zurück, schlug gemütlich die Beine übereinander und beäugte mich im Spiegel.
Nichts geschah.
Wo isser? Wo bleibta?
Vorsichtig blickte ich erneut zu ihm herüber. Meine Augen schlitzten sich messerscharf zusammen.
Der wird doch wohl nicht ... ?!!!
Doch, er tat es! Der Bursche war gerade dabei, der Dame daneben die Haare zu föhnen.
Auch der geduldigste Mensch stößt an seine Grenzen und die meinige war erreicht. Sofort steuerte ich auf die Chefin zu und erklärte ihr asiatisch höflich, dass es nun zwei Möglichkeiten gäbe. Erstens würde ich gehen oder zweitens umgehend weiter bedient werden. In affenartiger Geschwindigkeit und in dieser Reihenfolge kamen: mein Jüngling, zwei lächelnde junge Chinesinnen, neue Zeitungen und eine weitere Tasse Tee.
Fünf Stunden später, es war 16 Uhr, war ich endlich fertig. Nicht ganz. Meine Haarpracht deckte sich überhaupt nicht mit meinen Vorstellungen und schon gar nicht mit dem, was ich bestellt hatte. Ich sah aus wie Pumuckels Schwester. Orangefarben gesträhnte Haare und davon ganz viele. Der mitleidige Blick des Verursachers konnte mich auch nicht mehr sanftmütig stimmen.
»Sorryla, Madam«, sagte er. »That's not the right colour.«

Ach nee, da wäre ich von alleine nie drauf gekommen.
In aller Freundschaft vereinbarten wir einen neuen Termin zur Korrektur meiner außergewöhnlichen Haarpracht. Bezahlen sollte ich erst dann. Nur die Pediküre, die ich mir während der langen Wartezeit hatte machen lassen, die sollte ich bezahlen. Klar. Dienstleistung erbracht. Kunde zufrieden. Kunde zahlt.
Ach was soll's, zahl' ich halt schon alles zusammen. Gleich morgen soll ja die Korrektur sein.
Galant zückte ich meine Kreditkarte. Der Herr an der Kasse reichte mir äußerst freundlich einen Kugelschreiber, dann den Schnipsel zum Unterschreiben und dann ... traf mich der Schlag. 480 Ringgit.
Sorryla. Jemand daheim?!
Nach einer 20-minütigen Diskussion und der Frage, wie viel man denn für langes Haar zahlen müsste, 900 Ringgit?, gab mir der Kassierer widerwillig 50 Ringgit zurück. *Pah.*
Am nächsten Tag gegen 13 Uhr tauchte ich erneut im Friseursalon »Crace Salon«, im Bangsar-Shopping-Center, first floor, auf. Die Chefin, Grace, kam direkt auf mich zu und teilte mir in herbem Ton mit: »For washing and drying you have to pay cash on top!« Mein Blutdruck schoss in gefährliche Höhen und das Adrenalin in meinen Adern begann Achterbahn zu fahren. Stooooopp, schrie mein zweites Ich. Bleib cool, du bist hier in Asien.
Während sich der gleiche Friseur vom Vortag erneut daran machte, meinen Pumuckel-Style aufzupeppen, arbeitete mein Gehirn auf Hochtouren.
Was wirst du tun?, meldete sich mein zweites Ich erneut. Ich habe für eine verkorkste Frisur gezahlt, und das nicht zu knapp. Nun soll ich für die Restauration, zu der naturgemäß Waschen und Föhnen gehören, extra zahlen? Das kann ja wohl nicht sein.
Nachdem ich gut zwei Stunden Zeit hatte, mir die passende Retourkutsche zu überlegen, schaute ich in den Spiegel. Ja, wunderbar, alles okay. Ich stand auf, verabschiedete mich höflich und steuerte direkt auf den Ausgang zu.
»Halt«, rief mir der Kassierer nach. »Sie müssen noch für Waschen und Föhnen bezahlen.«
Grace war auch gleich zur Stelle. »Ja, ja«, wiederholte sie, wie das Echo in den Dolomiten. »Sie müssen für Waschen und Föhnen noch bezahlen.«

Meine zweistündigen Überlegungen brachten dann folgenden Satz hervor: »Okay. Wenn Sie meine Taxikosten hierher und retour bezahlen, zahle ich für Waschen und Föhnen.«

Nur wenige Millisekunden später keifte Grace los. Sie war für eine Asiatin extrem herrisch und ungewöhnlich laut. Der ganze Salon glotze herüber.

Ruhig wiederholte ich mein faires Angebot. Anstatt darauf einzugehen, packte mich Crace mit festem Griff am Oberarm, zog mich in den Salon zurück und schrie so laut sie konnte: »Sie kommen jetzt mit. Wir werden Ihre Haare rot färben.«

Huch. Wie will sie denn das machen? Und außerdem, Rot steht mir überhaupt nicht.

Dragonia Grace merkte jedoch schnell, dass sie gegen mich, eine gestandene und langbeinige deutsche, blonde Eiche, keine Chance hatte. Ich bewegte mich keinen Millimeter. Nachdem sie das endlich gecheckt hatte, sagte sie, ich solle diesen Laden nie wieder betreten. Das hätte sie sich sparen können. Dieser Laden hätte mich ohnehin nie wieder von innen gesehen.

Ich fand einen anderen Salon, mit dem ich sehr zufrieden war und zu dem viele Expats gingen. Zu Angela Hong, sie war auch Chinesin, aber leise und eine echte Könnerin.

Überraschung

Durch meinen Job als Verteidigerin der deutschen Pressefreiheit in einem presseunfreien Land, wurde ich häufig zu offiziellen Veranstaltungen eingeladen. So auch zur Deutschen Botschaft in Kuala Lumpur.
In den zurückliegenden Jahren hatte sich der persönliche Kontakt zum damaligen Botschafter Jürgen Staks und seiner Frau Monika mehr und mehr intensiviert. Wir trafen uns auch privat. Das heißt, wir Frauen trafen uns häufiger. Es waren nette Nachmittage bei Kaffee und Kuchen oder den beliebten Schuhpartys, zu denen der Schuster ins Haus kam und uns maßgeschneiderte Schuhe verpasste. Aber auch gemeinsame Mittagessen, bei denen uns Monika Staks persönlich bekochte. Kurzum: Wir pflegten eine nette Freundschaft.
Eines Tages eröffnete sie uns: »Meine Lieben, unsere Zeit in Malaysia ist abgelaufen. Wir verlassen euch.«
In der Regel sind es drei Jahre, die ein deutscher Botschafter im Ausland an einem Ort verbringt. Monika und Jürgen Staks gingen nach Zagreb.
Mittlerweile ist er pensioniert und sie leben wieder in Deutschland. Bis zum heutigen Tag sind wir in Verbindung geblieben und schreiben uns regelmäßig E-Mails.
Folglich bekamen wir also einen neuen Botschafter: Herbert D. Jess und Gattin Micheliné zogen im August 2004 von Manila, seiner ersten Station als Botschafter der Bundesrepublik Deutschland, nach Malaysia. Seine diplomatische Laufbahn begann der Jurist Anfang der 70er Jahre in Reykjavik. Seitdem arbeitete der dreifache Vater unter anderem in Australien, Russland und China. Ende der 70er Jahre kam er nach Bonn zurück und war bis 1982 Berater von Bundeskanzler Helmut Schmidt.
Auch mit der Familie Jess pflegten wir schon bald engeren Kontakt und verbrachten viele nette gemeinsame Stunden miteinander. Während einer Veranstaltung in der Residenz fragte mich der Botschafter: »Katharina, ich hörte, es ist gerade wieder ein neues Buch von Ihnen erschienen. Wollen Sie für die deutschsprachige Community nicht eine Lesung abhalten?! Das wäre doch ein passender Auftakt für unsere German Cultural Weeks.«
Einmal im Jahr veranstaltet die Deutsche Botschaft in Malaysia die Deutschen Kulturwochen. Für einen Monat ist sie Organisator und Partner

vieler deutscher und malaysischer Künstler, Firmen, Verbände und Vereinigungen.
Ich fühlte mich natürlich sehr geehrt und sagte sofort zu. Und so fand in der Residenz des Botschafters die Eröffnungsveranstaltung der Deutschen Kulturwochen 2006 statt. Ich las aus meinem Buch und war zugegebenermaßen mächtig stolz. Aber es sollte mein letzter Besuch in der Residenz gewesen sein. Kurz darauf eröffnete mir mein Mann, dass auch wir Malaysia verlassen und nach Dubai ziehen würden.
Ich kann gar nicht beschreiben, was in diesem Moment in mir vorgegangen ist. Malaysia war für mich zu einem echten Zuhause geworden. Ich liebe dieses Land. Sehr sogar. Ich fühlte mich wirklich sehr wohl. Ich hatte neue Freunde gefunden, wundervolle Erfahrungen gemacht, die mein Leben und meine Einstellung zum Leben positiv verändert hatten. Ich hatte einen interessanten Job, der mir sehr viel Spaß machte, nette Kollegen, kannte mich mittlerweile ziemlich gut aus in K.L. und wusste, wo was gut und günstig zu haben war. Ich hatte einen Zahnarzt gefunden, bei dem ich ohne Angstschweiß auf der Stirn im Behandlungsstuhl sitzen konnte, eine vertrauensvolle Gynäkologin, die jung und modern war und einen Arzt, der sich auch mit alternativen Heilmethoden auskannte. Und schließlich auch einen Friseursalon, der mir die Haare so färbte, dass ich nicht wie ein Feuermelder herumlaufen musste und, und, und. Langer Rede kurzer Sinn: eigentlich wollte ich gar nicht mehr weg.
Auf der anderen Seite war gerade die Dubai-Ekstase ausgebrochen. TV-Stationen und Hochglanzmagazine weltweit berichteten in schillernden Farben über ein Land aus Tausendundeiner Nacht, dem gülden glitzernden Wüstenstaat der Scheichs und Prinzen, in dem sozusagen ein Goldesel in jedem Vorgarten steht und von morgens bis abends nur noch Dukaten spuckt.

Dubai: modern, aufstrebend, herausragend, gigantomanisch – nichts ist unmöglich! Die Metropole am Arabischen Golf, die für Superlative in allen Bereichen steht. Wo futuristische Wolkenkratzer wie Diamanten in der Sonne glitzern, fast jedes Gebäude spektakuläre architektonische Phantasie aufweist und Architekten aus aller Welt ihre skurrilste Kreativität ausleben – so, wie schon beim Bau des Wahrzeichens des Emirats, des berühmten

Luxushotels Burj Al Arab, das genau solch eine architektonische Phantasie repräsentiert.

Ich hatte den Arabischen Turm schon kurz nach seiner Fertigstellung während eines Urlaubs in Dubai bestaunt. Er sieht aus, als wäre ein gigantisches Segel zu Glas und Stahl erstarrt. Und gleich daneben das Jumeirah Beach Hotel: Wie eine Welle bäumt sich die Fassade des Gebäudes am Strand auf, in dessen gebogener Außenwand sich das Wasser des Meeresarms Dubai Creek widerspiegelt.

Zugegeben, interessante Aussichten. Doch noch konnte ich mich nicht wirklich dafür begeistern. Ich war hin- und hergerissen. Aber zu überlegen gab es nichts. Der Vertrag mit der neuen Company in Dubai war bereits unterzeichnet.

Kurz vor Weihnachten begannen wir mit der Planung für unseren großen Umzug in die Welt von Tausendundeine Nacht, in die Vereinigten Arabischen Emirate. Marina freute sich, obwohl auch sie das Leben in Malaysia liebte und sich sehr wohl fühlte. Mein Mann war mit seinen Gedanken schon dort. Er konnte es kaum noch abwarten. Der Dubai-Rausch hatte ihn voll erwischt. Hinzu kam, dass er schon seit einigen Monaten geschäftlich zwischen K.L. und Dubai hin- und her- pendelte.

Ich ließ also einige Umzugsunternehmen kommen, die uns ein Angebot machen sollten. Keine leichte Aufgabe für die Herrschaften. Denn nach unserem Deutschland-Malaysia-Desaster war ich sozusagen zu einem personifizierten Umzugsvorwarn-Alarmsystem herangereift.

Von sieben Umzugsfirmen kamen nach dem ersten Gespräch drei schon gar nicht mehr wieder. Die verbliebenen vier nahm ich nochmals gründlich unter die Lupe. Danach waren es nur noch drei. Auch gut. Die viel zitierte Spreu kann sich gar nicht früh genug vom sprichwörtlichen Weizen trennen.

Zwei und eins macht drei

An einem Nachmittag, ich war gerade dabei, die eingetrudelten Angebote mit nachhaltiger Akribie und einem Vergrößerungsglas zu studieren, kam Marina nach Hause. Im Arm hielt sie ein winzig kleines Katzenbaby.
»Der kleine Kerl ist von einem widerlichen, fetten Kampfkater angefallen worden. Ich konnte ihn gerade noch retten.«
»Der ist wirklich süß. – Aber wir können ihn nicht behalten«, sagte ich.
»Ist schon klar. Ich konnte ihn aber auch nicht einfach seinem Schicksal überlassen.«
»Verstehe. Hätte ich wahrscheinlich auch nicht übers Herz gebracht. Was machen wir denn jetzt mit ihm?«
Wir nannten ihn Poul. Da er so winzig war, riefen wir ihn Poulchen und beschlossen, ihm eine nette Familie zu suchen. Mein Mann verfolgte die Familien-Such-Aktion mit auffälliger Präzision und fragte täglich, ja stündlich, nach. Ich hatte zig Mails an Deutsche, die in K.L. lebten, verschickt und meine Nachbarschaft informiert. Aber es war kurz vor Weihnachten und da waren die meisten in ihre Heimatländer geflogen. Kuala Lumpur war wie ausgestorben.
An einem Donnerstag, unserem Sitzungstag, teilte ich meinen Kolleginnen von unserem bevorstehenden Umzug mit und dass ich die Redaktion schon bald verlassen würde. Von Poulchen sagte ich nichts. Er war ja so süß.
Mein Mann war mal wieder nach Dubai geflogen und begab sich auf die Suche nach einer Wohnung oder einem Haus für uns.
Ende Januar hatten wir noch immer kein neues Zuhause für Poulchen gefunden. Aber dafür eine Umzugsfirma, die auf sämtliche Auflagen, Bestimmungen, Handhabungen und Anweisungen, die ich äußerst ausführlich und schriftlich fixiert hatte, mit einem »Ja, das können wir« eingegangen war.
Prima. Na dann ist ja alles tutti-paletti.
Poulchen hatte die folgenden Wochen dazu genutzt, sich mehr und mehr an meine bessere Hälfte heranzuschleimen und durfte bleiben. Sofort rief ich die Umzugsfirma an und stockte die Anzahl der zu transportierenden Katzen auf drei auf. Das bedeutete: Es mussten drei, statt zwei spezielle Transportkisten gekauft werden, die alle mit einem Trinkspender ausgestattet sein sollten. So einen, den man von Hamsterkäfigen kennt.

16 Stunden sollte die gesamte Katzen-hin-und-her-Aktion inklusive Flug dauern, da die Tiere mindestens acht Stunden vor Abflug am Flughafen sein mussten. Damit das *Trinken* auch wieder entweichen konnte, sollten die Transportboxen mit Pampers ausgelegt werden. Ich malte mir natürlich wieder alle erdenklichen Horrorszenarien aus.

Für die gesamte Abwicklung des Katzentransports hatte mir die Umzugsfirma eine erfahrene Spezialistin namens Daphne, die dieses Geschäft schon seit über zehn Jahren betrieb, zur Seite gestellt. Daphne kümmerte sich um die notwendigen Papiere und informierte mich über alles, was für die Einreise unserer drei Herzchen nach Arabien zu beachten wäre. Alle drei Katzen wurden nochmals einer speziellen Impfung unterzogen und bekamen einen Chip eingepflanzt.

Das war vielleicht ein Theater.

Zu diesem Zweck ließ ich den Tierarzt zu uns nach Hause kommen. Wir funktionierten den Esstisch zu einem OP-Tisch um. Mit einer Nadel, so dick wie eine Stricknadel Nummer zehn, sollte der Chip in den Nacken jeder Katze gespritzt werden. Als ich die Nadel sah, wurde mir schlecht. Snoopy, unser Ältester, war als erster an der Reihe. Der Tierarzt impfte zuerst und danach setzte er die dicke Nadel für den Chip an. Snoopy schrie auf. Mein Magen drehte sich einmal um sich selbst. Chip drin. Mit zitternden Knien holte ich die scheue Penny. Impfung. Chip. Fertig. Kein Mucks.

Tja, wie im richtigen Leben. Frauen sind eben doch belastbarer.

Nun folgte Poulchen, der Kleine. Impfung. Okay, fein gemacht. Chip. Ein hochfrequenter Schrei drang an meine Ohren. Markerschütternd wäre die exakte Beschreibung gewesen. Ich rannte ins Bad und presste die Hände an meine Ohren. Einige Minuten später klopfte es zaghaft an die Badezimmertür. Das ganze Unternehmen musste abgeblasen werden. Es sei für heute nichts mehr zu machen. In zwei Tagen wollte der Tierarzt Poulchens Chip, dann aber unter Vollnarkose, einpflanzen.

Zwischenzeitlich hatte mein Mann ein Haus in Dubai für uns gefunden, dass ihm besonders gut gefiel, nach 76 Besichtigungsterminen. Per E-Mail schickte er Fotos; von außen, von innen, von jedem Raum. Wir waren begeistert. Ich bat ihn, die Räume zu vermessen, damit ich Zeichnungen für die Inneneinrichtung anfertigen konnte. Zu diesem Zeitpunkt war das Haus aber noch nicht fertig. Es war ein Neubau. Der arabische Vermieter versicherte uns jedoch, bis die Möbel kämen, sei es bezugsfertig. Das heißt, er ließ es uns über seinen Bruder ausrichten, da er selbst nur drei Worte Englisch sprach. Der Bruder konnte zumindest sechs Worte Englisch sprechen. Am 17. März, Poulchen hatte seinen Chip, aber das Haus in Dubai war noch immer nicht bezugsfertig, rückten 14 Mann einer von mir höchst persönlich, explizit ausgewählten malaysischen Umzugsfirma an und begannen, unseren gesamten Hausrat seefest zu verpacken. Genau wie schon fünf Jahre zuvor in Deutschland wurde zuerst alles in cremefarbenes Seidenpapier eingehüllt, danach mit Noppenfolie umwickelt und dann fein säuberlich in einen Karton gelegt, der dann zugeklebt wurde, luftdicht verschlossen.

Es dauerte sechs Tage. Dann war es vollbracht. In der Zwischenzeit hatten sich meine Haare am Ansatz in die Farbe Grau verwandelt. Neben anderen Problemen, an die ich mich wirklich nicht mehr erinnern möchte, stellte ein ganz besonderes Thema die gesamte Firma vor ein schier unlösbares Rätsel: das Verpacken unseres Wasserbettes.

Die Wassermatratzen müssen zuerst entleert werden, bevor sie gerollt und dann verstaut werden können. Ohne eine elektrische Pumpe dauert das Entleeren (ich spreche hier von etwa 800 bis 1000 Litern) etwa einen ganzen Tag.

Man suchte also nach einer Pumpe, die diese Aufgabe innerhalb von zwei Stunden erledigen würde. Aber in ganz K.L. war so eine Pumpe nicht zu finden. Kaum zu glauben. Ich nahm die Sache selbst in die Hand. Tatsächlich! Keine elektrische Pumpe, in ganz K.L. nicht.

Man brachte eine Handpumpe, die ursprünglich für die Entleerung eines Paddelboots genutzt wird. Diese Handpumpe musste auf ein dickes Brett geschraubt werden, damit sie beim Pumpen festen Halt hatte. Danach pumpten die Männer nacheinander und jeder etwa für maximal 15 Minuten das Wasser aus den Matratzen. Länger war einfach nicht möglich. Es war zu anstrengend.

Zwischendurch hörten wir aus unserem Schlafzimmer immer wieder Anfeuerungsgebrüll, begleitet von tosendem Beifall: »Go. Go. Go. One more. Go. Go. Go.« Am Ende des Tages war auch das Wasserbett verpackt und ich zog mit Marina und unseren drei Katzen in ein Hotel.

Wähle Drei – Drei – Drei

In diesem Hotel war unser Freund Leo Kuscher Direktor. Deshalb war die Mitnahme von drei malaysischen Straßenkatzen auch kein Problem. Normalerweise ist das in Malaysia keiner Katze erlaubt und sei sie noch so klein. Und erst recht keinem Hund ist das Betreten eines Hotels gestattet. Wäre Leo nicht gewesen, hätten Snoopy, Penny und Poulchen, bis zum Abflugtag, ihr Dasein in einem malaysischen Tierheim fristen müssen. Aber das hätte ich niemals zugelassen. Wie es dort teilweise zugeht, will ich nicht näher erläutern.

Als wir unten in der Halle unseres Kondominiums auf drei bestellte Taxen warteten, sollten wir erfahren, wieso Katzen und Hunde in Malaysia niemals – unter gar keinen Umständen – auch nur eine einzige Pfote in ein Hotel setzen durften, beziehungsweise *setzen können würden*.

Drei Taxen deshalb, da wir neben den drei Katzenboxen auch noch eine Menge Gepäck bei uns hatten: Katzenfutter, drei Katzenklos, Katzensand, dreimal Fress- und Wassernäpfe, Katzenspielzeug und natürlich noch unsere eigenen Sachen. Zusätzlich schleppten wir eine erhebliche Anzahl an Wein- und Schnapsflaschen mit uns herum.

Die Umzugsfirma hatte uns eindringlich davor gewarnt, Alkohol in das Umzugsgut nach Arabien zu verpacken, geschweige denn, es zu verstecken oder gar als Tarnung *Household* auf die Kisten zu schreiben. »Die Container werden alle gescannt«, hatte Daisy, eine Angestellte der Umzugsfirma, nachdrücklich gesagt. »Die finden alles. Garantiert.«

Da sich mein Mann von den edlen Getränken aber nicht trennen wollte, sollten wir sie im Koffer mitbringen.

In Dubai ist Alkohol nochmals teurer als in Malaysia und dort ist er schon drei mal so teuer wie in Deutschland. Pro Person darf man vier Flaschen Alkohol nach Dubai einführen. Das machte in unserem Fall also acht. Katzen dürfen keinen Alkohol einführen. Schade. Wir hatten aber neun Flaschen dabei, demzufolge eine Flasche zu viel. Es war der Jack-Daniels. Darüber machten wir uns, während wir auf die Taxis warteten, jedoch noch keine Gedanken. Es würde uns schon etwas einfallen.

Das erste Taxi kam. Der Fahrer weigerte sich, die Katzen zu befördern und fuhr wieder weg. Gleich hintereinander kamen die beiden anderen bestellten Taxis angefahren. Einer der beiden Taxifahrer hätte ja mit sich reden

lassen ... Da sich aber sein Vordermann ebenfalls vehement geweigert hatte, uns mit den Katzen zu befördern und schleunigst das Weite suchte, verschwand auch Hoffnungsträger Nummer drei auf Nimmerwiedersehen.
»Was machen wir denn jetzt?«, fragte Marina leicht verzweifelt.
»Ich weiß es auch nicht«, antwortete ich genauso leicht verzweifelt zurück. Aber ehrlich gesagt, es war mir zum Heulen zumute.
Wir hatten den ganzen Tag – ach, was sag ich – die ganze Woche schwer geschuftet. Hunderte von Fragen beantwortet, hier und dort mit angepackt, organisiert, jeden Tag für 17 Mann gekocht und eingekauft, am Verladetag jede Kiste mit einer Nummer versehen und auf einer Liste eingetragen. Nachdem alles verladen war, hatten wir die Wohnung geputzt und gewienert, die schäbigen Reste entsorgt und zu guter Letzt in einer jämmerlich leeren Wohnung gestanden, in der wir sehr glücklich gewesen waren.
Nun saßen wir kurz vor Mitternacht im Foyer unseres Kondominiums in Kuala Lumpur, mit fünf Koffern und drei Katzen, die keiner befördern wollte.
Marina öffnete die neunte Flasche, es war der Jack-Daniels. Niedergeschlagen nahmen wir jeder einen kräftigen Schluck daraus. Dann rief ich Leo an. Er schickte uns einen Hotelfahrer, der dreimal hin- und herfahren musste, bis all unser Gepäck inklusive Katzen im Hotel verstaut war.
Letztendlich fielen wir gegen drei Uhr morgens erschöpft ins Bett und schliefen sofort ein, ohne die geringste Ahnung zu haben, was uns noch bevorstehen würde.
Obwohl das Okay des Hausvermieters in Dubai noch immer nicht ausgesprochen war, buchten wir sicherheitshalber Tickets für drei Wochen später, natürlich auch für die drei Katzen. »Bis dahin müsste das Haus fertig sein«, hatte mein Mann mit aller Überzeugungskunst ins Telefon gesäuselt. »Es sind nur noch ein paar geringfügige Arbeiten zu erledigen. Eigentlich fehlt dem Eigentümer nur noch die Freigabebescheinigung des Elektrizitäts- und Wasserwerks. Das ist hier alles etwas anders.«
Ich machte es mir mit Marina und den Katzen in unserem Hotelzimmer gemütlich. Wir kauften DVDs, sämtliche Serien von Nip-Tuck, eine beliebte amerikanische Schönheitschirurgen-Serie, die wir uns jeden Abend auf dem Laptop reinzogen. Dabei widmeten wir uns, eher beiläufig, dem Inhalt der Flasche Nummer Neun mit Coca-Cola gemixt. Nach drei Wochen war die Flasche leer und das Transportproblem derselben gelöst.

Das Haus in Dubai war jedoch noch immer nicht bezugsfertig. Kein Strom, kein Wasser, aber ansonsten fehlte unserem neuen Zuhause nichts, bis auf die Möbel natürlich. Wir flogen trotzdem.

Als wir im Taxi saßen, das uns zum Airport brachte, ging es mir ziemlich schlecht. Mein Herz weinte und mein Magen rebellierte. Es war ein Gefühl, als ob ich gerade meinen Liebhaber verlassen hätte. Immer wieder versuchte ich, die aufsteigenden Tränen hinunterzuschlucken. Draußen war es schon dunkel. Kuala Lumpur zeigte sich von seiner allerschönsten Seite. Aus der Ferne sah ich die silbern glitzernden Petronas-Twin-Towers noch einmal, ... die nach und nach verschwanden.

Bye-bye, du geliebte *fremde* Heimat!

Dubai, wir kommen – As Salam 'Alaikum

Am 09. April 2006 landeten wir kurz vor Sonnenaufgang gegen 4.30 Uhr mit Malaysian Airlines auf dem Flughafen in Dubai. Auch hier war es noch dunkel.
Unsere drei Katzenkinder sollten gegen Mittag eintreffen, da sie nicht mit unserer Maschine fliegen duften. Die Beförderung von Tieren durch eine moslemisch geführte Airline, ist nur mit einer speziellen Transportmaschine erlaubt. Tier und Mensch dürfen nicht im gleichen Flugzeug sitzen.

Mein Mann war drei Tage zuvor in das schöne neue Haus ohne Strom und Wasser gezogen. Als Übergangslösung hatte er auf die Schnelle bei IKEA ein großes Bett mit allem Drum und Dran gekauft, das wir später als Gästebett benutzen wollten. Es sollte uns für die nächsten Tage, bis der Container mit unseren Möbeln ankommen würde, dienlich sein. Für Marina hatte er ein Klappbett gekauft. So was kann man ja immer gebrauchen. Er duschte bei einem Kollegen und zum Essen ging er in ein Hotel.

Während wir uns am Flughafen in Dubai begrüßten, ging langsam die Sonne auf. Es sah toll aus, aber ein Trost war es nicht. Schon am frühen Morgen war die Temperatur weitaus höher als zur gleichen Zeit in Kuala Lumpur. Muezzin-Gesänge, an die ich mich von nun an gewöhnen musste, fünfmal täglich (eigentlich zehnmal: einmal vor und einmal nach dem Gebet), hallten von überall her durch die Stadt.

Nach 20 Minuten Autofahrt, hier musste ich mich übrigens wieder an den Rechtsverkehr gewöhnen, erreichten wir das Haus. Es war tatsächlich noch eine Baustelle. Zumindest die Außenanlage. Nur Sand. Kein Baum, kein Strauch, nicht mal ein einziger Grashalm war zu sehen. Nur ein arabischer Hahn der Nachbarn krähte sich zur Begrüßung die Seele aus dem Leib. *Kikeriki, kikeriki, kikeriki.*
»Was ist das denn?«, fragte ich erheitert. Noch ehe mein Mann antworten konnte, bellte ein ganzes Rudel Hunde. »Das gehört alles unseren arabischen Nachbarn. Hühner, ein Hahn, Hunde und Katzen.«
»Hunde bei einem Moslem?«, fragte ich verdutzt.

Wir gingen ins Haus. Dort sah es, mit kleinen Ausnahmen, wesentlich besser aus als draußen. Man hätte sagen können, unser neues Zuhause war bezugsfertig.

Unser umfangreiches Gepäck, bestehend aus Koffern, Taschen, Tüten, Katzenklos und diversen anderen Katzenutensilien, stellten wir auf den erst kürzlich verlegten, aber schon getrockneten Fliesenboden, der mit einer dicken Schicht kalkigem Staub überzogen war, ab.
Da werd' ich wohl gleich mal putzen müssen.
Neugierig liefen wir in alle Zimmer. Schön. Wirklich sehr schön. Da in unserer ausgetüftelten Planung schon vorher festgelegt worden war, wer in welches Zimmer ziehen würde, gab es auch keine Diskussionen.
Mittlerweile war die Sonne gemächlich über die Wüste gekrochen und stand prall am Himmel. Mit jeder Minute wurde es wärmer und wärmer. Im Innern des Hauses auch. Draußen krähte schon wieder unvermittelt der arabische Hahn unseres arabischen Nachbarn.
Hat der keine Armbanduhr?

Wir hatten keinen Strom und somit keine Möglichkeit, eine kühlende Klimaanlage einzuschalten. Es gab auch kein fließendes Wasser, unter dem wir uns hätten abkühlen können. Eine schöne Tasse Kaffee wäre jetzt genau das Richtige. Aber wir hatten keine Kaffeemaschine. Selbst wenn wir uns im nächsten Supermarkt eine gekauft hätten – wir hatten ja keinen Strom. Kein Strom, keine Kaffeemaschine, also auch keine schöne Tasse Kaffee.

Von draußen dröhnte plötzlich Motorengeräusch an meine Ohren. Heftig.
»Und was ist DAS jetzt?«, fragte ich leicht genervt.
»Flugzeuge«, antwortete mein mir gesetzlich angetrauter Ehegemahl kleinlaut. »Wir wohnen in der Nähe der Start- und Landebahn.«
»Waaaaaas?«
»Das habe ich leider auch erst später bemerkt. Da war der Vertrag aber schon unterschrieben. Als ich zur Besichtigung hier war, habe ich nie etwas gehört. Nie. Auch nicht beim Vermessen. Nachdem ich nun schon dreimal hier geschlafen habe ...«
»... ist es dir aufgefallen«, beendete ich säuerlich seinen Satz.

Na prima! Ich stand in einem Haus ohne Strom und Wasser, direkt an der Start- und Landebahn eines hoch frequentierten Flughafens gelegen, das sich allmählich in einen lärmenden Backofen verwandelte. Alle zwei Minuten startete oder landete eine Maschine, der Nachbarhahn krähte wann er wollte, die Hunde bellten im Chor und mit jeder Minute wurde es draußen heißer und heißer.

Gegen Mittag hätten wir Rührei an den Fensterscheiben braten können. Aber wir hatten ja keine Eier im Haus.
Ganz ehrlich, in diesem Moment hätte ich mein Herzblatt am liebsten auf den Mond geschossen. Oder noch besser, an ein Kamel gebunden und ihn so stundenlang durch die sandige, trockene und brüllend heiße Wüste gejagt. Natürlich mit einem Wassersack. Ich bin ja nicht unmenschlich. Allerdings würde ihm der Wassersack gar nichts nutzen. Das Kamel bleibt bestimmt nicht stehen, wenn er »Halt mal, ich muss trinken« ruft. Wahrscheinlich würde das Kamel das Wasser sogar selber trinken. Nein, das geht zu weit.
Ich entschied mich gedanklich für die Mond-Version. Alternativ kam mir aber auch noch ein anderer Gedanke.
Ich könnte aus einem der Koffer eine Flasche herausholen, was auch immer es sein mag, Rotwein, Weißwein oder Whisky, und mein Elend ertränken. In dieser Affenhitze hier, geht das bestimmt ganz schnell.

Später stiegen wir ins Auto, schalteten die kühlende Klimaanlage ein und fuhren in einen Supermarkt, um ein paar Getränke, etwas Brot und Belag zu kaufen, und natürlich Plastikgeschirr. Draußen waren es mittlerweile 37 Grad. Die Katzen sollten, statt ursprünglich um zwölf Uhr, nun um 13 Uhr landen. Ich hatte Daphne angerufen, die mir von der Verspätung berichtete. *Warum hat SIE mich eigentlich nicht angerufen, als sie von der Änderung erfahren hatte? Meine armen Lieblinge. NOCH eine Stunde länger in den Boxen.*

Mit Brot, Getränken und Belag kamen wir vom Einkaufen zurück, stellten Marinas Klappbett ins Esszimmer und übten uns schon mal in Survival, ohne auch nur die Spur einer Ahnung zu haben, was in den nächsten Wochen und Monaten noch auf uns zukommen würde.

Gegen 13 Uhr versuchte ich erneut Daphne zu erreichen. Auch nach dem siebten Versuch nahm sie den Hörer nicht mehr ab. Ich wurde nervös.
Es war kurz nach 13 Uhr, als ich die Nummer des Umzugsunternehmens wählte. Aber auch dort meldete sich niemand. Uns fiel ein, dass in Kuala Lumpur Sonntag war.

In Dubai ist der Sonntag ein ganz normaler Arbeitstag. Hier ist der Freitag der Sonntag, so wie wir ihn aus Deutschland kennen. Obwohl beide Länder moslemisch regiert werden, finden sich jedoch allerhand unterschiedliche Verhaltensweisen.

Ich rief also Daisy auf ihrem Handy an. Sie weilte gerade für eine Woche auf Langkawi. Daisy gab mir die Handynummer der Dame, die für das Umzugsunternehmen in Dubai zuständig war und den Auftrag hatte, die Katzen aus der Quarantäne zu holen und uns dann nach Hause zu bringen.
In den Vereinigten Arabischen Emiraten ist das Einführen von Tieren problemlos. Entgegen den Bestimmungen in Malaysia, gibt es hier praktisch keine Quarantänezeit. Sobald die Tiere am Flughafen angekommen sind, alle notwendigen Papiere und den Chip haben, nimmt ein Veterinär sie in Augenschein. Ist alles okay, können sie ins Land einreisen.

Daisys Kollegin in Dubai teilte uns im Businesston mit, dass das Umzugsunternehmen in Kuala Lumpur die Rechnung für den Transport der Tiere noch nicht bezahlt hätte und die Katzen deshalb so lange auf dem Flughafen verweilen müssten, bis dies erledigt sei.
Waaaaaas? Wie bitte?

In Kuala Lumpur war, wie gesagt, Sonntag. In Dubai ist das, wie gesagt, ein ganz normaler Arbeitstag. Unsere drei Katzenkinder befanden sich schon seit dem Vortag 20 Uhr in ihren Boxen. Sie konnten nicht aufs Katzenklo, hatten nichts zu essen und sollten nun in einer Halle, die vermutlich nicht einmal gekühlt war, noch bis zum nächsten Tag, vorausgesetzt es ginge alles schnell, in den Transportkästen verbleiben?
Vielleicht würde es mit der Geldüberweisung sogar zwei oder drei Tage dauern. Wohlgemerkt, in Malaysia geht nichts schnell. Ich tickte völlig aus.

Nur dem ruhigen und umsichtigen Charakter meines Mannes war es schließlich zu verdanken, dass wir unsere drei Herzchen um 16.50 Uhr endlich in Empfang nehmen konnten.
Damit hatte er die Hausaktion wieder gutgemacht.

Überglücklich ließ ich Snoopy, Penny und Poul aus ihren Boxen, in denen sie über 20 Stunden verbracht hatten, und die über die Befreiung vermutlich noch viel glücklicher waren als ich.
Wir kauften uns einen billigen Grill, stellten am Abend das Klappbett nach draußen und stillten zwischen Flugzeuglärm, Hahngekrähe, Hundegebell und vor Sand knirschenden Zähnen unseren Hunger und Durst. Die Getränke lagerten im laufenden Auto in einer ebenfalls neu gekauften Campingkühlbox. Ein paar Fackeln dienten uns als Lichtquelle. Auf den ersten Blick sah eigentlich alles sehr romantisch aus.

Im April geht die Sonne in den Vereinigten Arabischen Emiraten schon kurz nach 18 Uhr unter und zwar blitzschnell, als ob jemand auf einen Ausschalter drückt.

Nach wenigen Tagen waren wir im Besitz notwendiger Überlebensutensilien und warteten noch immer auf Strom und Wasser.
Schnell lernten wir die in Arabien meistgesagte Antwort auf eine einfache und simple Frage kennen, die nur aus zwei Worten besteht. Nämlich: Insha Allah, was soviel wie *So Gott will* bedeutet.
»Wann kommt der Strom?«
»Maybe tomorrow. Insha Allah!«
»Und das Wasser?«
»Insha Allah. Tomorrow.«
»Bitte rufen Sie mich an.«
»Yes. Insha Allah.«
Wir kauften einen Eimer, diverse Putzlappen und einen Besen und begannen das Haus zu wienern. Kaum waren wir in einem Zimmer fertig, hatte sich in demselben schon wieder eine feine Sandschicht auf dem gesamten Fußboden niedergelassen.
Der Sand kam durch sämtliche Fensterritzen und den dicken, fetten Türspalten hindurch. Tag und Nacht. Unaufhörlich.

Nach vierzehn Tagen rollte der Container an. Es war wie ein Freudenfest. Mittlerweile hatten wir vom Putzen und Sandfegen blutige Blasen an den Händen und arbeiteten nur noch mit Gummihandschuhen. Die Fensterritze hatte ich schleunigst mit nassem Papier von der Küchenrolle zugepappt. Es nutzte ein wenig.

Nach und nach wurden die ersten Kartons und Möbelstücke ins Haus getragen. Erwartungsvoll und voller Freude begann ich mit dem Auspacken und riss eifrig die ersten Kartons auf, die mit *Kitchen* beschriftet waren. Was da zum Vorschein kam, verschlug mir nach und nach die Sprache. Aber es sollte erst der Anfang sein ...

Schöne Grüße, aus der Wüste!

Katharina Bachman

P.S. Wenn Sie gerne Fotos zu diesem Buch sehen möchten, gehen Sie auf meine Website. Unter »Leserwünsche« finden Sie Bilder zu verschiedenen Kapiteln.

Allgemeines

An der Spitze der beliebtesten Auswandererländer der Deutschen stehen die USA, gefolgt von der Schweiz, Österreich, Großbritannien, Frankreich, Spanien, den Niederlanden, Italien und Belgien. In exotische Länder wie Malaysia, Thailand, die Arabischen Emirate, China oder Japan wird nicht so häufig ausgewandert.

Auswanderer

Im Jahr 2006 sind mehr als 160.000 Deutsche offiziell aus Deutschland ausgewandert und haben sich irgendwo auf der Welt ein neues Zuhause aufgebaut. Dies ist die höchste Zahl seit Ende des Zweiten Weltkriegs. Allerdings wird die tatsächliche Zahl auf 250.000 geschätzt.
Emigrationsforscher meinen, es gehen mehr Deutsche ins Ausland als aus der offiziellen Statistik hervorgeht. Erfasst werden nur diejenigen, die sich beim Amt offiziell abmelden. Das machen aber viele nicht, aus Unsicherheit darüber, ob sie nicht doch bald zurückkommen. 160.000 Auswanderer, das ist, als würde ganz Leverkusen die Koffer packen. Und nach der geschätzten Zahl der Auswanderer sogar ganz Münster.
Meist handelt es sich bei Auswanderungswilligen um gut ausgebildete Fachleute. Die Bundesanstalt für Arbeit meldet mit Stand von 12/07: »Es gehen derzeit mehr Deutsche ins Ausland als Ausländer nach Deutschland kommen.«
Die Beratung von Auswanderungswilligen ist nach dem Auswanderungsschutzgesetz von 1975 eine erlaubnispflichtige Tätigkeit. Der Gesetzgeber will damit verhindern, dass die Unsicherheit derer, die auswandern wollen, finanziell ausgenutzt wird.

Aussteiger

Als Aussteiger bezeichnet man Menschen, die sich plötzlich von gesellschaftlichen Zwängen befreien wollen. Sie geben alles auf, was ihnen bis dahin wichtig erschien: den Wohnort, alte Gewohnheiten, die Arbeit, Freunde und Bekannte, Glaubensgemeinschaften oder politische Bewegungen.
Die Gründe für den Ausstieg sind vielfältig. Oft geht dem Aussteigen eine Kritik verschiedener Bereiche des zwischenmenschlichen Zusammenlebens voraus. Dabei kann sich der Aussteiger häufig nicht mehr mit den

Normen und Werten der gesellschaftlichen Gruppe identifizieren, der er bis dahin angehört hat. Nur durch eine radikale Veränderung seines Lebens sieht der Aussteiger eine Chance, seine Harmonie und seinen inneren Frieden wiederherzustellen.

Gründe für das Auswandern sind häufig:

Bessere Arbeitsbedingungen im Ausland; politische oder religiöse Gründe; bessere Lebensqualität im Ausland; besserer Klimabedingungen, beispielsweise auf Mallorca, den Kanarischen Inseln, in der Toskana oder im Sonnenstaat Florida, besonders für Rentner bedeutsam; Bedrohung durch Krieg oder Bürgerkrieg, gezielte Vertreibung oder Hungersnot; Familienangehörige oder Bekannte, die schon im Ausland leben. Früher: Versklavung.

Etwas Historie

Seit dem 17. Jahrhundert gibt es Auswanderer, damals hauptsächlich nach Übersee. Aber erst mit Beginn des 19. Jahrhunderts wurde das Auswandern zu einem Massenphänomen, nämlich als 1816 die erste Welle von Südwest-Deutschen das Heimatland verließ.

Um in Amerika mehr Freiheit in ihrer Religionsausübung zu genießen, verließen viele Deutsche während der amerikanischen Kolonialzeit in Begleitung religiöser Gleichgesinnter ihre Heimat, beispielsweise die Rappisten, Quäker und Alttäufer (Mennoniten).

Das Arbeits- und Rechtssystem, das bis Anfang des 19. Jahrhunderts existierte, ermöglichte auch armen Leuten die Überfahrt nach Amerika. Gegen die Verpflichtung, einem Arbeitgeber in Amerika seine Arbeitskraft für mehrere Jahre zur Verfügung zu stellen, bekamen Auswanderer eine freie Fahrt auf einem Schiff. Dieses System bot dem Auswanderer, mal abgesehen von der Freiheitseinschränkung, eine anfängliche materielle Unterstützung (Geldmittel, Kleidung und Werkzeug) und die Möglichkeit, die Sprache zu erlernen und sich so schneller einzugewöhnen.

Schätzungsweise die Hälfte aller deutschen Auswanderungswilligen griff auf diese Form der Reisefinanzierung zurück.

Kleine Auswahl von Internetseiten zum Thema Auswandern:

www.ratgeber-aussteigen.de
Website von zwei Aussteigern: Gabi und Christian. Viele Tipps, Checkliste, Finanzierung, Geldspartipps, etc.

www.auswandern-aktuell.de
Das Auswanderer-Magazin von und für Auswanderer mit detaillierten Länder-Infos

www.auswanderer-forum.com

www.raphaels-werk.de
23 Beratungsstellen in Deutschland

www.dausa.de
Forschungsstelle Deutsche Auswanderer

www.auswandern.de
mit Infos für Rentner die im Ausland leben wollen

www.cimonline.de
Centrum für internationale Migration und Entwicklung
Mit Jobangeboten im Ausland

www.ahk.de
Infos über Standorte der deutschen Auslandshandelskammer weltweit, Delegierte und Repräsentanten der deutschen Wirtschaft sowie Praktika und Aus- und Weiterbildungsangebote

www.wohin-auswandern.de

www.auswandern-auf-probe.de

Über die Autorin

Die in Südostasien lebende deutsche Autorin Katharina Bachman arbeitete viele Jahre als freie Journalistin in Berlin, Bonn und nahe der Schweiz. Am 1. Januar 2001 wanderte sie aus Deutschland aus und verbrachte die ersten Jahre ihres Globetrotter-Lebens in Malaysia. Dort lebte sie in der Hauptstadt Kuala Lumpur und war Chefredakteurin eines Deutschsprachigen Magazins. Sechs Jahre später verließ sie Südostasien wieder, um sich vorerst in Dubai niederzulassen.

Im September 2012 kehrte sie jedoch wieder in ihre geliebte *fremde* Heimat Malaysia zurück.

Bereits 1985 trat Katharina Bachman mit ihrem Erstlingswerk *DER ZEITZUG* in Erscheinung. Es folgten der Roman *DEADLINE*, die Satire *Der genialste Gatte von allen* und die Publikation *Nix wie weg ....* Mit *TOBSI bekommt ein Zuhause*, einem (Vorlese-)Buch für Kinder ab drei Jahren, feierte die vielseitige Schriftstellerin 2013 ihr Debüt als Kinderbuch-Autorin.

Als Lektorin & Asien-Expertin reist Katharina Bachman auf den Kreuzfahrtschiffen der AIDA-Cruises durch das Südchinesische Meer, liest aus ihren Büchern und hält Vorträge über die *Tücken asiatischer Kulturen*.

www.KatharinaBachman.de

Weitere Bücher der Autorin

Alle Bücher können als gedruckte Version auch direkt über die Autorin bestellt werden. Senden Sie eine Bestell-E-Mail mit Ihren Adressdaten und falls gewünscht, mit Ihrem persönlichen Signierungswunsch an: Kontakt@KatharinaBachman.de

DER ZEITZUG
Roman – Science-Fiction Drama

Ein vollbesetzter Intercity verschwindet auf mysteriöse Weise spurlos und stellt die Menschheit vor ein noch nie dagewesenes Rätsel. Reporterteams aus aller Welt reisen an. Das Phänomen des verschwundenen Zuges bleibt für lange Zeit weltweit das Medienspektakel schlechthin. Verstaubte Akten und Berichterstattungen über rätselhafte Phänomene feiern ein Comeback. Hochkarätige Wissenschaftler aller Nationen arbeiten fieberhaft an einer Erklärung. Wissenschaftliche Untersuchungen vor Ort verlaufen ohne Resultate. Auch die gegründete Untersuchungskommission, zu der Größen aus Physik, Politik, Wirtschaft und Kirche gehören, kommt zu keinem Ergebnis. Für Science-Fiction-Anhänger hat die Zukunft damit gerade erst begonnen. Für die Hinterbliebenen endet die rätselhafte Katastrophe in einer schrecklichen Tragödie. Nach und nach werden Zuginsassen amtlich für tot erklärt, Existenzen aufgelöst und aus hinterbliebenen Kindern erwachsene Menschen. An die Stelle von Vermissten rücken andere – jeder ist ersetzbar.

Genau sechs Jahre später rollt ein Zug in einen Bahnhof, ein Zug, den es offiziell gar nicht mehr gibt ...

ISBN: 978-3-8370-0883-8
Gedruckte Buchversion, Softcover

DEADLINE
Roman – Thriller Drama

Der junge, außergewöhnlich begabte Mathematikstudent Marc Crawford aus San Francisco, hat mit Hilfe der Einsteinschen Relativitätstheorie eine ebenso sensationelle wie makabre Rechenformel entwickelt, mit der er den Todestag eines jeden Menschen exakt vorausberechnen kann – und zwar bis auf die Minute genau. Schnell wird sich das junge Genie darüber klar, dass diese Formel niemals an die Öffentlichkeit gelangen darf. Sie ist die gefährlichste Entdeckung, die ein Mensch jemals gemacht hat!

Aber da ist es bereits zu spät.

Das brillante Rechenwerk wird zur Begierde seines besten Freundes, der die einzigartige Formel unter allen Umständen in seinen Besitz bringen will. Und da ist noch jemand, der von der sensationellen Formel erfahren hat und sie so schnell wie möglich zu Geld machen muss.

Während sich eine aufreibende Jagd nach der Formel zusammenbraut, berechnet Marc sein eigenes Todesdatum und ist geschockt: Demnach ist er schon seit mehr als 20 Jahren tot ...

ISBN: 978-3-8448-8544-6
Gedruckte Buchversion, Softcover

TOBSI bekommt ein Zuhause
(Vorlese-)Buch für Kinder ab 3 Jahren

TOBSI, der süßeste Teddybär der Welt, sitzt im Regal einer Spielzeugabteilung. Er will sich aber nicht von jedem kaufen lassen. Schon gar nicht von Kindern, die Spielsachen schlecht behandeln. Eines Tages schlendert die kleine Nicki durch die Spielzeugabteilung und entdeckt TOBSI in einem Puppenwagen. Mit Nicki würde TOBSI gerne nach Hause gehen. Aber er wird von einem anderen Mädchen samt Puppenwagen gekauft.

In seinem neuen Zuhause gefällt es TOBSI überhaupt nicht: Linda hat ihn nicht wirklich lieb und ihre Unordnung ist kaum noch zu ertragen. Es kommt für TOBSI sogar noch dicker ... Seine Sehnsucht nach Nicki wird immer größer. Er wünscht sich nichts mehr, als bei ihr zu sein.

Was sagt TOBSI über sein Erlebnis? »Wenn man sich etwas ganz doll wünscht, dann kann es in Erfüllung geh'n!«

www.**TOBSI**.net

ISBN: 978-3-8448-8544-6
Gedruckte Buchversion, Hardcover

TOBSI-Buch bestellen:
TOBSI@KatharinaBachman.de

Auch als eBook erhältlich!
Das Hörbuch erscheint im Herbst 2014.

Danke

an alle Begleiter, Interviewpartner und Helfer, die mir mit Rat und Tat zur Seite standen:

Iris Kraska, Marion Englert, Helga Werner, Tilman Schröder, Betty Toh, Beatrice und Alexander Ankel, HP Tan, Ho Lee, Liong, Maria Wan Don, Klaus Haschke, Elisabeth und Leo Kuscher (dafür, dass ich unsere Katzen mit ins Hotel nehmen durfte), Monika und Jürgen Staks, Herbert D. und Micheliné Jess, Felix Wadewitz, Payam Zadeh, Sean Poul (für die Wunderpille während der Zahnbehandlung), Gabriele Harb, Kai und Marco aus Herten, Schwester *Dragonia* im Gleneagles-Hospital (dafür, dass sie meinem Mann nicht den Fuß gebrochen hat), Master Chong Tung Zai, Maylin, Amalie, meinen ehemaligen Kollegen bei der KL-Post: Andrea T., Inge, Karin, Eva, Gisela, Elke, Erna (dafür, dass Du mich vor dem Ertrinkungstod gerettet hast), Irene, Michaela, Chrissi, Corinna, Katharina L., Ann-Ho, Brigitte, Birgit, Dagmar, noch'ne Andrea, Marianne, Nicole, Heidi, Malte, Werner, Monika, Eleonore Saumbund (die natürlich frei erfunden ist) und die, die ich vielleicht versehentlich vergessen habe, sowie dem deutschen Finanzamt für ... ! And last but not least, unserem Feng-Shui-Meister (dafür, dass er die Sache mit dem Aquarium wieder hingebogen hat).

Mein ganz spezieller Dank gilt Marina und Norbert.